Uni-Taschenbücher 106

UTB

Eine Arbeitsgemeinschaft der Verlage

Birkhäuser Verlag Basel und Stuttgart
Wilhelm Fink Verlag München
Gustav Fischer Verlag Stuttgart
Francke Verlag München
Paul Haupt Verlag Bern und Stuttgart
Dr. Alfred Hüthig Verlag Heidelberg
J. C. B. Mohr (Paul Siebeck) Tübingen
Quelle & Meyer Heidelberg
Ernst Reinhardt Verlag München und Basel
F. K. Schattauer Verlag Stuttgart-New York
Ferdinand Schöningh Verlag Paderborn
Dr. Dietrich Steinkopff Verlag Darmstadt
Eugen Ulmer Verlag Stuttgart
Vandenhoeck & Ruprecht in Göttingen und Zürich
Verlag Dokumentation München-Pullach
Westdeutscher Verlag/Leske Verlag Opladen

Pragmatische Texttheorie

Herausgegeben von Dieter Breuer

Ziel dieser Reihe ist die Erarbeitung eines Interpretationsmodells, das dem pragmatischen Aspekt von ‚Text' gerecht wird. ‚Pragmatisch' meint hier, im Sinne der Semiotik, den Wirkaspekt von Sprache, näherhin: die Interpretation von ‚Texten' in ihrer historisch-sozialen Vermitteltheit und Funktionalität.

Herausgeber und Mitarbeiter sind sich dabei der Geschichtlichkeit dieser Zielsetzung bewußt: Die Reihe knüpft an die seit 1800 systematisch verdrängten Bestrebungen der *rhetorischen* Theorie der Textherstellung und Textinterpretation an. Sie will über die bisherige rhetorisch-pragmatische Kategorienbildung informieren und sie weiterentwickeln. Sie will ferner die begrifflichen Voraussetzungen schaffen für ein umfassenderes pragmatisches Analyseverfahren von sprachlichen Kommunikationsvorgängen.

Zunächst erscheinen:

Bd. 1 *Breuer, D.:* Einführung in die pragmatische Texttheorie. (1974/UTB 106)

Bd. 2 *Dubois, J. u. a.:* Allgemeine Rhetorik. Übersetzt von A. Schütz. (1974/UTB 128)

Bd. 3 *Aristoteles:* Rhetorik. Übersetzt von F. G. Sieveke. (1974/ UTB 159)

Bd. 4 *Schanze, H.:* Medienkunde für Literaturwissenschaftler. Einführung und Bibliographie (1974/UTB 302)

Vorgesehen sind außerdem einführende Untersuchungen zur Preßzensur, zur Stilebenentheorie, zur rhetorischen Statuslehre, zur Figurenlehre, zur Argumentationstheorie, zur Aufsatzlehre, zur Metrik u. a.

Dieter Breuer

Einführung in die pragmatische Texttheorie

Wilhelm Fink Verlag München

ISBN 3-7705-0634-0
© 1974 Wilhelm Fink Verlag, München
Satz und Druck: Mittelbayerische Druckerei, Regensburg
Gebunden bei der Großbuchbinderei Sigloch
Einbandgestaltung: Alfred Krugmann, Stuttgart

INHALT

1. Einleitung 7

    1.1 Zum Begriff "pragmatische Texttheorie" 7
    1.2 Die Verhinderung einer pragmatischen Theoriebildung
        in der Geschichte der Literaturwissenschaft 10
    1.3 Folgerungen 21

2. Zur Gegenstandsbestimmung einer pragmatischen Texttheorie 24

    2.1 Semiotische Grundlagen des Textbegriffs 24
        2.1.1 Semiotische Grundbegriffe 24
        2.1.2 Ein pragmatisches Zeichenmodell 38

    2.2 "Text" in kommunikationstheoretischer Sicht 44
        2.2.1 Zur Strukturierung des Kommunikationsvorgangs 44
        2.2.2 Zur Erforschung der Wirkmechanismen von kommunikativen Prozessen 55
        2.2.3 Ein Beispiel (I) 72

    2.3 "Text" in kybernetischer Sicht 98
        2.3.1 Das Problem 98
        2.3.2 Ein Beispiel (II) 99
        2.3.3 Ein kybernetisches Modell zur Beschreibung des
              Wandels von (Sprach-)Verhaltensnormen 115
            2.3.3.1 Modell und Modellmethode 115
            2.3.3.2 Das kybernetische System 116
            2.3.3.3 Algorithmenbildung 121
            2.3.3.4 Algorithmenbildung im Sprachverhalten 126
        2.3.4 Einige Folgerungen 135

3. Methodische Konsequenzen: pragmatische Textanalyse ... 137

    3.1 Voraussetzungen 137
        3.1.1 Operationalisierung von Textherstellung 137
        3.1.2 Orientierung an der rhetorischen Texttheorie 140

    3.2 Zur Gewinnung pragmatischer Kategorien am rhetorischen Modell 142
        3.2.0 Vorbemerkung 142

    3.2.1 Bedingungen der Textherstellung 143
        3.2.1.1 Affektenlehre 143
        3.2.1.2 Stiltheorie 144
        3.2.1.3 Statuslehre 157
    3.2.2 Phasen der Textherstellung 159
        3.2.2.0 Übersicht 159
        3.2.2.1 Invention 159
        3.2.2.2 Disposition 165
        3.2.2.3 Elokution 175
        3.2.2.4 Aktion 208

3.3 Hinweise zum Analyseverfahren 210
    3.3.1 Notwendige Korrekturen des rhetorischen Modells 210
    3.3.2 Ein möglicher "Algorithmus" der Textanalyse . . 212
    3.3.3 Weitere Einschränkung 219

4. Literaturhinweise 221

Register 237

1. EINLEITUNG

1.1 Zum Begriff "pragmatische Texttheorie"

Aufgabe der Literaturwissenschaft ist es, Texte bzw. die Bedeutungsfestlegung von Texten in ihrer historisch-sozialen Vermitteltheit und Funktionalität zu begreifen. Eine solche Gegenstandsbestimmung ist freilich nicht unumstritten, ja sie ist – oft sogar schon in dieser vorläufigen, abkürzenden Formulierung – dem Verdacht der Ideologiehörigkeit ausgesetzt. Auch eine kommunikationstheoretische Fundierung dieser Position hat bisher daran wenig ändern können, sondern nur ihren Gegensatz zum herkömmlichen kunstwissenschaftlich fundierten Wissenschaftsverständnis verschärft.[1]

Beispiele finden sich leicht. Die Hölderlin-Forschungen von P. Bertaux[2] sind (noch) ein Kuriosum und dazu französischer Import. Der Romanist H. R. Jauß[3] kann seine Thesen zu einer wirkungsorientierten Literaturgeschichte immer noch als Provokation der Werkinterpreten auffassen, denn die wenigsten der Angesprochenen ließen sich

---

[1] Vgl. dazu *Stroszeck, H.*: Zur kunstwissenschaftlichen und kommunikationswissenschaftlichen Grundlegung der Literaturwissenschaft. In: Breuer, D., Hocks, P., Schanze, H., Schmidt, P., Sieveke, F. G., Stroszeck, H.: Literaturwissenschaft. Eine Einführung für Germanisten. Frankfurt, Berlin, Wien: Ullstein 1973. S. 129–170. – *Derselbe:* Literaturwissenschaft und Kommunikationswissenschaft. In: Beiträge zu den Fortbildungskursen des Goethe-Instituts für Deutschlehrer und Hochschulgermanisten aus dem Ausland. München: Goethe-Institut 1971. S. 89–103.

[2] *Bertaux, P.:* Hölderlin und die französische Revolution. 2. Aufl. Frankfurt: Suhrkamp 1970 [= Ed. Suhrkamp 344]. (1. Aufl. 1969).

[3] *Jauß, H. R.:* Literaturgeschichte als Provokation der Literaturwissenschaft. Konstanz 1967. Überarbeitet in: Jauß, H. R.: Literaturgeschichte als Provokation. Frankfurt: Suhrkamp 1970 [= Ed. Suhrkamp 418]. S. 144–207. – Die Replik von *G. Kaiser* (Überlegungen zu einem Studienplan Germanistik/Literaturwissenschaftlicher Teil. Mit einem Exkurs über Hans Robert Jauß, Literaturgeschichte als Provokation der Literaturwissenschaft. In: Fragen der Germanistik. Zur Begründung und Organisation des Faches. Mit Beiträgen von G. Kaiser, P. Michelsen, K. Pestalozzi, H. Steger, H. Turk. München: Fink 1971. S. 38–65. Hier S. 59–65) auf die Provokation von Jauß bestätigt nur meine These, insofern Kaiser, der Tradition der philosophischen Ästhetik verhaftet, eine angebliche Autonomie des sprachlichen Kunstwerks zum Axiom erhebt.

provozieren. Die renitente Frage schließlich nach den gesellschaftlichen "Verwertungszusammenhängen" von Literatur, womöglich gar der sogenannten poetischen Kunstwerke, ihrer Auslegung und ihrer Ausleger, hat die Arbeit der Institution "Literaturwissenschaft" an den "Weltentwürfen" ausgewählter Dichter nur kurzfristig beeinträchtigt, und es hat nicht den Anschein, als ob sich diese Situation änderte.

Das derzeitige Dilemma wird sicherlich dadurch nicht kleiner, daß die Anhänger der kommunikationswissenschaftlichen Richtung dem traditionellen Wissenschaftsbetrieb mit einer gewissen Folgerichtigkeit vorwerfen, er fungiere letztlich, bewußt oder unbewußt, als ein Bestätigungsmechanismus für vorgegebene Sollwerte der jeweils privilegierten gesellschaftlichen Gruppen. Dieser Schlußfolgerung mag sich die andere Seite nicht einmal verschließen; sie wird jedoch den Neuerern den Vorwurf machen müssen, und dies wiederum mit einer gewissen Folgerichtigkeit, zwar hochfliegende Zielvorstellungen, aber kein zureichendes methodisches Konzept für die praktische Arbeit anzubieten. Der Hinweis auf „die Literatursoziologie" kann hier nicht verfangen; denn die Arbeit mit sozialwissenschaftlichen Kategorien verschleiert meist nur, daß diesen sowohl der alte Textbegriff als auch die alten spekulativen Interpretations- bzw. Exegeseverfahren zugrunde liegen.[4]

So droht die Auseinandersetzung um die Gegenstandsbestimmung von Literaturwissenschaft durch die derzeitige Praxis entschieden zu werden, d. h. aber: zugunsten des herkömmlichen Wissenschaftsverständnisses, aus dem diese Praxis sich herleitet. Die gesellschaftliche Bestätigungsfunktion des Literaturunterrichts scheint unaufgebbar; schon hat die Kultusbürokratie Partei ergriffen mit einem Plan, der den traditionellen exegetischen Literaturunterricht als "musisches Fach" absichert und alle störenden Ansätze neuerer Theoriebildung in den Sprachunterricht verweist. Dessen Synchronieprinzip ("Synchronie vor Diachronie") soll uns der peinlichen Frage nach der

---

[4] Ein besonders krasses Beispiel für diesen mißlichen Sachverhalt ist die Arbeit von *D. Homberger:* Textanalyse unter literatursoziologischem Aspekt. In: Der Deutschunterricht 24 (1972). H. 6. S. 5–27. Hombergers Analyseverfahren weist zwei Schritte auf: 1. "textimmanente Analyse", 2. "literatursoziologischer Aspekt", es unterscheidet sich also kaum von den traditionellen Verfahren, die (immer schon als vorgegeben angenommene) Bedeutung kanonischer Werke zu reproduzieren.

Historizität der benutzten Paradigmen entheben und infolgedessen eine Revision des Gegenstandsbereichs unnötig erscheinen lassen.[5]

Somit scheint das oben formulierte Ziel von Literaturwissenschaft: Texte und ihre Bedeutungsfestlegung in ihrer historisch-sozialen Vermitteltheit und Funktionalität zu begreifen, derzeit nur eine von mehreren kontroversen Zielprojektionen zu sein, deren Bevorzugung theoretisch nicht einsichtig wird und die obendrein gegenüber dem derzeit institutionalisierten Umgang mit Texten die größeren methodisch-praktischen Probleme aufwirft.

Diese Schlußfolgerung mag opportun sein, sie ist aber falsch. Denn die scheinbare Alternative der Zielvorstellungen, kunstwissenschaftlich oder kommunikationstheoretisch fundierte Gegenstandsbestimmung von Literaturwissenschaft, wird sogleich entscheidbar, sobald man das Problem auf einer höheren Abstraktionsebene diskutiert. Voraussetzungen dazu sind seit langem im Rahmen der allgemeinen Theorie der Zeichen, der Semiotik, gegeben. Hierbei zeigt sich nun sehr rasch, daß das ganze Problem in der Thematisierung bzw. Vernachlässigung der pragmatischen Zeichenrelation gegenüber der semantischen Zeichenrelation besteht.[6]

---

[5] Vgl. den "Entwurf einer Vereinbarung zur Neugestaltung der gymnasialen Oberstufe in der Sekundarstufe II" der Kultusministerkonferenz der BRD (1971). Abgedruckt in: Mitteilungen des Deutschen Germanistenverbandes 18 (1971) H. 3. S. 3–9, sowie die z. T. bezeichnend positive Stellungnahme des Verbandes, ebd. S. 9–11, hier S. 11: "Zweifellos muß dieses Künstlerische in den sprachlichen Fächern und besonders dem Literaturunterricht bewahrt werden."

[6] Entsprechende Veränderungen in der Wissenschaftssprache hat *D. Harth* zusammengestellt und kritisch gesichtet: Begriffsbildung in der Literaturwissenschaft. Beobachtungen zum Wandel der "semantischen Orientierung". In: DVjS 45 (1971). S. 397–433. – In der Sprachwissenschaft hat diese Besinnung auf die pragmatische Dimension von Sprache zur Postulierung der sog. Pragmalinguistik geführt, allerdings, wohl als Folge des Synchronieprinzips, unter Vernachlässigung der prinzipiellen Historizität allen sprachlichen Handelns: z. B. *Wunderlich, D.:* Die Rolle der Pragmatik in der Linguistik. In: Der Deutschunterricht 22 (1970). H. 4. S. 5–41; *derselbe:* Pragmatik, Sprechsituation, Deixis. In: Lili. Zeitschrift für Literaturwissenschaft u. Linguistik 1 (1971) H. 1/2. S. 153–190; *Maas, U.:* Sprechen und Handeln. Zum Stand der gegenwärtigen Sprachtheorie. In: Sprache im techn. Zeitalter H. 41 (1972). S. 1–20. Noch anspruchsvoller im Postulieren von pragmatisch orientierten Gegenstandsbereichen von Sprach- und Literaturwissenschaft bei einer schon penetranten Vernachlässigung der Historizität von Sprache bzw. Text sind die

Dies wird weiter unten noch genauer auszuführen sein. Hier nur so viel: "Texte" in ihrer historisch-sozialen Vermittelheit und Funktionalität begreifen zu wollen, bedeutet nichts anderes, als die pragmatische Dimension von "Text" zum Gegenstand der literaturwissenschaftlichen Theoriebildung zu machen ("pragmatische Texttheorie") und daraus die methodischen Konsequenzen für die konkrete Analysearbeit abzuleiten ("pragmatische Textanalyse"). Der Begriff "pragmatisch" wird hier und im folgenden also im semiotischen Sinne verwendet.

1.2 Die Verhinderung einer pragmatischen Theoriebildung in der Geschichte der Literaturwissenschaft

Die pragmatische Dimension von Literatur bzw. Text hat in der Geschichte der Literaturwissenschaft, insbesondere in Deutschland, noch nie im Mittelpunkt des Interesses gestanden. Im Gegenteil: sie ist gerade in Deutschland seit Institutionalisierung der "Germanistik" zu Beginn des 19. Jahrhunderts systematisch verdrängt worden. Gestützt auf eine nur mehr restaurativ funktionierende philosophisch-ästhetische Theoriebildung, hat die Literaturwissenschaft bis auf den heutigen Tag ihre Hauptaufgabe in der semantischen Analyse (Exegese, Bedeutungsfestlegung) sanktionierter Texte im Sinne der jeweils herrschenden gesellschaftlichen Interessenlage gesehen. Ansätze zu einer pragmatischen Theoriebildung wurden von den Zunftgenossen entweder diffamiert oder mit Schweigen übergangen.

---

texttheoretischen Arbeiten von S. J. Schmidt, die in jüngster Zeit häufig zur Fundierung einer Lernzielreform des Deutschunterrichts herangezogen werden, z. B. *Schmidt, S. J.:* Literaturwissenschaft als Forschungsprogramm. Hypothesen zu einer wissenschaftlichen Fundierung einer kritischen Literaturwissenschaft. Teil I. In: Linguistik und Didaktik 1 (1970). S. 269–282. Teil II in: Linguistik und Didaktik 2 (1971). S. 43–59; *derselbe:* Text als Forschungsobjekt der Texttheorie. In: Der Deutschunterricht 24 (1972). H. 4. S. 7–28; *derselbe:* "Text" und "Geschichte" als Fundierungskategorien. Sprachphilosophische Grundlagen einer transphrastischen Analyse. In: Stempel, W. D. [Hrsg.]: Beiträge zur Textlinguistik. München: Fink 1971. S. 31–52 [Der Begriff "Geschichte" ist hier "in philosophischer Sicht, nicht in historischer Sicht" verwendet. Ebd. S. 33].

Dieser Diffamierung fiel im Laufe des 19. Jahrhunderts vor allem die kritisch-rationale Position der rhetorischen Texttheorie zum Opfer.[7] Versuche, diesen theoretischen Ansatz in die literaturwissenschaftliche Diskussion zu bringen, blieben lange erfolglos, wie etwa das Schicksal der Dockhorn'schen Arbeiten zeigt; Dockhorns erste, die idealistische Romantikforschung provozierende Schrift erschien bereits 1944, die zweite, grundsätzlichere, 1949.[8] Rezipiert und weitergeführt wurde sein Arbeitsansatz erst in den sechziger Jahren von der jüngeren Generation.[9]

Ein repräsentativer Fall ist in dieser Beziehung die Auseinandersetzung der Institution "Germanistik" mit der "Poetik"-Vorlesung von Wilhelm Scherer (1888), der ja im übrigen, was in diesem Falle die Situation kompliziert macht, als einer der Ahnherren der Germanistik verehrt bzw. geschmäht wird. Dieses wenig bekannte Kapitel Wissenschaftsgeschichte spiegelt recht deutlich das traditionell gestörte Verhältnis der Institution "Germanistik" zur pragmatischen Dimension von Literatur und erweist zugleich die gegenwärtige Argumentation gegen die"Neuerer" als eine historische von beträchtlichem Alter.

In seiner "Poetik"-Vorlesung, die 1888 posthum erschien und seit-

---

[7] Vgl. dazu *Jens, W.*: Artikel "Rhetorik". In: Reallexikon der deutschen Literaturgeschichte. 2. Aufl. Bd. 3. Berlin u. New York: de Gruyter 1971. S. 432–456. – *Breuer, D.*: Schulrhetorik im 19. Jahrhundert. In: Schanze, H. [Hrsg.]: Rhetorik. Beiträge zu ihrer Geschichte und Wirkung in Deutschland vom 16. bis zum 20. Jahrhundert. Frankfurt: Athenäum [erscheint voraussichtlich 1974].

[8] *Dockhorn, K.*: Wordsworth und die rhetorische Tradition in England. In: Nachrichten d. Akademie der Wissenschaften zu Göttingen, phil.-histor. Klasse. Göttingen: Vandenhoeck & Ruprecht 1944. S. 255–292; *derselbe:* Die Rhetorik als Quelle des vorromantischen Irrationalismus in der Literatur- und Geistesgeschichte. Ebd. 1949. S. 109–150. Beide Aufsätze mit anderen in: Dockhorn, K.: Macht und Wirkung der Rhetorik. Vier Aufsätze zur Ideengeschichte der Vormoderne. Bad Homburg, Berlin, Zürich: Gehlen 1968 [= Respublica literaria 2]. S. 9–95. *Derselbe:* Rhetorik und germanistische Literaturwissenschaft in Deutschland. In: Jahrb. f. Internationale Germanistik 3 (1971). H. 1. S. 168–185.

[9] So z. B. von *H. Schanze* (Romantik und Aufklärung. Untersuchungen zu Friedrich Schlegel und Novalis. Nürnberg: Carl 1966 [= Erlanger Beiträge zur Sprach- und Kunstwissenschaft 27]) und *J. Dyck* (Ticht-Kunst. Deutsche Barockpoetik und rhetorische Tradition. Bad Homburg, Berlin, Zürich: Gehlen 1966. 2. verb. Aufl. 1969. [= Ars poetica 1]).

her nicht mehr,¹⁰ geht Scherer von Voraussetzungen aus, die im erklärten Widerspruch zur (immer noch) herrschenden philosophisch-ästhetischen Literaturtheorie stehen. Scherer betrachtet nämlich den (poetischen) Text als Realisat eines kommunikativen Herstellungsprozesses, der spezielle Wirkung intendiert und hervorruft. Um diesen Prozeß beschreiben zu können, bedarf es der historisch-empirischen Datenerhebung, nicht der Spekulation über die Wahrheit des Dichters und der metaphysischen Grundlegung seines Dichtwerkes:

> Ich bin überzeugt daß die philosophischen Untersuchungen über "das Schöne" die Poetik wenig gefördert haben. Ich spreche Ihnen also nicht von der Lehre Baumgartens, Kants, Hegels, Vischers. [...] Ich begnüge mich zu constatiren, [...], daß man vielfach deductiv und metaphysisch verfuhr und in der Erläuterung von Begriffen die Wahrheit zu besitzen glaubte; daß die ausgebreitete empirische Untersuchung zurückgedrängt wurde und die Einsicht in die Technik der Dichtkunst, die Einsicht in den Proceß der Entstehung dichterischer Kunstwerke nicht gefördert ward. Nur Empiriker wie Lessing fördern.¹¹

Sein Ziel ist folglich, übrigens im Anschluß an G. Th. Fechner¹², eine Poetik auf empirisch-induktiver Grundlage:

> Jetzt haben wir auch ein Programm für das was zu lehren ist: [...] *die dichterische Hervorbringung, die wirkliche und die mögliche, ist vollständig zu beschreiben in ihrem Hergang, in ihren Ergebnissen, in ihren Wirkungen.*¹³

Bei dieser "Analysis des dichterischen Processes"¹⁴ handelt es sich im einzelnen "um Erkenntniß der allgemeinen Bedingungen dichterischer Hervorbringungen, Dichter und Publicum, Werth und Amt der Poesie; dann um den eigentlichen dichterischen Proceß: Stoff, Wahl und Bearbeitung desselben, Analyse in inventio, dispositio, elocutio, Metrum (innere und äußere Form); dann um die Ergebnisse, d. h. Lehre von den Dichtungsarten (zugleich noch unter "Form"; denn die Wahl der Dichtungsart gehört doch auch zum dichterischen Proceß),

---

¹⁰ *Scherer, W.:* Poetik. [Aus dem Nachlaß hrsg. v. R. M. Meyer.] Berlin: Weidmann 1888. – Der Verlag Olms, Hildesheim kündigt seit längerer Zeit einen Nachdruck an.
¹¹ Ebd. S. 56 f.
¹² Ebd. S. 60 f.: *Fechner, G. Th.:* Vorschule der Aesthetik. Bd. 1–2. Leipzig 1876.
¹³ *Scherer, W.:* Poetik. S. 65.
¹⁴ Ebd. S. 67.

die verschiedenen möglichen Formen innerhalb jeder Dichtungsart und ihre Wirkung. Die Frage nach der Wirkung hat sich aber schon jedesmal vorher bei jedem einzelnen poetischen Mittel anzuheften."[15]

Es geht Scherer also, semiotisch ausgedrückt, um eine pragmatische Theorie des poetischen Textes. Folgerichtig leitet er den Poesiebegriff aus der Relation "Dichter und Publicum" ab. Diese Relation begreift er als eine jeweils historische und charakterisiert sie mit ökonomischen Begriffen. Der Poet als Warenproduzent und sein Publikum als die Konsumenten stehen über den Tauschwert und den Gebrauchswert der Ware "Poesie" in historisch unterschiedlichen Beziehungen:

> Die Poesie ist also schon in alter Zeit eine Art von Waare. Ihr Werth regelt sich nach Angebot und Nachfrage, nach dem Verhältniß von Production und Consumtion. [...]
> Die Poesie oder, besser gesagt, das poetische Product, ist heut eine Waare wie eine andere, und die nationalökonomischen Gesetze des Preises und Umsatzes haben auch auf das poetische Product, wie auf das Buch im Allgemeinen, ihre Anwendung. [...]
> In Beziehung auf den Verkehr der litterarischen Waare hat ein ungeheurer Umschwung der alten Zeit gegenüber sich vollzogen. Man braucht nur an den Contrast zu denken, der sich im Nachrichtenwesen zeigt [...].
> Es hat sich auch die Production dadurch vielfach verändert: denn die Factoren der Vermittlung zwischen Producent und Consument, d. h. zwischen Dichter und Publicum, sind außerordentlich complicirt geworden; und diese haben einen gewissen Einfluß auf die Production. [...] Alle diese Factoren wirken auf die poetische Production ein; sie tragen dazu bei den Preis zu bestimmen, sie stehen in Concurrenz und werben um das Publicum.
> Durch alle diese Vermittlungen sind schon gewisse Formen geschaffen, und Formen ganz neuer Art.[16]

Nicht minder konsequent ist bei der Detailanalyse der Relation "Dichter und Publicum" der unbefangene Rückgriff auf die Verfahren der rhetorischen Wirkmittelanalyse.[17]

Soweit der Sachverhalt. Verfolgen wir nun, wie die Institution Literaturwissenschaft seither auf diese provokativen Thesen reagiert hat. "Hochwillkommen", wie *Erich Schmidt* es in seinem Nachruf auf sei-

---

[15] Ebd. S. 69.
[16] Ebd. S. 121–123. Scherer bezieht sich u. a. auf Zola (La question d'argent dans la littérature).
[17] Vgl. dazu auch sein positives Urteil über Rhetorik in einer Notiz zu den Vorarbeiten der "Poetik"-Vorlesung. Ebd. S. 288 f. – Vgl. auch ebd. S. 50.

nen Lehrer Scherer (1888) wünschte, war die "Poetik" jedenfalls nicht, im Gegenteil: die Resonanz blieb gering. Erich Schmidt konstatiert lediglich den Gegensatz zwischen der "alten Systematik" der philosophischen Ästhetik und der "neuen Empirie" der Schererschen "Poetik": "jene ausgebaut aber schon Ruine, diese unfertig aber ein festes Fundament".[18]

Auch die ersten Rezensionen, ohnehin gemäßigt im Ton und noch halb Nachruf, tun sich schwer mit einer Einschätzung der Schererschen Thesen. Der Rezensent der derzeit angesehensten Fachzeitschrift (Zeitschrift für deutsches Altertum) referiert zwar Scherers Neuansätze, macht sie aber sogleich durch Nachweis von Mängeln im Detail unglaubwürdig: "Ganz neu ist das hereinziehen des publicums in die poetik. deshalb ist aber dieser abschnitt [...] skizzenhafter als alle übrigen, über ganz flüchtige einfälle kommt Scherer nicht hinaus [...]."[19]

Deutlicher wird der Rezensent der Zeitschrift für deutsche Philologie, wenn er, bei aller Verehrung für den Meister des Faches, festhält:

[...] es ist unbestreitbar, dass Scherer das unvergleichliche verdienst gebührt, zum ersten male die grundsätze einer vergleichenden empirischen poetik fest formuliert zu haben. [...]. Es ist Scherer meines erachtens nicht gelungen, die quelle der schöpferischen kraft zu bestimmen, weil er *eine* der mächte, welche diese quelle zum fliessen bringen, verwechselte mit der quelle selbst. Auf dieser unrichtigen voraussetzung ist noch eine reihe von schlüssen aufgebaut, die mit der voraussetzung hinfällig werden.[20]

Damit ist auch der künftige Divergenzpunkt klar bezeichnet; der Versuch einer rationalen Analyse des poetischen Produktionsprozesses ist nicht Gegenstand einer auf nachempfindende Exegese von inspirierten Dichterworten bedachten "Wissenschaft". *Oskar Walzel*, der schulbildende Begründer der bis heute herrschenden kunstwissenschaftlichen Richtung der Literaturwissenschaft, beteuert in seiner Studie "Wilhelm Scherer und seine Nachwelt" (1930) Verbundenheit der derzeitigen Germanistik mit Scherer nur noch "im Innersten"[21];

---

[18] *Schmidt, E.:* Wilhelm Scherer. In: Goethe-Jahrbuch. Hrsg. v. L. Geiger. Bd. 9. Frankfurt: Rütten & Loening 1888. S. 249–262. Hier S. 261.
[19] *Werner, R. M.:* Rez. zu Scherer, Poetik. In: ZfdA 33 (1889). Anzeiger S. 281.
[20] *Ellinger, G.:* Rez. zu Scherer, Poetik. In: ZfdPh 22 (1890). S. 227.
[21] *Walzel, O.:* Wilhelm Scherer und seine Nachwelt. In: ZfdPh 55 (1930). S. 391–400. Hier S. 399.

in der Sache distanziert er sich ausdrücklich von ihm, insofern dieser die Gegenstände der Poetik mit naturwissenschaftlichen Methoden zu erfassen versucht habe.

> Wir nahen uns der Stelle, an der sich das Heute am fühlbarsten von Scherer losgelöst hat. War schon die Verknüpfung von Phonetik und Sprachwissenschaft ein Versuch, Naturwissenschaftliches in Geistesforschung hineinzutragen, so wurde es auch auf dem Gebiet der Erfassung von Dichtung mehr und mehr Scherers Grundsatz, die Arbeitsmethode der Naturwissenschaft zu nutzen.
> [...] Als eines Tages die Geisteswissenschaft sich wieder ihres eigentlichen Wesens besann, mußte auch die Erforschung von Dichtung diese Wege Scherers verlassen.[22]

Dieser Weg wird von Walzel als "materialistisch" abqualifiziert:

> Der deutsche Materialismus setzt unmittelbar nach einer Hochblüte entgegengesetzter Philosophie ein. Um so eifriger kehrt er sich gegen sie. Hegel, eben noch wie ein Erlöser gefeiert, wird von den Materialisten (sie kamen zum guten Teil aus seiner Schule) aufs schärfste befehdet. Wer irgendwie mit dem Materialismus in Verbindung stand, fühlte sich als Gegner Hegels, also auch Scherer. Und vollends auf dem Gebiet geschichtlicher Betrachtung, dann der Erfassung von Kunst. Scherer verpönte einerseits alles "Konstruieren" innerhalb der Geschichtsforschung; ebenso verwarf er alle deduktive Aesthetik, wie er sie bei Hegel und bei dessen Nachfolgern antraf.[23]

Aus der Absicht, "einen brauchbaren Ersatz zu schaffen", sei seine "Poetik" entstanden. Walzels Urteil über die "Poetik" ergibt sich aus den Vorüberlegungen: "Sie enttäuschte schon, als sie hervortrat; sie mag den Leser von heute noch mehr enttäuschen."[24] Walzel kann seinen Leser indes beruhigen:

> Was von Scherer da erstrebt wurde, ist heute schon erreichbarer geworden. Wer jetzt darauf ausgeht, die künstlerischen Möglichkeiten des Wortkunstwerks nach ihrem Wesen zu ergründen und dabei das Vielgestaltige dieser Möglichkeiten festzustellen, setzt nur fort, was von Scherer und in Scherers Sinn auch von Richard Heinzel[25] erstrebt worden ist. Doch sind wir eingebildet genug, zu meinen, daß wir die beiden überholt haben.[26]

---

[22] Ebd. S. 394 f.
[23] Ebd. S. 397.
[24] Ebd.
[25] Zu *Heinzel* vgl. *Dünninger, J.:* Geschichte der deutschen Philologie. In: Deutsche Philologie im Aufriß. Hrsg. v. W. Stammler. Berlin: Schmidt 1957. Bd. 1. Sp. 184 f.
[26] *Walzel, O.:* Wilhelm Scherer und seine Nachwelt. S. 398 f.

Dieses Selbstbewußtsein resultiert einmal daraus, daß Walzel sich durch "die Erforscher des Wesens bildender Kunst"[27], vor allem durch den Kunsthistoriker Wilhelm Worringer[28], hat fördern lassen, zum anderen, weil er "williger als Scherer bei klassischer und romantischer Aesthetik in die Lehre gegangen ist".[29] Diese Lehrzeit führte zur Reduktion des Gegenstandsbereiches von Literaturwissenschaft auf "Gehalt und Gestalt im Kunstwerk des Dichters".[30]

Gedenktage boten in der Folgezeit Anlaß, sich in der durch Regimetreue gebotenen Deutlichkeit von der unbequemen "Poetik" abzugrenzen und statt dessen Scherers Anteil an der derzeit erwünschten Ideologisierung der deutschen Literaturwissenschaft hervorzukehren.

So rechnet Dietrich Seckel in seinem Gedenkartikel zum 50. Todestag Scherers[31] die "Poetik" zur negativen Hälfte von "Scherers wissenschaftlicher Persönlichkeit". Dem naturwissenschaftlichen Empirismus und der positivistischen Milieutheorie verhaftet, habe Scherer "die freie schöpferische Menschenexistenz in ihrer eigentlichen Substanz sozusagen unter den Tisch" fallen und "für die tiefsten Probleme des Schöpfertums in seiner Dämonie und Tragik de[n] rechte[n] Blick" fehlen lassen:[32]

> So vermissen wir denn auch in den hinterlassenen Vorlesungen über Poetik den Vorstoß zum wirklichen Mittelpunkt des Dichterischen – doch wem gelang der damals? Selbst Dilthey glückte er erst beträchtlich später.[33]

So erscheint Seckel das Ergebnis der "Poetik" "doch etwas mager", denn "ein Abstieg in die fruchtbaren, wenn auch gefährlichen Tiefen ist kaum versucht".[34] Ihn und die übrige NS-Germanistik verbindet mehr mit dem jungen Scherer, der als Wiener Privatdozent für die preußische Lösung der "deutschen Frage" Partei ergriffen hatte und in seiner "Geschichte der deutschen Sprache" (1868) der Germanistik

---

[27] Ebd. S. 399.
[28] Hauptschrift: Abstraktion und Einfühlung. Ein Beitrag zur Stilpsychologie. München 1908.
[29] *Walzel, O.*: Wilhelm Scherer und seine Nachwelt. S. 399.
[30] Dies ist der Titel der 1925 erschienenen, bis heute wirksamen Hauptschrift Walzels.
[31] Walzel, O.: Wilhelm Scherer und seine Nachwelt. S. 399.
[32] *Seckel, D.*: Wilhelm Scherer. Zu seinem 50. Todestage am 6. August. In: Deutsche Rundschau H. 248 (1936). S. 111–115.
[33] Ebd. S. 113.
[34] Ebd.

die theoretische und praktische Aufgabe zugewiesen hatte, "ein System der nationalen Ethik aufzustellen, welches alle Ideale der Gegenwart in sich beschlösse".[35]

In ähnlicher Weise argumentiert auch *Julius Petersen* 1941 anläßlich des 100. Geburtstags Scherers[36]. Der einzige blinde Fleck im wissenschaftlichen Werk mit der "richtigen" politischen Überzeugung ist auch für Petersen die "Poetik":

> In seinem letzten Sommersemester 1885 hielt Scherer zum erstenmal eine Vorlesung über "Poetik", deren skizzenhaften Entwurf ein übereifriger Schüler nach seinem Tode herausgab. Es war ein schlechter Dienst an dem Verstorbenen.[37]

Für Petersen ist dieses Produkt fremden Übereifers ohne wissenschaftlichen Wert im Vergleich mit dem Gesamtwerk seines Vorgängers in Berlin:

> Was bedeuten solche immer wieder hervorgezogene Nieten gegenüber dem ungeheuren Lebenswerk, das Scherer hinterließ! Er war der Rutengänger, dessen Zauberstab aus jedem Boden lebendige Quellen hervorspringen ließ.[38]

Bedenkt man, daß Petersens Schüler die Väter der deutschen Nachkriegsgermanistik wurden, dann ist die immer noch zu beobachtende Abneigung (nicht nur) der deutschen Literaturwissenschaft gegen rationale Analyseverfahren wenigstens zum Teil erklärlich.

Für Kontinuität der Argumentation sorgte *Herbert Cysarz* (1961)[39]. Cysarz kennzeichnet in altbekanntem kämpferischen Pathos zunächst die philosophische Position Scherers:

> Er machte sich's philosophisch leicht, um mit der Präzision und Vehemenz eines Torpedos in die Ziele seiner Sachforschung zu stoßen. [...] Er glaubte an Darwin und Buckle, an Helmholtz und Virchow; er hielt es aber

---

[35] *Scherer, W.:* Zur Geschichte der deutschen Sprache. Berlin 1868. Vorwort; zit. bei Seckel, S. 115. – Bemerkenswert ist das ungeteilte Lob Scherers im Gedenkartikel des polnischen Germanisten Ernst Leury, in: Neophilologus 22 (1936). S. 169–170.

[36] *Petersen, J.:* Zum Gedächtnis Wilhelm Scherers. Geb. am 26. April 1841 in Schönborn in Niederösterreich. In: Deutsche Rundschau H. 267 (1941). S. 78–83.

[37] Ebd. S. 81.

[38] Ebd.

[39] *Cysarz, H.:* Wilhelm Scherers Programmatik und Poetik. In: Worte und Werte. Festschrift f. Bruno Markwardt. Berlin: de Gruyter 1961. S. 42–50.

auch mit Ranke und Mommsen, mit Macaulay und Michelet. Sein fortschrittsfreudiger Spürsinn und Erklärungsdurst sammelte alle Kräfte in eine Generaloffensive des Empirismus – voran ist hinan, was bedarf's noch des Jenseits, des staunenden oder betenden Harrens vor Unergründlichem?!⁴⁰

Von diesen (ernst gemeinten) Voraussetzungen aus muß Cysarz gerade Scherers "Poetik" unter die "mannigfachen zeitgemäßen Unzulänglichkeiten"⁴¹ rechnen, in denen er nur mühsam seinen "wahren" Scherer finden kann:

> Grobschlächtige Theorien der Zeit, namentlich Evolutionismen im Anschluß an Darwin, Tylor, Fechner und Andere, Zurechtfindungen im Neuland der Soziologie Spencers und Taines, werden oft weit übergriffen durch scharfe und kühne Beobachtungen, die nach den Urmerkmalen der dichterischen Gattungen, den Elementen des Schaffensvorgangs und der Urteilsbildung konvergieren. Frühgut und Spätgut des Schrifttums, nicht bloß des deutschen, volkstümliche Gebreiten nein Tiefen und dichterische Höchstleistungen treten in Wechselerhellung. Wieder und wieder lassen die Zündschläge intuitiver Durchdringung und Erkenntnis die nicht durchweg ausgetragenen Thesen und Hypothesen hinter sich. Scherer will seine Universaltheorie der Literatur, die ebenso die sprachlichen Quellen einschließt wie die geschichtlichen Überlieferungen der Formen und die kulturellen Konstellationen, die Leitbilder des Lebens und des Ethos, die Beschaffenheit des Publikums, sogar die jeweiligen technischen Einrichtungen (Theater, Publizistik, Verlagswesen, andere Wirkungs- und Verbreitungsweisen des Wortes), von aller normativen Schönheitslehre befreien. [...] Alle Wahrheit des Kunstwerks weist nicht so in Dimensionen der Idee als in besondere Wirklichkeit zurück (und voraus). Auch an der Phantasie werden die reproduktiven Momente betont. So ergibt sich eine gewisse Grundlagen- nicht Ergebnisverwandtschaft zum kommenden Naturalismus.⁴²

Als ein solcher Katalog der zeitbedingten Unzulänglichkeiten werden die Neuansätze Scherers auf literaturtheoretischem Gebiete auch noch bei dem Wellek-Schüler *Peter Salm* (1970) fortgeschrieben.⁴³

Von seinem "durch und durch modernen Standpunkt aus"⁴⁴, nämlich dem des unverbindlichen Methodenpluralismus mit einer Vor-

---

⁴⁰ Ebd. S. 44.
⁴¹ Ebd. S. 50.
⁴² Ebd. S. 48 f.
⁴³ *Salm, P.:* Drei Richtungen der Literaturwissenschaft. Scherer – Walzel – Staiger. Aus dem Engl. übertragen v. M. Lohner. Tübingen: Niemeyer 1970 [= Konzepte 2].
⁴⁴ Ebd. S. 4.

liebe für Emil Staigers einfühlende Interpretationskünste[45], identifiziert er Scherer als Vertreter eines "wissenschaftlichen Determinismus", dessen Wert darin bestehe, daß er "außerliterarische Daten" beibringe, "mit denen literarische Werke ins rechte Licht gesetzt werden" könnten.[46]

Die "Poetik" Scherers ist für Salm nur "die letzte Konsequenz von Scherers Tatsachen-Empirismus", bezieht sich also nur auf den "außerliterarischen" Bereich:

> Es ist bezeichnend, daß Scherer etwa die Hälfte seiner "Poetik" den Beziehungen zwischen dem Dichter und seinem Publikum widmet und meint, die Entwicklung poetischer Gattungen sei nichts anderes als des Dichters Antwort auf die Wünsche des Publikums. Das macht natürlich die Poesie zum Sklaven des Gesetzes von Angebot und Nachfrage. Scherer ist tatsächlich der Meinung, daß selbst in der Antike die Poesie eine Art Ware gewesen sei, auf welche ökonomische Lehrsätze wirksam angewendet werden könnten. Und konsequenterweise geht er dazu über, die Begriffe und das Vokabular der Nationalökonomie zu verwenden [...]. Im ganzen fand Scherer weit mehr Unterstützung für seine Auffassungen bei Philosophen (Darwin, Comte, Buckle), Wirtschaftspolitikern (Roscher), Historikern (Ranke) und bei Gelehrten wie Gervinus, für welche Literaturgeschichte ein Nebenzweig der nationalen Geschichte war, als bei Männern, die sich ausschließlich mit Literatur befaßten.[47]

Die Salmsche Kritik führt damit unversehens auf den Ausgangspunkt dieser Überlegungen zurück, zur scheinbaren Alternative zwischen kunstwissenschaftlicher und kommunikationswissenschaftlicher Grundlegung der Literaturwissenschaft.

Salm argumentiert von einer kunstwissenschaftlichen Position gegen den von Scherer zugrundegelegten weiteren Literaturbegriff, der besagt, daß ein literarisches Werk zureichend nur als ein historisch-sozial festzumachender Prozeß beschrieben werden kann.

Das progressive methodische Konzept Scherers darf indes nicht darüber täuschen, daß auch der rezipierte Anteil Scherers am Aufbau der "Germanistik" unter ideologiekritischem Aspekt zu beachten ist;

---

[45] Vgl. z. B. ebd. S. 112 f.
[46] Ebd. S. 115.
[47] Ebd. S. 28 f. – Salm verweist auch auf Scherers Quelle auf dem Gebiet der Nationalökonomie (Roscher, Wilhelm: Kolonien, Kolonialpolitik und Auswanderung. 2. Aufl. Leipzig 1856) und versucht die Behauptung Diltheys bezüglich mangelnder psychologischer Fundierung der "Poetik" richtigzustellen.

das geht bereits aus den genannten Identifikationen von Fachvertretern mit dem "anderen", dem deutschtümelnden Scherer hervor. *Franz Greß* hat diese Funktion Scherers unlängst zum Gegenstand einer detaillierten Untersuchung gemacht (1971)[48] und dabei sogar die "Poetik" als einen Beleg für die Ideologisierung der "Germanistik" aufgefaßt. Zwar muß auch er feststellen, daß in der "Poetik" Einsichten formuliert sind, die zu ihrer Zeit "der radikalste Ansatz einer gesellschaftsbezogenen Literaturwissenschaft sind"[49]. Doch vermittle Scherer diesen Ansatz nicht aus einer gesellschaftskritischen Position; seine Analyse des Warencharakters von Dichtung diene insofern der Vermittlung von falschem Bewußtsein, als sie eine bestimmte gesellschaftliche Organisationsform, nämlich die liberalistische, als gegeben voraussetze und im Grunde nur deren "subtile Unterdrückungsmechanismen" analysiere, ja per Lehrbuch die unreflektierte Aufnahme dieser Unterdrückungsmechanismen "in die Wissenschaft selbst betreibe".[50] Erwartbares Fazit: "So offenbart jede progressive Seite der bürgerlichen Wissenschaft unter dem Blick der Analyse dialektisch ihre negative Seite."[51]

Diese Auffassung mag insgesamt zutreffend sein, geht jedoch am speziellen wissenschaftsgeschichtlichen Problem der "Poetik" vorbei. Selbstverständlich beziehen sich Scherers Aussagen auf ein bestimmtes gesellschaftliches System (im kybernetischen Sinne), wenn er "Dichtung" als kommunikativen Prozeß beschreibt, und dieses Bezugssystem ist als solches kritisierbar, obgleich die "Poetik" hierzu nicht eben die glänzendsten Belege bietet[52] und auch die beobachtete Distanzierung der Fachwelt von dieser Scherer-Schrift gegen Gres-

---

[48] *Greß, F.*: Germanistik und Politik. Kritische Beiträge zur Geschichte einer nationalen Wissenschaft. Stuttgart: Fromann-Holzboog 1971 [= Problemata]. S. 31–69.
[49] Ebd. S. 67. – [50] Ebd. S. 66. – [51] Ebd. S. 68.
[52] Vgl. die etwas bedenkliche Art, mit der Greß zitiert, z. B. ebd. S. 67: "[...] zutiefst dem bürgerlichen Weltbild und der positivistischen Wissenschaftstheorie verhaftet, akzeptiert er die neuen gesellschaftlichen Bedingungen literarischer Produktion als Ausdruck einer "entschieden demokratische[n] Verfassung mit allgemeinem gleichen Wahlrecht" (Poetik, S. 129)." – Scherer, Poetik. S. 129: "Die hinreißenden Genies, die alles mit sich fortziehen – ob die kommen oder nicht kommen, dafür ist das Publicum doch wohl nur in geringem Maße verantwortlich, darauf hat es nur geringen Einfluß. Es herrscht heut auf dem litterarischen Gebiet eine entschieden demokratische

sens Schlußfolgerungen spricht. Nur hat diese Kritik ein fatales Ergebnis: sie lenkt von dem Faktum ab, daß Scherers Ansatz zu einer kommunikationstheoretischen Grundlegung der Literaturwissenschaft bis heute nichts von seiner Aktualität verloren hat und von der Institution Literaturwissenschaft bis heute nicht zur Kenntnis genommen, geschweige weiterentwickelt worden ist.

Forsche Systemkritik paart sich methodisch leider oft genug mit unreflektierter "Kunst der Interpretation"; und die Frage nach den methodischen Konsequenzen einer Reflexion auf den emanzipatorischen Zweck von Literaturwissenschaft bleibt ausgeklammert.[53]

1.3 Folgerungen

Die Rezeptionsgeschichte der Schererschen "Poetik" hat den Wert eines Paradigmas der Geschichte der (deutschen) Literaturwissenschaft. An diesem Paradigma ist abzulesen, daß die Institution Literaturwissenschaft, gleich welcher Richtung, eine pragmatische Theoriebildung verhindert hat.

Das herrschende Wissenschaftsverständnis ist seit Scherers Zeiten bis heute konstant geblieben; es ist gekennzeichnet durch die fehlende Reflexion auf die pragmatische Dimension von Text. Immer noch gilt weithin als Gegenstand von Literaturwissenschaft das literarische Kunstwerk "als solches". Die Funktionalisierung von Dichtung, wie Scherer sie vorgenommen hat, ist keineswegs anerkannt. Auf Unverständnis stößt auch die kommunikationstheoretisch geforderte Einsicht, daß das, was als Kunst gilt, auf der Übereinkunft von sozialen Gruppen, auf historisch veränderlichen Gruppennormen beruht.[54]

Verfassung mit allgemeinem gleichen Wahlrecht. Wie anders früher die monarchische oder aristokratische Verfassung! Wie anders die Zeiten, in denen die Dichter keine anderen Rücksichten kannten als auf den einen Mäcen, oder auf einen Freundeskreis! Der frühere Dichter mußte nur Einem schmeicheln, um zu gefallen, der heutige Dichter muß dem ganzen Publicum schmeicheln."

[53] Beispiele für diese Diskrepanz zwischen theoretischem Anspruch und konkretem methodischen Vorgehen sind etwa die Schriften von Friedrich Knilli.

[54] So bei *Kaiser, G.:* Überlegungen zu einem Studienplan Germanistik, Literaturwissenschaftlicher Teil. S. 40 f. (unter etwas hämischer Berufung auf "linke" Autoritäten, wie Adorno, Benjamin, Marx). Bezeichnend für die (aus

Die konsequente Frage gar, weshalb nur Texte mit dem für eine bestimmte soziale Gruppe spezifischen Index "Kunstwerk" Gegenstand der Literaturwissenschaft sein sollen, wird in etablierten Fachkreisen erst gar nicht diskutiert, wie man überhaupt gerne die Arbeit an den Grundfragen des Faches anderen Disziplinen überläßt, etwa der Linguistik oder der Soziologie. Wenn nun aber linguistische Bemühungen um den Begriff "poetischer Text" zu der Erkenntnis geführt haben, der Begriff des Poetischen sei allein gesellschaftlich-historisch definierbar[55], so folgt daraus nur, daß sich der Literaturwissenschaftler nicht von der Arbeit an Grundfragen des Faches suspendieren kann.

Die Frage nach dem jeweils zugrunde gelegten *Textbegriff* ist eine solche, der konkreten Arbeit vorgeordnete Frage; sie muß jeweils beantwortet werden. Dies würde sehr schnell zu der Einsicht führen, daß es in der Literaturwissenschaft an einem zureichend reflektierten Textbegriff fehlt. Ansätze zu einer Reflexion auf den Gegenstand der Literaturwissenschaft, und zwar von der Editionsproblematik sowie von der Textlinguistik her, sind vorhanden.[56]

So definiert P. Schmidt, ausgehend vom Editionsvorgang der sogenannten "kritischen Ausgabe", Text als Realisat eines kommunikativen Prozesses zwischen dem jeweiligen Realisator (Texthersteller) und seinen Rezipienten.

---

unschöner Tagespolemik verständliche) zwanghafte Hypostasierung des Kunstbegriffs aus der Zeit bürgerlicher Restauration im 19. Jahrhundert ist der Studienplan der Freiburger Germanisten, der für das literaturwissenschaftliche Hauptstudium vorschreibt: "Zwei der Veranstaltungen [von drei geforderten] müssen künstlerische Literatur zum Gegenstand haben." (Ebd. S. 77–80. Hier S. 80).

[55] Vgl. *Baumgärtner, K.:* Der methodische Stand einer linguistischen Poetik. In: Jahrbuch für Internationale Germanistik 1 (1969). H. 1. S. 15–43. Hier S. 31. – *Berger, A.:* Poesie zwischen Linguistik und Literaturwissenschaft. In: Linguistische Berichte H. 17 (1971). S. 1–11. – *Kaemmerling, E.:* Die Irregularität der Regularität der Irregularität. Kritik der linguistischen Poetik. In: Linguistische Berichte H. 19 (1972). S. 74–77. – *Schneewolf, R.:* Linguistische Poetik – poetische Linguistik. In: Sprache im techn. Zeitalter H. 41 (1972). S. 74–79.

[56] *Schmidt, P.:* Textbegriff und Interpretation. In: Beiträge zu den Fortbildungskursen des Goethe-Instituts. München: Goethe-Institut 1971. S. 104–111.; *derselbe:* Statischer Textbegriff und Textprozeß. In: Breuer, D., Hocks, P., Schanze, H., Schmidt, P., Sieveke, F. G., Stroszeck, H.: Literatur-

Dies ist in etwa auch der Reflexionsstand der Textlinguistik im Hinblick auf den Textbegriff.[57] Doch bleiben solche Ansätze meist Postulate. Der Gegenstand "Text" wird gewöhnlich nicht so weit reflektiert, daß er methodisch bewältigt werden kann.

Die vorliegende Arbeit geht von diesen Ansätzen aus und sucht sie zu einer pragmatischen Texttheorie weiterzuentwickeln. Was der Gegenstand einer solchen pragmatischen Texttheorie ist, soll mit Hilfe der semiotischen Pragmatik, der Kommunikations- und Persuasionsforschung sowie der kybernetischen Programmforschung näher bestimmt werden. In einem zweiten Schritt soll sodann ein methodisches Konzept entwickelt werden, das den Erfordernissen einer pragmatischen Textanalyse gerecht wird. Freilich ist der Problembereich zu komplex, als daß der Leser mehr als eine erste, gleichwohl möglichst praxisnahe Orientierung erwarten kann. Die Untersuchung hat einführenden Charakter und will Forschungen zu speziellen Fragen vorbereiten helfen. Sie käme an ihr Ziel, wenn es ihr gelänge, mit beizutragen zu einer Verständigung über Erfordernisse und Konsequenzen der viel berufenen Neuorientierung von Literaturwissenschaft und Literaturunterricht, und zwar im Sinne von Einsicht in die Historizität und Veränderbarkeit ihrer Gegenstände: der eigenen Verstehens- und Verhaltensnormen. Das mag manchem als zu wenig erscheinen; doch ist es mühsam genug.

---

wissenschaft. Eine Einführung für Germanisten. Frankfurt, Berlin, Wien: Ullstein 1973. S. 97–127. – *Martens, G.* u. *Zeller, H.* [Hrsg.]: Texte und Varianten. Probleme ihrer Edition und Interpretation. München: Beck 1971.

[57] Vgl. die in Anm. 6 genannte Literatur, ferner: *Brinker, K.:* Aufgaben und Methoden der Textlinguistik. Kritischer Überblick über den Forschungsstand einer neuen linguistischen Teildisziplin. In: Wirk. Wort 21 (1971). S. 217–237. – *Hartmann, P.:* Texte als linguistisches Objekt. In: Stempel, W. D. [Hrsg.]: Beiträge zur Textlinguistik. München: Fink 1971 S. 9–29. – Mehr literaturwissenschaftlich orientiert, aber nicht minder postulatfreudig sind die Arbeiten von *Wienold, G.:* Textverarbeitung. Überlegungen zur Kategorienbildung in einer strukturellen Literaturgeschichte. In: Lili. Zeitschr. f. Literaturwissenschaft u. Linguistik 1 (1971). H. 1/2. S. 59–89; *derselbe:* Formulierungstheorie, Poetik, Strukturelle Literaturgeschichte. Am Beispiel der altenglischen Dichtung. Frankfurt: Athenäum 1971; *derselbe:* Semiotik der Literatur. Frankfurt: Athenäum 1972. – *Glinz, H.:* Textanalyse und Verstehenstheorie I. Methodenbegründung – soziale Dimension – Wahrheitsfrage – acht ausgeführte Beispiele. Frankfurt: Athenäum 1973 [= Studienbücher zur Linguistik und Literaturwissenschaft 5].

2. ZUR GEGENSTANDSBESTIMMUNG EINER PRAGMATISCHEN TEXTTHEORIE

2.1 Semiotische Grundlagen des Textbegriffs

2.1.1 Semiotische Grundbegriffe

Die semiotische Betrachtungsweise von Texten ist in der Literaturwissenschaft nicht selbstverständlich. Lediglich die mathematisch-statistisch orientierte Richtung in der Literaturwissenschaft hat sich explizit mit der Zeichenhaftigkeit von Texten befassen müssen; denn erst die Einsicht in die Zeichenstruktur von Texten ermöglicht die Anwendung mathematisch-statistischer Verfahren bei der Textanalyse.[1]

Nun kann man nicht behaupten, daß dieser Forschungszweig maßgeblichen Einfluß in der Literaturwissenschaft gewonnen hätte. Eher das Gegenteil ist der Fall. Die Polemik um den z. T. überhöhten Anspruch der "exaktwissenschaftlichen" Verfahren, deren Exaktheit mitunter nur durch unzureichende Reflexion auf die historisch-hermeneutische Problematik des Gegenstandes "Text" erkauft ist, hat die begonnene Arbeit an den semiotischen Fundierungskategorien der Literaturwissenschaft mehr und mehr in den Hintergrund gedrängt. Da sich außerdem die Linguistik der Einzelphilologien, ihren Begrün-

---

[1] Vgl. dazu *Kreuzer, H.* und *Gunzenhäuser, R.* [Hrsg.]: Mathematik und Dichtung. Versuche zur Frage einer exakten Literaturwissenschaft. 3. durchges. Aufl. München: Nymphenburger 1969 [1. Aufl. 1965]. – *Gunzenhäuser, R.:* Nicht-numerische Datenverarbeitung. Beiträge zur Behandlung nichtnumerischer Probleme mit Hilfe von Digitalrechenanlagen. Wien, New York: Springer 1968. – *Fucks, W.:* Nach allen Regeln der Kunst. Diagnosen über Literatur, Musik, bildende Kunst – die Werke, ihre Autoren und Schöpfer. Stuttgart: DVA 1968. – *Wickmann, D.:* Eine mathematisch-statistische Methode zur Untersuchung der Verfasserfrage literarischer Texte. Durchgeführt am Beispiel der 'Nachtwachen. Von Bonaventura' mit Hilfe der Wortartübergänge. Köln, Opladen: Westdt. Verlag 1969 [= Forschungsberichte des Landes NRW 2019]. – *Rieger, B.:* Poetae Studiosi. Analysen studentischer Lyrik des 19. und 20. Jahrhunderts – ein Beitrag zur exaktwissenschaftlichen Erforschung literarischer Massenphänomene. Frankfurt: Thesen 1970. – *Schanze, H.* [Hrsg.]: Literatur und Datenverarbeitung. Bericht über die Tagung im Rahmen der 100-Jahr-Feier der RWTH Aachen. Tübingen: Niemeyer 1972.

der de Saussure auslegend, mit zeichentheoretischen Fragen befaßt[2] und ein Überschreiten der Fachgrenzen entgegen anderslautenden Postulaten de facto meist vermieden wird, ist das Interesse an einer semiotischen Fundierung von Literaturwissenschaft gering.

Das ändert jedoch nichts an dem Faktum, daß "Text" eine semiotische Größe ist. Erst die semiotische Betrachtungsweise von Text bietet durch ihr Abstraktionsniveau die metasprachlichen Kategorien, die notwendig sind, um die kontroversen Zielbestimmungen von Literaturwissenschaft diskutieren zu können und nicht in einen vagen Pluralismus der Zielbestimmungen ausweichen zu müssen. Wie bereits gesagt, betrifft dies vor allem die Kritik der kunstwissenschaftlichen und der kommunikationswissenschaftlichen Grundlegung von Literaturwissenschaft. In bezug auf diesen Sachverhalt kommt den semiotischen Begriffen der Rang einer Metasprache zu.

Zum Zeichenbegriff

Semiotisch betrachtet, können Texte definiert werden als *nach Regeln geordnete Teilmengen (Reihen) sprachlicher Zeichen von mehr oder weniger großer Komplexität, die zu kommunikativen Zwecken verwendet werden*. Der Begriff "sprachliches Zeichen" ist genau genommen eine Tautologie, da außersprachliche Zeichen nicht denkbar sind, sofern man Sprache definiert als einen Code, bestehend aus einer endlichen Menge von Zeichen (Lexikon, Repertoire) und einer endlichen Menge von Regeln zum Verknüpfen dieser Zeichen (Grammatik); innerhalb dieses Sprachbegriffs kann man dann unterscheiden zwischen verbalen und nichtverbalen (visuellen, auditiven, haptischen,

---

[2] Vgl. dazu *Bierwisch, M.:* Strukturalismus. Geschichte, Probleme und Methoden. In: Kursbuch 5 (1966). S. 77–152; erneut in: Ihwe, J. [Hrsg.]: Literaturwissenschaft und Linguistik. Ergebnisse und Perspektiven. Bd. 1. Frankfurt a. M.: Athenäum 1971. S. 17–90. – Ferner: *Glinz, H.:* Linguistische Grundbegriffe und Methodenüberblick. Bad Homburg: Athenäum 1970 [= Studienbücher zur Linguistik und Literaturwissenschaft 1]. S. 41–70; *derselbe:* Deutsche Grammatik I. Satz – Verb – Modus – Tempus. Bad Homburg: Athenäum 1970 [= Studienbücher zur Linguistik und Literaturwissenschaft 2]. S. 51–62. – *Wiegand, H. E.:* Synchronische Onomasiologie und Semasiologie. In: Germanistische Linguistik 1 (1970). S. 243–384. – *Althaus, H. P.* u. *Henne H.:* Sozialkompetenz und Sozialperformanz. Thesen zur Sozialkommunikation. In: Zeitschrift f. Dialektologie u. Linguistik 38 (1971). S. 1–15.

gustativen usw.) Zeichen.[3] Als Teilmengen (Reihen) können Texte deshalb bestimmt werden, weil sie sich stets auf ein übergeordnetes Repertoire, auf eine Grundmenge von Zeichen beziehen.

Unter dem Begriff *"Zeichen"* wird hier zunächst, dem Semiotiker G. Klaus folgend, die *Abstraktionsklasse aller Signalmengen* verstanden, *die einander in einer bestimmten kommunikativen Situation entsprechen*, wobei Signale als materielle Prozesse (z. B. elektromagnetische Wellen) oder Zustände von materiellen Systemen (z. B. Lochung einer Lochkarte) definiert sind.[4] Man kann also zwei Merkmale des Zeichenbegriffs unterscheiden: das materielle Gebilde (Signal) und die Abstraktionsklasse (Struktur, Invariante) äquivalenter materieller Gebilde. Im Hinblick auf seine Funktion wird das erste Merkmal auch *Zeichenträger* oder *Zeichenexemplar* genannt, das zweite Merkmal *Zeichengestalt*.

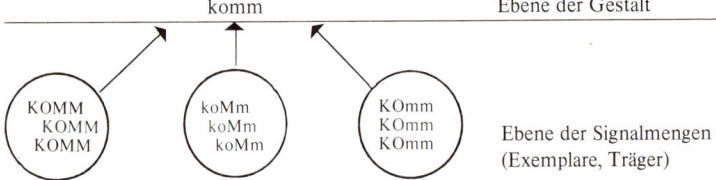

Abb. 1: Abstraktion der (Zeichen)Gestalt aus äquivalenten (Zeichen)Exemplarmengen

Aus diesen Überlegungen folgt, daß wir in semiotischer Sicht den unpräzisen Begriff *"Zeichen"* nur im Sinne von *"Zeichengestalt"* verwenden können. Die einzelnen konkreten materiellen Gebilde (Schallwellen, Kreidehügelchen auf der Tafel oder Druckerschwärze auf dem Papier) interessieren semiotisch gesehen nur insofern, als in ihnen *Zeichengestalten* erkannt bzw. realisiert werden können.

Auf die Notwendigkeit dieser begrifflichen Unterscheidung hat vor allem G. Klaus hingewiesen: Jedes materielle Gebilde in Zeichenträgerfunktion, so führt er aus, ist ein Individuum, "es kann nicht zwei-

---

[3] Vgl. dazu *Koch, W. A.:* Varia Semiotica. Hildesheim: Olms 1971 [= Studia semiotica. Series practica 3].

[4] Vgl. *Klaus, G.:* Art. "Zeichen". In: Klaus, G. und Buhr, M. [Hrsg.]: Philosophisches Wörterbuch. 8. Aufl. Bd. 2. Berlin: Europäisches Buch 1971. S. *1175*.

mal vorkommen, und es hat als solches eine Fülle von Eigenschaften, die für die semiotische Betrachtung keine Rolle spielen". Klaus erläutert dies an einem Beispiel:

> Das Wort "Zeichen" z. B., das auf dieser Seite mehrfach vorkommt, hat in jeder seiner Realisierungen Eigenschaften, die es in den anderen nicht hat, und wenn es nur die Tatsache wäre, daß es an verschiedenen Stellen und in verschiedenen Zusammenhängen steht. (Bei nicht genormter, nicht durch Drucktypen fixierter Schrift oder gar bei gesprochenen Zeichen werden diese Unterschiede der einzelnen Exemplare der gleichen Zeichengestalt noch deutlicher.) Diese Eigenschaften spielen aber keine Rolle, wenn wir etwa eine semantische oder syntaktische Analyse des Terminus "Zeichen" vornehmen wollen. <u>Wichtig ist nur, daß die verschiedenen Realisierungen des Worts in gewisser Hinsicht ähnlich sind, daß sie die gleiche "Gestalt" haben.</u>[5]

Somit kann das Verhältnis von Zeichenexemplar und Zeichengestalt folgendermaßen bestimmt werden:

> Der Begriff der Zeichengestalt entsteht im Sinne des von uns Dargestellten durch eine sogenannte Definition durch Abstraktion. [...] Die Zeichenexemplare sind also Elemente von Abstraktionsklassen; wir können auch sagen, sie sind Realisierungen der Zeichengestalt. Zu jeder Zeichengestalt kann es beliebig viele Realisierungen geben, die zueinander in der genannten Äquivalenzrelation stehen. Eine Zeichengestalt stellt die Struktur äquivalenter Zeichenexemplare dar. Wir können auch sagen, daß eine Zeichengestalt ein Schema, ein Handlungsmuster ist, nach dem in der Kommunikation beliebig neue Zeichenexemplare hergestellt werden können. Diese Exemplare müssen nicht notwendig nach ihrer Hervorbringung fortbestehende materielle Gebilde sein. Sie können sofort nach ihrer Hervorbringung wieder verschwinden, wie es in gewissem Sinn in der gesprochenen Sprache, noch deutlicher aber etwa in den Gesten der Taubstummensprache der Fall ist: Wenn man aufhört, durch eine bestimmte Geste eine Zeichengestalt zu realisieren, dann ist das materielle Zeichenexemplar wieder verschwunden, sein Weiterbestehen ist nicht mehr unbedingt erforderlich.[6]

Die Unterscheidung zwischen Zeichenexemplar (Zeichenträger) und Zeichengestalt hat erhebliche praktische Konsequenzen. Sie ist die Grundlage für die Theorie der Zeichenerkennung bzw. Zeichengestalterkennung. Die Theorie der Zeichenerkennung befaßt sich mit

---

[5] *Klaus, G.:* Semiotik und Erkenntnistheorie. 2. neubearb. Aufl. Berlin: Deutscher Verlag d. Wissenschaften 1969. S. 58–60. Hier S. 58.
[6] Ebd. S. 58 f. – Klaus vermerkt übrigens ausdrücklich (ebd. S. 60), daß er den Terminus "Zeichen" abkürzungshalber für "Zeichengestalt" verwendet.

der Zuordnung von Zeichenexemplaren (Zeichenträgern) zu den Zeichengestalten, die durch sie realisiert werden; sie erforscht die Bedingungen, die vorliegen müssen, damit in einem informationsverarbeitenden System (= kybernetischen System) Signale als bedeutungsvolle Zeichengestalten identifiziert werden können. Auf diesen Forschungen beruhen Anwendung und Weiterentwicklung der elektronischen Datenverarbeitung.[7] Aber auch der Spracherwerb des Kleinkindes sowie der Schreib- und Leseunterricht des Schulkindes sind in diesem Sinne Zeichenerkennungsprobleme.

Der genannte Identifikationsprozeß ist im Bereich der natürlichen Sprachen, insbesondere der gesprochenen Sprache, außerordentlich kompliziert. Bisher läßt sich nur absehen, daß der Informationsstrom auf dem Weg von den Rezeptoren zum Gehirn durch Aufbau einer Hierarchie von Gestalten (Invarianten) fortschreitend eingeengt wird, etwa in der Abfolge Signalmengen, Zeichenreihengestalten, Wort/Satz, Begriff/Aussage.[8] Weitgehend unbekannt ist noch, *wie* die höherentwickelten Organismen und der Mensch diese Invarianten bilden und wie infolgedessen ein lernendes technisches kybernetisches System beschaffen sein muß, das den Vorgang der Gestalterkennung (Invariantenbildung) simulieren kann. Bisher gelang nur, wie G. Klaus resümierend feststellt, "die Konstruktion von Modellen der Gestalterkennung, die bestimmte Teilaufgaben lösen. So konnten beispielsweise N. Wiener und W. McCulloch ein Lesegerät für Blinde konstruieren, das Invariantenbildung erlaubt und damit die Möglichkeit der Wiedererkennung von Zeichen und Zeichenreihen im Bereich der geschriebenen Sprache schafft. Wichtiges Hilfsmittel einer Modellierung der Bildung und Wiedererkennung von Invarianten sind die Lernmatrizen nach K. Steinbuch. Die genannte Hierarchie von Inva-

---

[7] Ebd. S. 59. – Vgl. auch *Steinbuch, K.*: Nachrichtenverarbeitung. In: Elektronische Rechenanlagen 1 (Wien 1959). H. 1. S. 14–19; *ders.*: Automat und Mensch. 3. Aufl. Berlin, Heidelberg, New York: Springer 1965; *ders.*: Über lernende Automaten. In: Haseloff, O. W. [Hrsg.]: Grundfragen der Kybernetik. Berlin: Colloquium 1967. S. 144–152. – *Klaus, G.*: Spezielle Erkenntnistheorie. Prinzipien der wissenschaftlichen Theoriebildung. Berlin: Deutscher Verlag der Wissenschaften 1965. S. 360–371; *derselbe:* Kybernetik und Erkenntnistheorie. 4. unveränderte Aufl. Berlin: Deutscher Verlag der Wissenschaften 1972. S. 281–321.
[8] *Klaus, G.*: Art. "Gestalterkennung". In: Klaus, G. u. Buhr, M. [Hrsg.]: Philosophisches Wörterbuch. 8. Aufl. Bd. 1. Berlin: Europäisches Buch 1971. S. 451.

rianten läßt sich im Prinzip durch eine Schichtung solcher Matrizen realisieren".[9] Im Bereich der Sprach- und Literaturwissenschaft stellt sich das Problem der Zeichengestalterkennung in dieser Grundsätzlichkeit z. B. bei den derzeitigen Versuchen, mit Hilfe von EDV-Anlagen einen lemmatisierten Wort-Index herzustellen, bei der automatischen Syntaxanalyse und Übersetzung sowie bei der automatischen Dokumentation.[10]

Theorie der Zeichengestalterkennung sowie ihre technische Verwertung dürfen jedoch nicht darüber täuschen, daß der Vorgang der Gestalterkennung (des Auffindens von Invarianten) bzw. der Identifikation von äquivalenten Signalmengen selbstverständlich ein interpretativer Akt ist und infolgedessen mit der hermeneutischen Problematik belastet ist: "Sowohl das allgemeine Problem der Gestalterkennung als auch das spezielle Problem der Zeichenerkennung setzen voraus, daß die erkennenden organischen kybernetischen bzw. technischen kybernetischen Systeme eine gewissermaßen apriorische Kenntnis der betreffenden Gestalten oder Zeichen besitzen, denn nur dann können sie den notwendigen Vergleich zwischen den in der Wahrnehmung usw. angebotenen und den vorgegebenen, im Gedächtnis usw. gespeicherten Gestalten durchführen. [. . .] Bei einem technischen kybernetischen System ist dieses Apriori durch den Konstrukteur in die Maschine gelegt, bei einem organischen aber ist es eine Errungenschaft der Art bzw. Gattung, die sich in der Auseinandersetzung des Systems mit seiner Umwelt ergeben hat. [. . .] Normalerweise wird es jedoch nicht möglich sein, diese Idealgestalt in irgendwelchen Kombinationen von Informationselementen genau wiederzufinden. Es wird sich vielmehr darum handeln, unter der Vielzahl der aus einem Informationsstrom zu abstrahierenden Gestalten diejenige herauszufinden, die mit der vorliegenden Idealgestalt maximale Ähnlichkeit hat. Dies setzt eine Extremwertbestimmung voraus. Mensch und höherentwickelte Organismen sind auf Grund der Besonderheiten ihres Neuronennetzes offensichtlich in der Lage, diese Auf-

---

[9] Ebd.
[10] Vgl. die in Anm. 1 genannte Literatur, bes. *Schanze, H.* [Hrsg.]: Literatur und Datenverarbeitung; ferner: *Eggers, H.* [Hrsg.]: Elektronische Syntaxanalyse der deutschen Gegenwartssprache. Ein Bericht. Tübingen: Niemeyer 1969. – *Klein, W.:* Parsing. Studien zur maschinellen Satzanalyse mit Abhängigkeitsgrammatiken und Transformationsgrammatiken. Frankfurt a. M.: Athenäum 1971 [= Linguistische Forschungen 2].

gabe mit Erfolg zu lösen."[11] Das Verstehensproblem ist freilich mit diesen Hinweisen noch nicht hinreichend geklärt, wohl aber in einigen wichtigen Bedingungen genauer als bisher einzugrenzen.

Die Zeichengestalt als relationales Gebilde

Wie kann nun, nach dieser ersten Vorklärung, der Begriff "Zeichen" bzw. "Zeichengestalt" näherhin definiert werden? Bereits aus der eingangs gegebenen Begriffsbestimmung folgt, daß der Zeichenbegriff nur relational definiert werden kann. Ein Signal wird dadurch zu einer Zeichengestalt, daß es in bestimmten Relationen steht. Genauer: ein Signal wird dann zur Zeichengestalt, wenn es für jemand Verweisungscharakter hat; wenn es für jemand in einer kommunikativen Situation auf ein Repertoire von anderen Zeichengestalten beziehbar ist und so als Träger von Information über einen Sachverhalt fungiert.[12]

Die Zeichengestalt resultiert somit aus folgenden Relationen: sie bezieht sich auf ein Repertoire anderer Zeichengestalten, sie steht für einen Bewußtseinsinhalt (Bedeutung), verweist dabei auf ein Objekt, und sie wird in einer kommunikativen Situation verwendet. Erst wenn diese Bedingungen vorliegen, kann man von einem "Zeichen" bzw. von einer "Zeichengestalt" sprechen; der Zeichenbegriff kann nur — es sei wiederholt — von den Relationen der Zeichengestalt her bestimmt werden, ein Zeichen "selbst" oder "an sich" gibt es logischerweise nicht.

Dieser relationale Zeichenbegriff widerspricht übrigens nicht, wie von linguistischer Seite behauptet,[13] dem Begriff des sprachlichen

---

[11] *Klaus, G.:* Art. "Gestalt" und "Gestalterkennung". In: Klaus, G. und Buhr, M. [Hrsg.]: Philosophisches Wörterbuch. S. 450 f.
[12] Vgl. *Wunderlich, D.:* Althaus und Henne über Semiotik und Sozialkommunikation. In: Zeitschr. f. Dialektologie u. Linguistik 38 (1971). S. 313: "Z_0 ist ein Zeichen für die Person P dann und nur dann, wenn Z_0 in bestimmten konventionalisierten Beziehungen zu anderen Entitäten $Z_1, Z_2, \ldots, Z_n$ steht und es ein X_0 gibt, das ein physikalisches Gebilde ist und Z_0 in einer Kommunikationssituation K, an der P teilnimmt, derart repräsentieren kann, daß es für P eine Bedeutung B in K in bezug auf eine Realität R vermitteln kann."
[13] So *Althaus, H. P.* u. *Henne, H.:* Sozialkompetenz und Sozialperformanz. Thesen zur Sozialkommunikation. In: Zeitschr. f. Dialektologie u. Linguistik 38 (1971). S. 1 f.; *dies.:* Sozialkommunikation und Semiotik. Ebd. S. 24 ff. – Die diesbezügliche Kritik an Klaus beruht auf mangelnder Informiertheit. S. auch u. Anm. 20.

Zeichens, der auf de Saussure zurückgeht. Wenn de Saussure und seine Schule das Zeichen als willkürliche (arbiträre), aber konventionalisierte Relation von Lautbild ("image acoustique") als Bezeichnendem ("signifiant") und begrifflicher Vorstellung ("concept") als Bezeichnetem ("signifié") bestimmt,[14] dann ist dies lediglich eine stark vereinfachte Version des hier dargelegten Zeichenbegriffs, – eine Version im übrigen, die sich von der in der älteren Semiotik gebräuchlichen kaum unterscheidet. So z. B. führt Ph. Gäng im Abschnitt "Die Zeichenlehre, oder Semiotik" seiner "Ästhetik" (1785) aus:

> Alles, wodurch wir eine Sache erkennen, und von einander unterscheiden, ist ein *Zeichen* der Sache. Die Sache selbst, die wir erkennen, und unterscheiden, ist die *bezeichnete Sache*. Zwischen dem Zeichen und der bezeichneten Sache ist allzeit eine Verbindung, diese Verbindung ist entweder nothwendig, das ist, sie ist schon zufolge der Natur des Dinges da, oder willkürlich, das ist, vernünftige Wesen bedienen sich aus eigner Willkür eines bestimmten Zeichens eine bestimmte Sache auszudrücken; daher auch das Zeichen entweder ein *natürliches*, oder *willkürliches* Zeichen des Dinges ist.[15]

Den Objektbezug des Zeichens bestimmt Gäng näherhin als dessen Bedeutung:

> Wie sich kein Zeichen ohne eine bezeichnete Sache denken läßt, so muß auch jeder Ausdruck eine Bedeutung haben. Die Sache, oder die Idee selbst, deren Existenz aus dem sinnlichen Zeichen erkannt wird, ist seine *Bedeutung*. Die Bedeutung eines Ausdruckes ist entweder *natürlich*, oder *willkürlich (arbiträr)*. Die Bedeutung ist *natürlich*, wenn der Ausdruck seiner Natur nach das anzeigt, wozu er gebraucht wird; sie ist *willkürlich*, wenn sie willkürlich mit dem Ausdruck verbunden wird.[16]

Solche "willkürlichen Zeichen" sind nach Gäng "*Wörter*, und *Redesätze*, die aus der Zusammensetzung mehrerer Wörter entstehen. Die Wörter sind willkürlich von den Menschen erfundene Zeichen, um ihre Ideen, oder Gedanken einander mitzutheilen".[17]

---

[14] *Saussure, F. de:* Grundfragen der allgemeinen Sprachwissenschaft. Hrsg. v. Ch. Bally u. A. Sechehaye. Unter Mitwirkung v. A. Riedlinger übers. v. H. Lommel. 2. Aufl. mit neuem Reg. u. einem Nachwort v. P. v. Polenz. Berlin: de Gruyter 1967. S. 78–80.
[15] *Gäng, Ph.:* Aesthetik oder allgemeine Theorie der schönen Künste und Wissenschaften. Salzburg: Waisenhausbuchhandlung 1785. S. 18 f.
[16] Ebd. S. 300.
[17] Ebd. S. 303.

Diese Ausführungen machen deutlich, daß zwischen dem linguistischen und dem philosophisch-mathematischen Zeichenbegriff in bezug auf die Relationalität kein prinzipieller Unterschied besteht. Wenn hier der letztere zugrundegelegt wird, dann deshalb, weil er differenzierter ist und eine klarere Systematik ermöglicht.

In der neueren Semiotik, wie sie von Ch. S. Peirce, Ch. Morris und M. Bense, von A. Tarski, H. Hermes und R. Carnap, von G. Klaus, A. Schaff und L. O. Resnikow entwickelt worden ist, sind die oben genannten Relationen als "Dimensionen" des Zeichenbegriffs zu Systemgebieten ausgearbeitet worden.[18] Seit Peirce und Morris sind dies die Gebiete Syntaktik, Semantik und Pragmatik; bei einer genaueren Differenzierung der semantischen Zeichenrelation, wie sie G. Klaus vorgenommen hat, ergeben sich die Gebiete der Semantik im engeren Sinne und der Sigmatik.[19] Dazu folgende Übersicht, die allerdings nicht als "Zeichenmodell" mißverstanden werden darf,[20] sondern nur die Relationen der Zeichengestalt darstellt:[21]

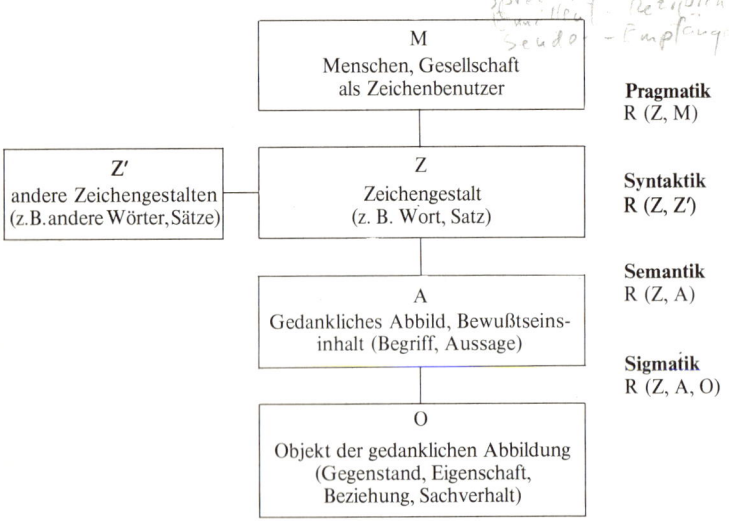

Abb. 2: Die Relationen der Zeichengestalt (nach Klaus)

---

[18] *Peirce, Ch. S.:* Die Festigung der Überzeugung und andere Schriften. Hrsg. u. eingel. v. E. Walther. Baden-Baden: Agis 1967; *ders.:* Schriften.

Die *Syntaktik* befaßt sich mit den Beziehungen zwischen Zeichengestalten: R (Z, Z'). Sie ordnet die Zeichengestalten eines Zeichensystems (Sprache) nach typischen Merkmalen und stellt die Regeln auf, nach denen die Zeichengestalten verknüpft und umgeformt werden können. Dies entspricht dem Aufgabenbereich der formalen Logik bzw., auf natürliche Sprachen bezogen, dem Aufgabenbereich der Grammatik.

Die *Semantik* befaßt sich mit den Bedeutungen von Zeichengestalten. Jede Zeichengestalt hat eine gedankliche Entsprechung (Begriff,

---

Hrsg. v. K. O. Apel. Bd. 1–2. Frankfurt a. M.: Suhrkamp 1967 u. 1970. – *Morris, Ch.:* Foundations of the Theory of Signs. Chicago: University of Chicago Press. 1938 [= International Encyclopedia of Unified Science 1,2]; *ders.:* Signs, Language, and Behavior. 2. Aufl. New York: Braziller 1955; *ders.:* Signification and Significance. Cambridge/Mass.: M. I. T. Press 1964. – *Bense, M.:* Semiotik. Allgemeine Theorie der Zeichen. Baden-Baden: Agis 1967. – *Tarski, A.:* Der Wahrheitsbegriff in den formalisierten Sprachen. Lwòw 1935 [= Studia philosophica 1]; *ders.:* Logic, Semantics, Mathematics. Oxford: Clarendon 1956. – *Hermes, H.:* Semiotik. Eine Theorie der Zeichengestalten als Grundlage für Untersuchungen von formalisierten Sprachen. Leipzig 1938. Repr. Nachdruck Hildesheim: Gerstenberg 1970. – *Carnap, R.:* Logische Syntax der Sprache. 2. unveränd. Aufl. Wien, New York: Springer 1968; *ders.:* Introduction to Semantics and Formalization of Logic. Cambridge/Mass.: Harvard Univ. Press 1959 (erstmals 1942); *ders.:* Meaning and Necessity. A Study in Semantics and Modal Logic. Chicago u. London: University of Chicago Pr. 1967. – *Schaff, A.:* Sprache und Erkenntnis. Wien, Frankfurt, Zürich: Europ. Verlagsanstalt [1964]; *ders.:* Einführung in die Semantik. Berlin: Deutscher Verlag d. Wissenschaften 1966. – *Resnikow, L. O.:* Erkenntnistheoretische Fragen der Semiotik. Aus dem Russ. übers. v. W. Winkler u. M. Feder. Berlin: Deutscher Verlag d. Wissenschaften 1968.

[19] *Klaus, G.:* Semiotik und Erkenntnistheorie. S. 67–77.

[20] Dies ist der Fall bei *Althaus, H. P.,* und *Henne, H.:* Sozialkompetenz und Sozialperformanz, sowie bei *Kaemmerling, E.:* Rekonstruktion der poetischen Bedeutung. In: Sprache im techn. Zeitalter H. 41 (1972). S. 21–27. Klaus (Semiotik und Erkenntnistheorie. S. 57) spricht lediglich davon, "die charakterisierten Relationen, die in den Bereich der Semiotik fallen, in einem Schema festhalten" zu wollen.

[21] Die folgende Übersicht lehnt sich an das Klaus'sche Schema an (Semiotik und Erkenntnistheorie. S. 57). Bei der Charakterisierung der einzelnen Zeichenrelationen beziehe ich mich auf *Klaus, G.:* Semiotik und Erkenntnistheorie. S. 60–82, sowie auf *Klaus, G.:* Die Macht des Wortes. Ein erkenntnistheoretisch-pragmatisches Traktat. 5. überarb. und erw. Aufl. Berlin: Deutscher Verlag d. Wissenschaften 1969. S. 11–16.

Aussage), diese kann näherhin als im Bewußtsein existierendes Abbild von Objekten bzw. Sachverhalten, Eigenschaften, Relationen verstanden werden: R (Z, A). Zeichengestalten und die mit ihnen verbundenen gedanklichen Abbilder (Begriffe, Aussagen) beziehen sich dabei stets auf ein jeweiliges Zeichensystem. Denn es können nicht beliebige materielle Gebilde Zeichenträger sein und damit der Vermittlung von Bedeutungen dienen:

> Die erste Bedingung, die für diesen Zweck erfüllt sein muß, ist die, daß ein materielles Gebilde als Exemplar einer Zeichengestalt identifiziert werden kann. Diese Bedingung ist aber nicht in jedem Fall ausreichend. Die Gestalt, der ein materielles Gebilde zugeordnet wird, muß nämlich weiterhin innerhalb eines Zeichensystems als Zeichen mit einer Bedeutung verbunden sein. Um diese Bedingung zu verdeutlichen, brauchen wir nur sinnlose Silben oder "Wörter" wie etwa "hilm", "Barleng", "karulieren" usw. anzusehen. Die hier gedruckten Schriftzeichen repräsentieren Gestalten, die gewisse Struktureigenschaften mit Wörtern der deutschen Sprache gemeinsam haben und sich dadurch von rein zufälligen Krakeln unterscheiden. Dennoch sind sie nicht Wörter der deutschen Sprache. Sie bedeuten nichts. Wir kommen damit zu einer Tatsache, die der dänische Logiker Jørgen Jørgensen festgestellt hat: Der Begriff "Zeichen" muß durch eine dreistellige Relation expliziert werden. Sie heißt korrekt: "x ist ein Zeichen für y im Sprachsystem z".[22]

Die *Sigmatik* befaßt sich mit der Bezeichnungsrelation von Zeichengestalten. Diese haben nicht nur eine Bedeutung (gedankliche Entsprechung, meaning, intension), sondern sie bezeichnen auch Objekte bzw. Sachverhalte, Eigenschaften, Relationen (reference, extension). Zeichengestalten haben einen Objektbezug, dieser ist über das gedankliche Abbild vermittelt: R (Z, A, O).

> Ein Wort kann zur Bezeichnung, d. h. als Name eines Objekts, nur verwendet werden, und es wird als Bezeichnung eines Objekts nur erkannt, wenn die mit ihm verbundene Bedeutung ein Abbild des betreffenden Objekts ist. Entsprechendes gilt für Satz, Aussage und Sachverhalt. Daraus ergibt sich, daß [...] die Relation R (Z, O) ebensowenig eine direkte Relation ist wie die Beziehung zwischen Abbild und Signal. Die Beziehung zwischen dem Zeichen und dem Objekt ist vielmehr ein Relationsprodukt aus R (Z, A) und R (A, O).[23]

---

[22] *Klaus, G.:* Semiotik und Erkenntnistheorie. S. 83.
[23] Ebd. S. 69. Schema ebd. S. 60.

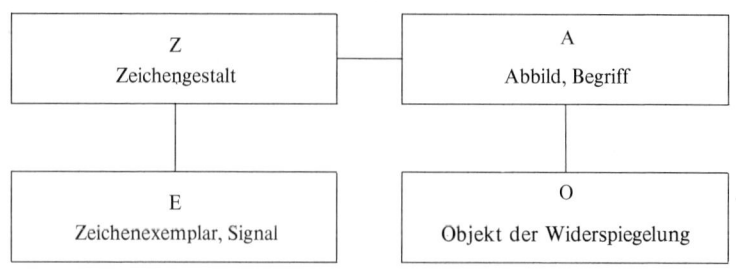

Abb. 3: Sigmatische Zeichenrelation (nach G. Klaus)

Die Unterscheidung zwischen semantischer und sigmatischer Zeichenrelation kann nur bei künstlichen Sprachen vernachlässigt werden, da diese anders als natürliche Sprachen einen wohldefinierten Objektbereich haben; in diesem Falle ist dann die Bedeutung einer Zeichengestalt identisch mit ihrer Bezeichnung. Das klassische Beispiel stammt von dem Mathematiker Gottlob Frege (1848–1925): "Morgenstern" und "Abendstern" bezeichnen das gleiche Objekt, haben aber unterschiedliche gedankliche Entsprechungen.[24]

Die *Pragmatik* schließlich befaßt sich mit den Beziehungen zwischen den Zeichengestalten und den Menschen, die diese Zeichengestalten produzieren und zu kommunikativen Zwecken verwenden: R(Z,M). In diesem Sinn bestimmt der Semiotiker Ch. Morris die Pragmatik als "that branch of semiotic which studies the origin, the uses, and the effects of signs".[25] Was im einzelnen Gegenstand pragmatischer Untersuchung sein kann, läßt sich – in Anlehnung an die Lasswell'sche Formel zur Kommunikationsstruktur – in folgende Frage fassen: *Wer bzw. welche sozialen Gruppen operieren zu welchem Zeitpunkt mit welchen Zeichen(reihen) in welcher Intention unter welchen medialen Bedingungen im Hinblick auf wen bzw. auf welche sozialen Gruppen mit welcher Wirkung?* Gegenstand der Pragmatik

---

[24] *Frege, G.:* Über Sinn und Bedeutung [1892]. In: Frege, G.: Funktion, Begriff, Bedeutung. Fünf logische Studien. Hrsg. u. eingel. v. G. Patzig. 3. durchges. Aufl. Göttingen: Vandenhoeck & Ruprecht 1969. S. 41. – Frege definiert jedoch umgekehrt den Begriff "Sinn" als semantische Relation und "Bedeutung" als sigmatische bzw. Objektrelation.

[25] *Morris, Ch.:* Signs, Language, and Behavior. S. 352.

ist also die gesellschaftlich-historische Vermitteltheit und Funktionalität sprachlicher Zeichengestalten, die kommunikative Zeichenverwendung (auch die des Beobachters von Zeichenverhalten); diese beruht auf einem der jeweiligen sozialen Gruppe (Schicht, Klasse) gemeinsamen Vorrat von syntaktischen Mustern, Bedeutungs-, Bezeichnungs- und (durch bestimmte Zeichen abrufbaren) Verhaltensmustern.

Die Hierarchie der Relationen

Aus diesen vorläufigen Bestimmungen geht hervor, daß die semiotischen Relationen "Syntaktik", "Semantik", "Sigmatik", "Pragmatik" begrifflich nicht auf einer Ebene liegen, sondern eine Hierarchie bilden.[26] Die syntaktische Relation ist in der semantisch-sigmatischen enthalten enthalten, die semantisch-sigmatische wiederum in der pragmatischen. Syntaktik und Semantik-Sigmatik sind also in Bezug auf die Pragmatik Abstraktionsklassen unterschiedlicher Ordnung; Klaus erläutert dies folgendermaßen:

> In der Pragmatik wird jedes Zeichen in einer vierstelligen Relation betrachtet. Diese Relation enthält den Menschen als Erzeuger bzw. Empfänger des Zeichens, das Zeichen selbst, seine Bedeutung und das, worauf dieses Zeichen hinweist. In der Pragmatik wird also die Sprache in der Gesamtheit ihrer gesellschaftlichen, psychologischen und anderen Verflechtungen betrachtet. Abstrahiert man von dem Erzeuger und dem Empfänger der Zeichen und betrachtet nur die Beziehung zwischen Zeichen und Bedeutung sowie zwischen Zeichen und Bezeichnetem, so kommt man zur Semantik. Die Beziehung zwischen dem Zeichen und seinem Designat ist der spezielle Gegenstand der Sigmatik. Abstrahiert man von dieser Beziehung sowie

---

[26] Vgl. *Klaus, G.:* Die Macht des Wortes. S. 16.
[27] *Klaus, G.:* Art. "Semiotik". In: Klaus, G., u. Buhr, M. [Hrsg.]: Philosophisches Wörterbuch. Bd. 2. S. 978. – Vgl. auch *Carnap, R.:* Introduction to Semantics and Formalization of Logic. S. 9: "If we are analyzing a language, then we are concerned, of course, with expressions. But we need not necessarily also deal with speakers and designata. Although these factors are present whenever language is used, we may abstract from one or both of them in what we intend to say about the language in question. Accordingly, we distinguish three fields of investigation of languages. If in an investigation explicit reference is made to the speaker, or, to put it in more general terms, to the user of a language, then we assign it to the field of *pragmatics*. (Whether in this case reference to designata is made or not makes no difference for this classifica-

auch noch vom Bedeutungsgehalt einer Sprache und betrachtet nur die Zeichen und ihre Verknüpfungen (z. B. die Regeln über die korrekte Aufeinanderfolge von Worten usw.), so kommt man zum syntaktischen Bereich der allgemeinen Semiotik.[27]

Für die konkrete Arbeit bedeutet dies: Syntaktische Untersuchungen z. B. stehen in jedem Fall in einem semantisch-sigmantischen Bezugsrahmen und vermittelt über diesen in einem pragmatischen Bezugsrahmen; dieser ist stets bewußt zu halten, um die Resultate relativieren zu können.

Erste Folgerungen für die Gegenstandsbestimmung von Literaturwissenschaft

In Kenntnis der semiotischen Zeichenrelationen wird nun entscheidbar, in welchem Verhältnis die traditionelle engere Gegenstandsbestimmung von Literaturwissenschaft (gesellschaftlich sanktionierter Textkanon mit dem Index "Kunstwerk") zu der weiteren kommunikationstheoretisch fundierten Gegenstandsbestimmung steht. Literaturwissenschaft als Wissenschaft von den literarischen Kunstwerken konzentriert sich im großen und ganzen, syntaktische Untersuchungen voraussetzend, auf die semantisch-sigmatische Dimension eines vorgängig festgesetzten Teilbereichs von sprachlichen Zeichen bzw. Zeichenreihen und abstrahiert von der pragmatischen Dimension. Literaturwissenschaft als Wissenschaft von sprachlich realisierten kommunikativen Prozessen stellt bewußt die pragmatische Dimension der sprachlichen Zeichen in den Mittelpunkt der Untersuchung. Syntaktische und semantisch-sigmatische Untersuchungen sind dadurch keineswegs überflüssig geworden, sondern Voraussetzung bzw. Untersuchungsgegenstand, der in seiner historisch-sozialen Vermitteltheit und Funktionalität zu bestimmen ist.

Die pragmatische Zeichenrelation ist somit der allgemeine Bezugsrahmen für die vorgenommene Neuorientierung der Literaturwissenschaft, die Ausbildung einer pragmatischen Texttheorie und pragma-

---

tion.) If we abstract from the user of the language and analyze only the expressions and their designata, we are in the field of *semantics*. And if, finally, we abstract from the designata also and analyze only the relations between the expressions, we are in (logical) *syntax*. The whole science of language, consisting of the three parts mentioned, is called *semiotic*."

tischer Analyseverfahren ihr vordringliches Arbeitsgebiet. Wenn eine kunstwissenschaftlich orientierte Literaturwissenschaft im traditionellen Verstande vom pragmatischen Aspekt abstrahiert hat, dann ist dies im Rahmen von semantisch-sigmatischen Analysen zu rechtfertigen, aber eben nur in dieser Hinsicht. Eine Selbsttäuschung wäre es, wenn die pragmatische Vermitteltheit derartiger semantisch-sigmatischer Resultate aus der wissenschaftlichen Fragestellung ausgeklammert bliebe.

2.1.2 Ein pragmatisches Zeichenmodell

Wie kann nun die pragmatische Dimension von Zeichen bzw. Zeichenreihen im einzelnen analysiert werden? Versuche in dieser Richtung von semiotischer Seite aus sind nicht eben häufig. Auch die Semiotiker befassen sich meist mit der semantisch-sigmatischen und mit der syntaktischen Dimension von Zeichen. Am eingehendsten mit der pragmatischen Dimension hat sich Charles W. Morris beschäftigt. In seinem Hauptwerk "Signs, Language, and Behavior" (1946)[28] entwickelt er systematisch Analysekategorien, die zur Untersuchung pragmatischer Sachverhalte geeignet erscheinen. Voraussetzung dazu ist ihm ein begriffliches Modell des Zeichenverhaltens. Es kann hier nur stark vereinfacht dargestellt werden.[29]

Morris geht von der Frage aus: welche Funktionen können Zeichen im Verhalten von Lebewesen ausüben bzw. wie müssen Zeichen beschaffen sein, um im Verhalten von Lebewesen bestimmte Funktionen ausüben zu können? Unter *Verhalten* versteht er eine spezielle Reiz-Reaktions-Handlung: ein Reiz (stimulus) bewirkt in einem Lebewesen eine Reaktion (response) von der Art, daß das Lebewesen ein bestimmtes Ziel anstrebt, um dadurch ein Bedürfnis zu befriedigen. Verhalten ist demnach eine zielgerichtete Reaktionsfolge zum Zwecke der Bedürfnisbefriedigung. Diese zielgerichtete Reaktionsfolge kommt dann zustande, wenn das Lebewesen bei vorliegendem Bedürfnis über eine entsprechende *Reaktionsdisposition* (disposition

---

[28] *Morris, Ch. W.:* Signs, Language, and Behavior. 2. Auflage. New York: Braziller 1955.
[29] Vgl. auch die Erläuterungen des Ansatzes von Morris bei *Klaus G.:* Die Macht des Wortes. S. 62–93.

to respond, interpretant) verfügt und in eine *Situation* gestellt ist, in der diese Reaktionsdisposition durch ein entsprechendes *Reizobjekt* (stimulus-object) aktiviert wird.

Eine spezielle Art des Verhaltens ist das *Zeichenverhalten*. Morris spricht dann von Zeichenverhalten, wenn die zielgerichtete Reaktionsfolge zum Zwecke der Bedürfnisbefriedigung nicht durch den Reiz bzw. das Reizobjekt selbst, sondern durch einen *vorbereitenden Reiz* (preparatory-stimulus) ausgelöst wird: "If anything, A, is a preparatory-stimulus which in the absence of stimulus-objects initiating response-sequences of a certain behavior-family causes a disposition in some organism to respond under certain conditions by response-sequences of this behavior-family, then A is a sign." [30]

Morris erläutert seinen verhaltenstheoretisch begründeten Zeichenbegriff u. a. an folgendem Beispiel:

> Jemand, der sich auf dem Weg in eine bestimmte Stadt befindet, fährt die Straße entlang; er wird durch einen anderen angehalten, der ihm mitteilt, daß die Straße in einiger Entfernung durch einen Erdrutsch versperrt ist. Der Fahrer, der die Laute vernimmt, die der Warner äußert, fährt nicht bis zur betreffenden Stelle weiter, er biegt vielmehr auf eine Nebenstraße ab und erreicht sein Ziel auf anderem Wege. [31]

In diesem Beispiel sind die Worte des Warners (vorbereitende Reize) für den Fahrer, der zur Stadt will (zielgerichtetes Verhalten), Zeichen für das Hindernis (Reizobjekt), jedoch nur dann, wenn der Fahrer in dieser Situation eine entsprechende Verhaltensdisposition aktivieren kann.

Das Reizobjekt kann nun auf unterschiedliche Weise repräsentiert (bezeichnet) werden: Die Worte des Warners können "einen bestimmten Straßenzustand *beschreiben*, diesen Zustand als Hindernis für die Weiterfahrt *abschätzen* und als Reaktion darauf *vorschreiben*, die Weiterfahrt an der betreffenden Stelle abzubrechen". [32] Dabei können die Worte des Warners in unterschiedlicher Weise strukturiert sein und so das Reizobjekt mehr oder weniger "intensiv" repräsentieren. Morris unterscheidet daher zwischen einer *designativen, appraisiven, preskriptiven* und *formativen* Bezeichnungsart.

---

[30] *Morris, Ch. W.:* Signs, Language, and Behavior. S. 10.
[31] Ebd. S. 5 f. Deutsche Fassung dieser und der folgenden Stellen nach der Übersetzung von A. Eschbach u. G. Kopsch (erscheint voraussichtlich 1974 bei Schwann, Düsseldorf).
[32] Ebd. S. 62.

Zeichen treten im Verhalten als *Askriptoren* auf: als Zeichenkomplexe, die stets (a) einen *Identifikator* enthalten, d. h. eine räumlich-zeitliche Aussage über das Reizobjekt, und die (b) das Reizobjekt *vorwiegend* auf deskriptive, appraisive, preskriptive oder formative Weise bezeichnen.

Wichtig ist nun die Frage, wie die Askriptoren vom Zeichenbenutzer zum Zwecke der Verhaltenssteuerung verwendet werden können. Morris unterscheidet vier Möglichkeiten: Askriptoren (Identifikator + Designator, Identifikator + Appraisor, Identifikator + Preskriptor oder Identifikator + Formator) können den Interpreten über seine Umgebung orientieren; sie können ihn gewisse Merkmale seiner Umgebung, die seiner Absicht entsprechen, auswählen lassen; sie können ihn mit Reaktionsfolgen reagieren lassen, durch die ihm eine Umgebung erreichbar erscheint, die seinen Bedürfnissen entspricht; Askriptoren können schließlich den Interpreten veranlassen, seine Reaktionen in bestimmten Mustern des Zeichenverhaltens zu organisieren und zu systematisieren.[33] Kurz: Askriptoren können zu *informativen*, *valuativen* (wertenden), *inzitiven* (bewegenden, handlungsantreibenden) oder *systematischen* Zwecken verwendet werden.

> Ein Individuum kann Zeichen gebrauchen, um sich oder andere über die Vergangenheit, Gegenwart oder Zukunft von Zeichen oder nicht-semiotischen Ereignissen zu informieren. Es kann Zeichen verwenden, um sich oder anderen die bevorzugte Stellung von etwas klarzumachen – es kann sich dabei um Sachen, Personen, Bedürfnisse oder sogar Zeichen handeln (wie etwa dann, wenn jemand erreichen will, daß die von ihm hergestellten Zeichen als 'schöne Schrift' oder 'geschliffene Sprache' aufgefaßt werden). Das Individuum kann Zeichen benutzen, um bei sich oder anderen eine bestimmte Reaktion auf Objekte oder Zeichen zu erregen, um die Unterordnung von jemandem zu bewirken, um eine Antwort auf eine wichtige Frage zu erhalten oder um kooperatives oder separatives Verhalten bei den Mitgliedern einer bestimmten Gemeinschaft zu provozieren. Das Individuum kann Zeichen gebrauchen, um bereits durch Zeichen hervorgerufenes Verhalten weiter zu beeinflussen, gleichgültig ob dieses Verhalten auf Zeichen oder etwas anderes als Zeichen bezogen ist. Man kann anscheinend alle Anwendungsformen der Zeichen unter diese vier Oberbegriffe subsummieren [...].[34]

---

[33] Vgl. ebd. S. 95.
[34] Ebd. S. 95 f.

Aufgrund der Unterscheidungen nach Askriptorenarten und nach Arten der Askriptorenverwendung sieht sich Morris nun in der Lage, die im Prozeß der Zeichenverwendung auftretenden Zeichen- bzw. Askriptorenkomplexe als *Abhandlungsarten* bzw. Textsorten (types of discourse) zu klassifizieren. Er untersucht, wie die einzelnen Askriptorenarten (Repräsentationen des Reizobjekts) die Askriptorenverwendung beeinflussen. Er bildet also eine Matrix aus Askriptorenarten und Askriptorenverwendungsarten und gelangt zu folgendem pragmatisch fundierten Textsortenschema:[35]

	überwiegend informative Verwendung	überwiegend valuative Verwendung	überwiegend inzitive Verwendung	überwiegend systematische Verwendung
überwiegend designative Askriptoren	wissenschaftliche Abh.	fiktive Abh.	juristische Abh.	kosmologische Abh.
überwiegend appraisive Askriptoren	mythische Abh.	poetische Abh.	moralische Abh.	kritische Abh.
überwiegend preskriptive Askriptoren	technologische Abh.	politische Abh.	religiöse Abh.	propagandistische Abh.
überwiegend formative Askriptoren	logisch-mathematische Abh.	rhetorische Abh.	grammatikalische Abh.	metaphysische Abh.

---

[35] Vgl. ebd. S. 125.

Nach diesem Schema wäre z. B. die appraisiv-valuative Abhandlungsart die *poetische*. Das hieße dann: bei den in einem poetischen Textprozeß vorkommenden Askriptoren dominieren appraisive Bezeichnungen des jeweiligen Reizobjekts, und diese werden vom Hersteller vorwiegend zu dem Zwecke verwendet, den Zeichenbenutzer (Interpreten) zu veranlassen, dem jeweils bezeichneten Reizobjekt die von den Appraisoren bezeichnete bevorzugte Stellung im Verhalten einzuräumen. Morris erläutert dies folgendermaßen:

> Die große Bedeutung der poetischen Abhandlung beruht auf der lebhaften und direkten Weise, mit der sie vollzogene Wertungen aufzeichnet und bekräftigt und neue Wertungen erkundet und unterstützt. In der Dichtung wird das bezeichnete Objekt gleichsam vor unseren Augen mit symbolischen Fingern umgewendet, und in dem Maße, wie wir das vom Dichter beschriebene und erläuterte Objekt betrachten, gelangen wir für eine kürzere oder längere Zeit dazu, die valuative Perspektive des Dichters einzunehmen, unter der das bezeichnete Objekt die angegebene Bedeutung hat. Der Interpret wird natürlich solche Dichtungen aussuchen und bevorzugen, die am besten mit seinen eigenen valuativen Einstellungen übereinstimmen, aber selbst durch diese Dichtungen werden seine eigenen Impulse modifiziert und anders organisiert; können hingegen andere Dichtungen seine Aufmerksamkeit erregen, dann wird er stellvertretend neue Wertungen für bekannte Objekte und bekannte Wertungen an unbekannten Objekten erproben. In diesem Prozeß werden die durch die Dichtungen hervorgerufenen valuativen Einstellungen in verschiedener Weise intensiviert, modifiziert und reorganisiert. Bei der Übernahme von wertenden Einstellungen anderer Personen rekurriert man auf die eigenen alten wertenden Einstellungen; dabei besteht das alte Wertungs- und Abschätzungssystem die Probe oder wird entsprechend verändert. Dichtung zeichnet also nicht nur auf, was Menschen wirklich für signifikant halten, sondern sie spielt auch eine dynamische Rolle bei der Entwicklung und Integration wertender Einstellungen und ausdrücklicher Wertbestimmungen. Im günstigsten Falle ist Dichtung eine symbolische 'Antenne' für das Verhalten unmittelbar an der Grenze seiner wertenden Kreativität.[36]

Diese Aussagen über die poetische Abhandlungsart wird man freilich nur als eine erste Annäherung an eine pragmatisch fundierte Bestimmung des poetischen Textprozesses gelten lassen können. Gerade dieses Beispiel illustriert eine grundsätzliche Schwäche des gesamten Textsortenschemas. Die Schwierigkeit liegt, wie Morris selbst

---

[36] Ebd. S. 138.

erkennt, in der Zuordnung von bestimmten Sprachspezialisierungen zu den Kategorien des Schemas, hier: in der Zuordnung von "Dichtungen" zur Kategorie "appraisiv-valuativ".[37] Morris beruft sich auf "beobachtbares Zeichenverhalten" als Kriterium für die Richtigkeit bzw. die Zuverlässigkeit seiner Kategorien und seiner Zuordnungen. Er übersieht dabei, daß er als ein Beobachter von Zeichenverhalten den historisch-sozialen Bedingtheiten seines Beobachtens und Zuordnens unterliegt. Gerade angesichts der vielfältigen Definitionsversuche von Poesie muß von einem pragmatischen Versuch gefordert werden, daß der Bezugsrahmen angegeben wird, in dem die semiotischen Kategorien eine gewisse Geltung beanspruchen können. Morris verabsolutiert den Beobachter von Zeichenverhalten und verkennt dadurch den *Modellcharakter* seiner Begrifflichkeit.

Die Einsicht in den Modellcharakter dieser Begrifflichkeit setzt diese noch nicht außer Kraft. Morris hat seine Resultate ja gerade an einer Konstellation von Zeichenverhalten gewonnen, die man als ein pragmatisches Zeichenmodell von durchaus heuristischem Wert betrachten kann. Nur hat dieses Modell eine Schwäche: der Beobachter von Zeichenverhalten in der ganzen historisch-sozialen Bedingtheit seines Beobachtens und Zuordnens ist nicht als eine konstituierende Größe in dieses Modell eingegangen.[38] Infolgedessen sind auch die Zuordnungen, die Morris in seiner Matrix der Abhandlungsarten trifft, als historische zu betrachten, die innerhalb eines bestimmten historisch-sozialen Normensystems zutreffend sein können, aber nicht ungeprüft verallgemeinert werden dürfen.[39] Diese Überprüfung wäre von seiten der semiotischen Pragmatikforschung noch zu leisten.

---

[37] Vgl. ebd. S. 125.
[38] Vgl. dazu auch *Müller, A.:* Probleme der behavioristischen Semiotik. Diss. Frankfurt 1970. S. 71.
[39] Das Morris'sche Ausgangsbeispiel müßte demnach folgendermaßen verändert werden: Jemand beobachtet und teilt einem anderen mit, daß ein Dritter, der sich auf dem Weg in eine bestimmte Stadt befindet, eine Straße entlang fährt und durch einen Vierten angehalten wird, der ihm mitteilt usw.

2.2 "Text" in kommunikationstheoretischer Sicht

2.2.1 Zur Strukturierung des Kommunikationsvorgangs

Halten wir fest: "Text" als genereller Gegenstand der Literaturwissenschaft wurde im Rahmen der semiotischen Pragmatik von seinem Zeichencharakter her als Zeichenreihe bestimmt, die als solche immer intentional ist. Mit Hilfe der pragmatischen Kategorien von Morris konnte zudem als eine Beschreibungsmöglichkeit vorgeführt werden, wie Zeichen bzw. Zeichenreihen beschaffen sein müssen, damit sie ihre spezifischen Intentionen im (menschlichen) Verhalten erfüllen können. Der semiotischen Fragestellung entsprechend, lag dabei der Akzent mehr auf den manifesten Substraten im Prozeß der Zeichenverwendung, also auf den verwendeten Zeichengestalten.

Im folgenden soll nun der intentionale Prozeß der Zeichenverwendung selbst stärker akzentuiert werden. Konstitutiv für einen pragmatischen Textbegriff sind nicht nur die verwendeten Zeichengestalten, sondern der gesamte intentionale Prozeß der Zeichenverwendung. Um zu präziseren Aussagen über den Vorgang der Zeichenverwendung zu gelangen, ist es sinnvoll, ihn als kommunikativen Prozeß aufzufassen und unter den Prämissen der Kommunikationsforschung zu betrachten.

Die Kommunikationsforschung befaßt sich mit informationellen Kopplungen zwischen Menschen, die sich sprachlicher Zeichen bedienen. Dies ist im Grunde ein Spezialfall der kybernetischen Systemtheorie, die allgemein die informationellen Kopplungen zwischen dynamischen Systemen untersucht.[1] Systeme in diesem allgemeinen Sinn sind Organismen, Menschen, menschliche Gruppen von mehr oder weniger großer Komplexität, auch Maschinen.

Kommunikation ist also "der Austausch von Informationen zwischen Systemen, Teilsystemen, Systemelementen [...], die in der Lage sind, Informationen zu erzeugen, zu übertragen, aufzunehmen, zu verarbeiten und zu speichern."[2]

---

[1] *Klaus, G.* u. *Buhr, M.* [Hrsg.]: Philosophisches Wörterbuch. Bd. 2. S. 585 f.
[2] *Känel, S. v.:* Einführung in die Kybernetik für Ökonomen. Berlin: Verlag Die Wirtschaft 1971. S. 265.

Das System, das die Information aussendet, wird Kommunikator bzw. Adressant, Informationsquelle, Sender, Produzent genannt. Das System, das die Information empfängt, heißt Kommunikant, Adressat, Rezipient.[3] Die informationelle Kopplung zwischen zwei Systemen wird gewöhnlich mit Hilfe der sogenannten *Kommunikationskette* modelliert.

Die Kommunikationskette als einfachstes Modell eines einseitigen Kommunikationsprozesses ermöglicht die Strukturierung von Kommunikationsprozessen und damit deren Beschreibbarkeit.

In dem Maße, wie die Details des Kommunikationsprozesses der Erkenntnis zugänglich wurden, ist allerdings auch das zugrundegelegte Modell der Kommunikationskette weiterentwickelt worden.

Grundlegend für die Strukturierung des Kommunikationsprozesses wurde das Modell von C. E. Shannon, das sich als Blockschaltbild folgendermaßen darstellen läßt:

```
┌─────────┐      ┌─────────┐  Übertragungs-  ┌─────────┐      ┌─────────┐
│ Infor-  │      │ Sender  │     kanal       │Empfänger│      │         │
│mations- │─────▶│Übermitt-│────────────────▶│         │─────▶│Adressat │
│ quelle  │Nachr.│  ler    │Signal    Signal │         │Nachr.│         │
└─────────┘      └─────────┘                 └─────────┘      └─────────┘
                                    ▲
                                    │ Störung
                              ┌───────────┐
                              │ Störquelle│
                              └───────────┘
```

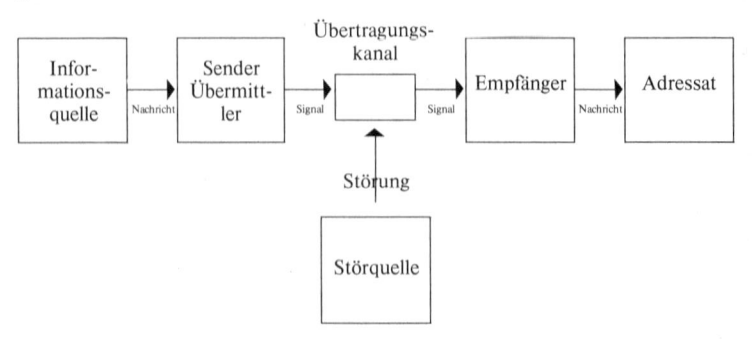

Abb. 4: Kommunikationskette nach Shannon[4]

Das Schema besagt, daß eine Nachricht von der Informationsquelle an eine Codierstelle ("Sender") gegeben wird, die sie codiert und über einen "Kanal" (Übertragungsmedium, Übertragungsweg der Signalsequenz) an eine Decodierstelle ("Empfänger") übermittelt; der

---

[3] Vgl. dazu die Begriffskonkordanz bei *Reimann, H.:* Kommunikations-Systeme. Umrisse einer Soziologie der Vermittlungs- und Mitteilungsprozesse. Tübingen: Mohr 1968 [= Heidelberger Sociologica 7]. S. 87.
[4] Vgl. *Shannon, C. E.* u. *Weaver, W.:* The Mathematical Theory of Communication. Urbana/Ill.: Univ. of Illinois Press 1949. 11. Aufl. 1967. S. 34.

Empfänger decodiert die ankommenden Signale nach Maßgabe seines Codes (Zeichenvorrat, Regelvorrat zum Zeichenvorrat) und gibt die Nachricht an den Adressaten weiter. Besonders der "Kanal" bzw. das Übertragungsmedium, aber auch Codierungs- und Decodierungsprozeß sind störungsanfällig, so daß die Nachricht den Adressaten nicht in identischer, sondern nur in ähnlicher Form erreicht. Im Hinblick auf diesen Sachverhalt kommt *Flechtner* zu folgender Modifizierung der Kommunikationskette:[5]

```
         St₁              St₂              St₃
          ↓                ↓                ↓
  S  ──N──▶ T₁ ──N₁──▶ Kanal ──N₂──▶ T₂ ──N₃──▶ E
```

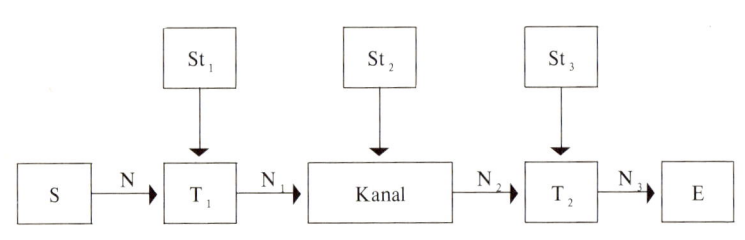

Abb. 5: Kommunikationskette nach Flechtner

Auf dem Weg vom Sender S (= Informationsquelle) über den Transformator (T_1), den Kanal, den Transformator (T_2) zum Empfänger wird die Nachricht (N) unter dem Einfluß der Störungen (St_1, St_2, St_3) fortlaufend verändert. Der Empfänger E erhält folglich mehr an Information als ihm von der Informationsquelle her zugedacht war; (er muß "aus N_3 auf N zurückschließen, in N_3 das abgesandte N erkennen".[7] Flechtner macht darauf aufmerksam, daß dieses Schema "alle Arten der Nachrichtenübertragung einschließlich der 'Wahrnehmung der Außenwelt'" darstellt, also das erkenntnistheoretische Grundproblem abbildet.[8]

So betreffen Störungen (St_1 und St_3), die an den Transformatoren (T_1 und T_2) angreifen, vor allem Fragen des *Codes* von *Sender* und *Empfänger*: Die Nachricht erreicht den Empfänger nur dann, wenn der Code (Zeichenvorrat) des Senders und Empfängers sich decken bzw. genauer, wenn eine gemeinsame Schnittmenge besteht. Kommu-

---

[5] *Flechtner, H. J.:* Grundbegriffe der Kybernetik. Eine Einführung. 5. Aufl. Stuttgart: Wiss. Verlagsges. 1970. S. 20.
[6] *Reimann, H.:* Kommunikations-Systeme. S. 86.
[7] *Flechtner, H. J.:* Grundbegriffe der Kybernetik. S. 20.
[8] Ebd.

nikation ist nur in dieser Schnittmenge möglich. Wenn man diese Bedingung in die graphische Darstellung der Kommunikationskette einbezieht, ergibt sich folgendes, oft verwendetes Schema:

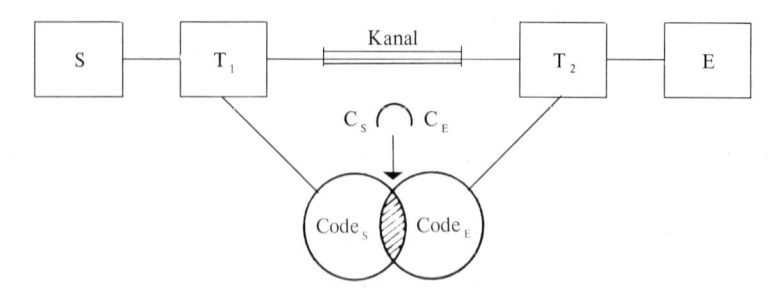

Abb. 6: Kommunikationskette unter Berücksichtigung der Bedingung der Dekodierbarkeit

Auch Störungen im Kanalbereich (St_2) können codebedingt sein. Es genügt nämlich nicht, daß Sender und Empfänger bzw. die Transformatoren über einen – in gewissen Grenzen – gemeinsamen Code verfügen, dieser Code muß darüber hinaus *kanalgerecht* sein, d. h. vom gewählten Übertragungsmedium auch übertragen werden können. Da aber gewöhnlich nicht alle Störungen, auch die technischer Art, ausschaltbar sind, muß die Nachricht, um vom Empfänger verstanden zu werden, die nötige *Redundanz* aufweisen: "Man übermittelt eine Nachricht nicht in der knappsten Form – was sich aus wirtschaftlichen Gründen (z. B. beim Telegrafieren) sonst empfehlen würde – sondern benutzt mehr Wörter, als zum Verständnis unbedingt notwendig wären, in der Hoffnung, daß bei etwaiger Verstümmelung der Sinn doch erhalten bleibt."[9]

Überlegungen dieser Art haben dazu geführt, die Rezeptions- und Produktionsbedingungen von Nachrichten bzw. Informationen in das Schema der Kommunikationskette einzubeziehen. Ein derartiger Versuch ist das Kommunikationsmodell von *Reimann*. Reimann faßt die Information bzw. Nachrichtenübermittlung als eine Interaktion

---

[9] Ebd.

auf, die sich auf vier Ebenen abspielt; diesen Interaktionsprozeß versucht er durch folgende Modifikation der Kommunikationskette darzustellen:[10]

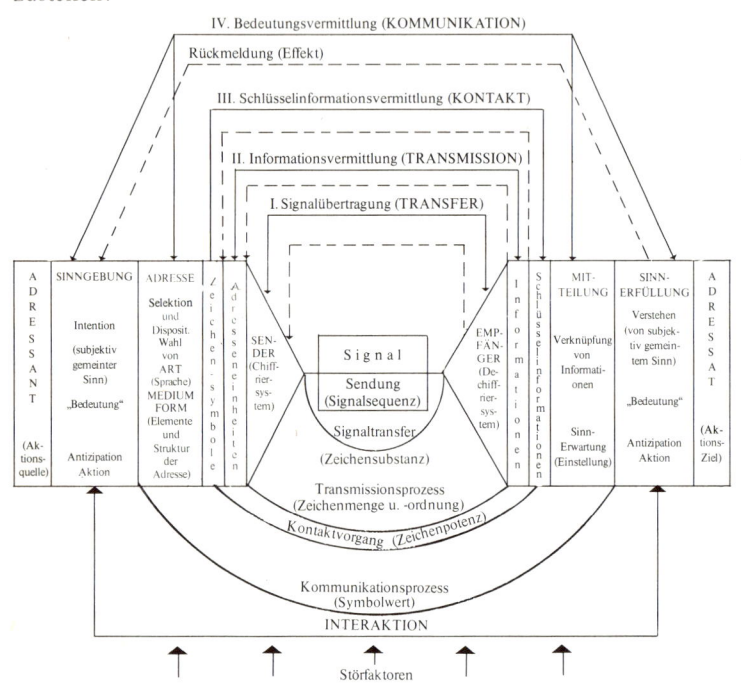

Abb. 7: Strukturierung des Kommunikationsprozesses nach Reimann

Es ist jedoch fraglich, ob eine derartige Erweiterung der Kommunikationskette den Kommunikationsprozeß besser strukturiert als die zuerst dargestellten Versuche. Offenbar ist das nicht der Fall; die Zahl der den Prozeß bedingenden Faktoren ist die gleiche; und mehr ist von einem Modell des einseitigen Kommunikationsvorgangs, wie es die Kommunikationskette veranschaulicht, auch nicht zu erwarten. Um einen Interaktionsprozeß in seinen Wechselbeziehungen darzustellen, bedarf es, wie noch zu zeigen sein wird, einer komplexeren

---

[10] Nach *Reimann, H.:* Kommunikations-Systeme. S. 88.

Modellbildung – nämlich der kybernetischen. Dies gilt auch für die Darstellung des engeren Rezeptionsvorgangs, sofern man über nicht überprüfbare Annahmen hinauskommen will. Auch hier führt, wie *Schnabl* inzwischen gezeigt hat, eine kybernetische Modellierung weiter.[11]

Welche Konsequenzen ergeben sich nun aus der kommunikationstheoretischen Modellbildung für die Strukturierung des literaturwissenschaftlichen Textbegriffs? Es ist unschwer zu erkennen, daß hier ein Lernprozeß eingesetzt hat, mit dem Ergebnis, daß der Gegenstand "Literatur" bzw. "Text" als Prozeß der Nachrichtenübermittlung bestimmt und als solcher mit Hilfe der Kommunikationskette beschrieben wird. Versuche dieser Art gelten geradezu als Ausdruck eines modernen Methodenbewußtseins und haben bereits Eingang in die Didaktik des Literaturunterrichts gefunden.[12] H. Weinrich faßt den Erkenntnisstand wie folgt zusammen:

> Die historische ("diachronische") Methode genießt nicht mehr das Privileg der Selbstverständlichkeit, sondern konkurriert mit anderen Methoden. Sie konkurriert beispielsweise mit einer kommunikativen Literaturwissenschaft, die den Kommunikationsprozeß untersucht, in dem dieser Text als Mitteilung (message) fungiert. Als weitere Elemente sind an dem Kommunikationsprozeß (mindestens) zu unterscheiden: (1) der Autor, (2) der Leser, (3) der dem Autor und dem Leser gemeinsame Code. Der Code ist gegenüber dem besonderen literarischen Text ein relativ Allgemeines in einem ähnlichen Sinne, wie das naturwissenschaftliche Gesetz gegenüber dem besonderen Naturphänomen ein relativ Allgemeines darstellt.[13]

---

[11] *Schnabl, H.:* Sprache und Gehirn. Elemente der Kommunikation. Zu einem kybernetischen Modell der menschlichen Nachrichtenverarbeitung. München: Goldmann 1972 [= Wiss. Taschenbuch, Geistes-Wissenschaften 10]. Vgl auch *Klaus, G.:* Kybernetik und Erkenntnistheorie. 4. unveränd. Aufl. Berlin: Deutscher Verlag d. Wissenschaften 1972. Passim.

[12] Vgl. z. B. die Broschüre "Methoden der Literaturwissenschaft und des Literaturunterrichts in der Sekundarstufe II." Hrsg. v. Hess. Institut für Lehrerfortbildung. Fulda: Reinhardswaldschule 1972 [= Protokoll des Lehrgangs 1846]. "Kaum einer der protokollierten Vorträge kommt ohne Rückgriff auf das Modell der Kommunikationskette aus, das bisweilen recht sonderbar variiert wird. So im Beitrag von *H. Ivo* (Methoden des Literaturunterrichts. Ebd. S. 32–41): Ivo hypostasiert den "Text", indem er eine informationelle Kopplung zwischen "Text" und "Leser" ansetzt, was nun nicht eben neu ist.

[13] *Weinrich, H.:* Literatur für Leser. Essays und Aufsätze zur Literaturwissenschaft. Stuttgart, Berlin, Köln, Mainz: Kohlhammer 1971. S. 8 f.

Eine solche Anwendung des Untersuchungsmodells der Kommunikationsforschung auf literaturwissenschaftliche Sachverhalte ist jedoch in mehrfacher Hinsicht unzureichend. Der Relation zwischen Kommunikator (= Informationsquelle – Sender) und Kommunikant (= Empfänger – Verwertung) entspricht nur in Ausnahmefällen die Relation Autor – Leser, da der Kommunikationsvorgang, so wie er durch die Kommunikationskette symbolisiert wird, synchron abläuft. Folglich kann allenfalls die Relation zwischen einem jeweiligen Texthersteller (meist als Herausgeber, Verleger usw.) und dem durch ein bestimmtes Übertragungsmedium erreichbaren Rezipienten ("Leser") als eine Kommunikationskette beschrieben werden. Entsprechend betrifft das Codeproblem das Verhältnis von Texthersteller und Rezipienten und – wenn überhaupt, dann nur sehr vermittelt das Verhältnis von "Autor" und Rezipienten. Was schließlich Text als "Mitteilung" betrifft, so muß klar zwischen der zu übermittelnden bzw. übermittelten Information bzw. Nachricht und dem Übertragungsmedium unterschieden werden.

Versteht man unter Text das materielle Substrat (z. B. eine komplexe Reihe von Zeichengestalten in Buchform), dann hat man es im Sinne des Kommunikationsmodells mit dem Übertragungsmedium (Kanal) zu tun, dessen spezifische Beschaffenheit und Bedingungen im jeweiligen Kommunikationsprozeß zu bestimmen sind.

Im anderen Falle ist der Sachverhalt noch komplizierter: Wenn "Text" die übertragene Information bzw. Nachricht bezeichnet, so sieht man sich bei der "Textanalyse" auf den gesamten jeweiligen Kommunikationsprozeß verwiesen; denn die übertragene Nachricht "definiert sich allein in actu, durch jeweilige kommunikative Wechselwirkung, durch die konkrete soziale Interaktion. Sie hebt sich in dieser sozialen Interaktion auf; sie ist nicht aus ihr zu lösen."[14]

So bleibt nur übrig, den Begriff "Text" als jeweiligen Kommunikationsprozeß zu definieren und mit Hilfe des Kommunikationsmodells zu beschreiben. Das materielle Übertragungsmedium wäre demnach nur ein Faktor dieses Prozesses, könnte daher nicht mehr als der "Text" bezeichnet werden. Der kommunikationstheoretische Textbegriff kann somit zu einer Präzisierung literaturwissenschaftlicher Begriffe führen.

---

[14] *Stroszeck, H.:* Literaturwissenschaft und Kommunikationswissenschaft. S. 102.

Man darf jedoch nicht übersehen, daß das vorgeführte Kommunikationsmodell nur sehr bedingt zur Beschreibung von Textprozessen taugt. Es vernachlässigt nämlich völlig die historisch-soziale Dimension jedes Kommunikationsprozesses. Daß hier eine prinzipielle Schwäche des Modells liegt, kann man sich leicht an der allgemeinen Definition von Kommunikation klarmachen: Wenn wir Kommunikation als Austausch von Informationen zwischen informationsverarbeitenden Systemen definieren, dann ergibt sich die Notwendigkeit zu einer Abgrenzung der betreffenden Systeme. Dies aber ist nur auf dem Hintergrund des jeweiligen Bezugssystems möglich. Eben dieses bleibt außer Betracht.

Die Kommunikationsforschung hat diese prinzipielle Schwäche des Modells nicht weiter beachtet. Denn als eine empirische Wissenschaft interessiert sie sich vornehmlich für einen begrenzten Teilbereich von aktueller Kommunikation, etwa für Wirkweisen werblicher und politischer Kommunikation im Hinblick auf mögliche Einstellungsänderungen, und ist dabei an einen engen Praxisbezug gebunden.[16]

Im Hinblick auf diese Erkenntnisziele reicht das einfache Kommunikationsmodell aus; eine Reflexion auf die Systembedingungen der einzelnen Faktoren des Modells würde die konkrete Arbeit nur belasten und läge auch nicht im Interesse der Auftraggeber.

So liefert das verkürzte Modell zwar praxisrelevante Aussagen über kommunikative Prozesse, aber deren Geltungsbereich über den konkreten Fall hinaus ist nicht angebbar; ihre Historizität, ihre Gebundenheit an bestimmte soziale Strukturen bleibt außer Betracht. Das birgt die Gefahr spekulativer Verallgemeinerungen gemäß der jeweiligen Interessenlage.[17]

---

[16] Vgl. den Überblick bei *Haseloff, O. W.:* Über Wirkungsbedingungen politischer und werblicher Kommunikation. In: Derselbe [Hrsg.]: Kommunikation. Berlin: Colloquium 1969. S. 151–187.

[17] So etwa bei *Anger, H.:* Entstehung und Wandel sozialer Einstellung. In: Haseloff, O. W. [Hrsg.]: Struktur und Dynamik menschlichen Verhaltens. Stuttgart: Kohlhammer 1970. S. 138: "Die Rede von der Allmacht der Propaganda ist, jedenfalls dort, wo kein völliges Meinungsmonopol besteht und nicht gleichzeitig Möglichkeiten zur äußeren Verhaltenskontrolle gegeben sind, eine Sage, von der wir uns in einer freiheitlichen Demokratie nicht allzusehr beunruhigen lassen sollten." Oder bei *Römer, R.:* Pragmatische Dimension und sprachliche Wirkungen. In: Linguist. Berichte H. 18 (1972). S. 25: "Beim näherem [sic] Hinsehen lösen sich alle sprachlichen Wirkungen in nichts auf."

Will man diesen systematischen Fehler vermeiden, dann muß man die an der informationellen Kopplung beteiligten Systeme genauer abgrenzen. Nach einem Hinweis von G. Klaus ist dies am ehesten möglich, wenn man die *Konstituierung* des gemeinsamen Zeichenvorrats untersucht, die dem aktuellen Signalprozeß und damit auch der aktuellen informationellen Kopplung zeitlich vorausgeht.[18] Dies bedingt eine entsprechende Erweiterung der Kommunikationskette, die man allerdings auch durch eine Umdefinierung der vorhandenen Größen erreichen kann.

Wenn man "Sender" und "Empfänger" nicht mehr nur wie etwa bei Shannon oder Flechtner als die technischen Transformatoren auffaßt, sondern als die kommunizierenden Systeme, dann bilden "Informationsquelle" und "Informationsverwertung" begrifflich genau das erforderliche Bezugssystem ab, in dem sich der spezielle Kommunikationsprozeß abspielt. In diesem Sinne ist das folgende Blockschaltbild von *Klaus* zu verstehen.[19]

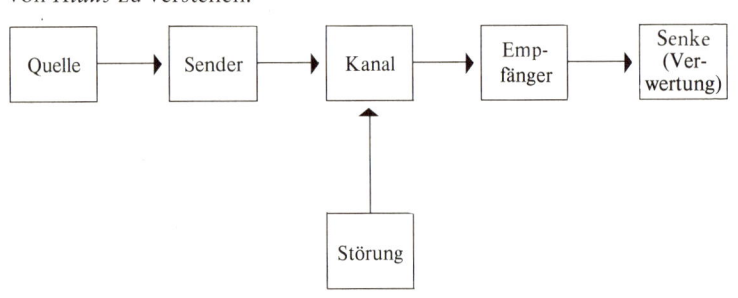

```
┌────────┐    ┌────────┐    ┌───────┐    ┌────────┐    ┌──────────┐
│ Quelle │ →  │ Sender │ →  │ Kanal │ →  │ Emp-   │ →  │ Senke    │
│        │    │        │    │       │    │ fänger │    │ (Ver-    │
│        │    │        │    │       │    │        │    │ wertung) │
└────────┘    └────────┘    └───────┘    └────────┘    └──────────┘
                                ↑
                            ┌────────┐
                            │ Störung│
                            └────────┘
```

Abb. 8: Kommunikationskette nach G. Klaus

Versucht man mit der so veränderten Kommunikationskette den Textbegriff in der Literaturwissenschaft zu strukturieren, dann kann man mit *H. Stroszeck* folgende Zuordnungen treffen.[21]

---

[18] *Klaus, G.*: [Hrsg.]: Wörterbuch der Kybernetik. 2. Aufl. Berlin: Dietz 1968. S. 273.
[19] Ebd. S. 306. Vgl. auch ebd. S. 174 (Artikel "Empfänger") und S. 566 (Artikel "Sender"). Unter den Begriff des "Senders" und "Empfängers" fallen hier u. a. Menschen, die anderen schriftliche oder mündliche Mitteilungen zukommen lassen.
[21] *Stroszeck, H.:* Literaturwissenschaft und Kommunikationswissenschaft. S. 99. Stroszeck macht allerdings nicht ausdrücklich die Abweichung vom Shannonschen Modell kenntlich, was zu begrifflichen Unklarheiten führt.

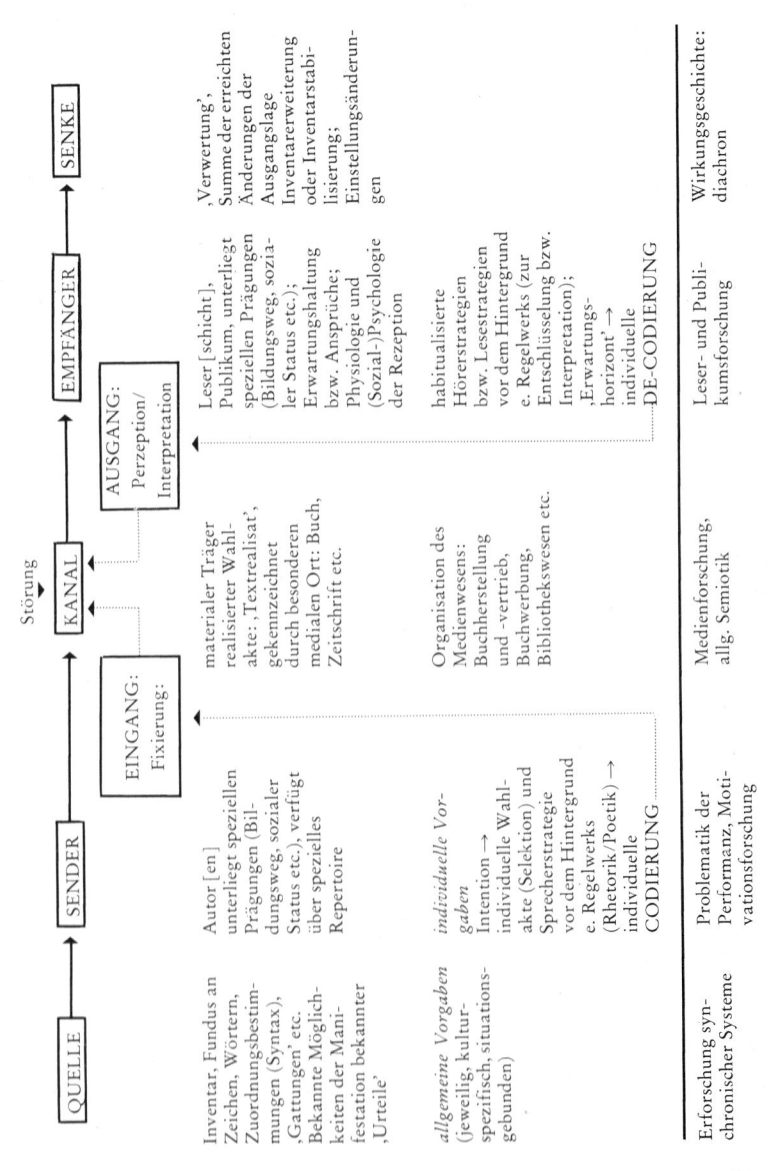

QUELLE →	SENDER →		KANAL →		EMPFÄNGER →	SENKE
			Störung			
				AUSGANG: Perzeption/ Interpretation		
		EINGANG: Fixierung:				
Inventar, Fundus an Zeichen, Wörtern, Zuordnungsbestimmungen (Syntax), ‚Gattungen‘ etc. Bekannte Möglichkeiten der Manifestation bekannter ‚Urteile‘	Autor[en] unterliegt speziellen Prägungen (Bildungsweg, sozialer Status etc.), verfügt über spezielles Repertoire		materialer Träger realisierter Wahlakte: ‚Textrealisat‘, gekennzeichnet durch besonderen medialen Ort: Buch, Zeitschrift etc.		Leser [schicht], Publikum, unterliegt speziellen Prägungen (Bildungsweg, sozialer Status etc.); Erwartungshaltung bzw. Ansprüche; Physiologie und (Sozial-)Psychologie der Rezeption	‚Verwertung‘, Summe der erreichten Änderungen der Ausgangslage Inventarerweiterung oder Inventarstabilisierung; Einstellungsänderungen
allgemeine Vorgaben (jeweilig, kulturspezifisch, situationsgebunden)	*individuelle Vorgaben* Intention → individuelle Wahlakte (Selektion) und Sprecherstrategie vor dem Hintergrund e. Regelwerks (Rhetorik/Poetik) → individuelle CODIERUNG		Organisation des Medienwesens: Buchherstellung und -vertrieb, Buchwerbung, Bibliothekswesen etc.		habitualisierte Hörerstrategien bzw. Lesestrategien vor dem Hintergrund e. Regelwerks (zur Entschlüsselung bzw. Interpretation); ‚Erwartungshorizont‘ → individuelle DE-CODIERUNG	
Erforschung synchronischer Systeme	Problematik der Performanz, Motivationsforschung		Medienforschung, allg. Semiotik		Leser- und Publikumsforschung	Wirkungsgeschichte: diachron

Mit dieser Übersicht sind bereits einige Konsequenzen für die Beschreibung des Gegenstandsbereiches einer kommunikationstheoretisch begründeten Literaturwissenschaft angedeutet: "So wird man in der Folge nicht mehr von 'dem Text' sprechen können, sondern lediglich von verschiedenen 'Textrealisaten', die in jeweils verschiedenen kommunikativen Wechselwirkungen fungieren. Und es wird – setzt man die Gültigkeit des allgemeinen Kommunikationsmodells voraus – wohl schwerlich weiterhin die Behauptung vertreten werden können, ein Text sei 'für sich' zu betrachten, sei überzeitlich identisch und stets direkt auf seine *Essenz* zu befragen. Vielmehr fungiert er ja nur *jeweils* als Glied innerhalb eines von ihm nicht bestimmten Zusammenhanges, der *in seiner Gesamtheit* Information als jeweiliges Ergebnis eines zeitlich bedingten, lokalisierbaren kommunikativen Prozesses konstituiert."[22]

Konfrontiert mit "Textrealisaten", wird sich also Literaturwissenschaft mit der Rekonstruktion der dazu gehörigen jeweiligen kommunikativen Prozesse befassen. Dies erfordert in jedem Fall die Analyse des synchronen historisch-sozialen Systems, in dem der jeweilige Informationsaustausch stattfindet. Eine in dieser Weise kommunikationstheoretisch begründete Literaturwissenschaft ist also keineswegs, wie Weinrich unterstellt, eine Alternative zur historischen Methode, sondern erweist im Gegenteil Literaturwissenschaft und darüber hinaus jede Textwissenschaft als eine historische Wissenschaft[23] von kommunikativen Prozessen, die in der angegebenen Weise strukturiert werden können.

Freilich ist das Kommunikationsmodell im Hinblick auf die traditionellen Erfordernisse der Literaturwissenschaft noch sehr unspezifisch. Es bezieht sich auf Textprozesse aller Art und ist infolgedessen so etwas wie ein Grundmodell jeder Textwissenschaft, gilt also auch für die juristische, theologische, philosophische, historische, soziologische usw. Textanalyse. Es liefert somit für den spezifisch literaturwissenschaftlichen Gegenstandsbereich im traditionellen Sinne zwar notwendige, aber nicht hinreichende Kriterien, es sei denn, man betrach-

---

[22] Ebd. S. 100.
[23] Vgl. dazu auch die bereits eingangs zitierte Schrift von *H. R. Jauss* (Literaturgeschichte als Provokation der Literaturwissenschaft). Kritisch sei allerdings angemerkt, daß Jauss durch die Akzentuierung der Rezipientenseite nicht immer der Gefahr einer Vergegenständlichung von Text im Sinne des statischen Textbegriffs entgeht.

tet Literaturwissenschaft in einem sehr weiten Sinne als Grundlagendisziplin für alle Textwissenschaften. Aber auch dann wäre nach den spezifischen Merkmalen der Textprozesse zu fragen, die traditionellerweise den engeren Gegenstandsbereich von Literaturwissenschaft ausgemacht haben. Das Kommunikationsmodell bedarf also in jedem Falle der weiteren Differenzierung, um den Anforderungen der Praxis zu genügen.

2.2.2 Zur Erforschung der Wirkmechanismen von kommunikativen Prozessen

Das Kommunikationsmodell gewährt, wie wir sahen, Einsicht in die *Struktur* des Kommunikationsprozesses. Es gibt an, mit welchen Größen zu rechnen ist. Es gibt noch nicht an, welchen Einfluß die einzelnen Größen auf die Informationsübermittlung haben, welcher *Funktionswert* ihnen zukommt. Die Kommunikationsforschung hat ihre Aufgabe darin gesehen, diese Funktionswerte zu ermitteln; sie versucht experimentell festzustellen, wie sich die jeweilige Information konstituiert, bzw. genauer formuliert: wie die einzelnen Prozeßfaktoren verändert werden können, damit die eingegebene Information in möglichst vielen Prozessen gleichwertig ist. Vom jeweiligen gesellschaftlich-historischen Bezugssystem wird dabei wiederum abstrahiert; leitendes Interesse ist die Optimierung und Prognostizierung von Informationsabläufen zum Zwecke der werblichen und politischen Nutzung innerhalb eines bestimmten Gesellschaftssystems. Daher haben die so gefundenen Regeln über Prozeßabläufe mehr den Charakter von Orientierungshilfen.

Methodisch gesehen werden diese Regeln meist in Gruppenexperimenten ermittelt; die Versuchsanordnung sieht gewöhnlich vor, daß jeweils ein einzelner Prozeßfaktor entsprechend der Ausgangshypothese verändert wird, während die übrigen konstant gehalten werden.

1) Der Kommunikator

Analysiert man in dieser Weise den Faktor "Kommunikator" auf seine speziellen Funktionen, so gelangt man (u. a.) zu folgenden Gesetzmäßigkeiten:

Informationsübermittlung ist abhängig von der *Glaubwürdigkeit* bzw. vom *Prestige des Kommunikators* in den Augen der Rezipienten. "Eine Botschaft wird um so eher aufgenommen und akzeptiert und übt einen um so größeren Persuasionsdruck aus, je fester und prägnanter das Vorstellungs- und Meinungsbild des Kommunikators im Bewußtsein des Kommunikanten mit emotional positiven Eigenschaften und Valenzen assoziiert ist."²⁴

Dieser Regel wird der Kommunikator gerecht, indem er ein entsprechendes Image bei seinen Rezipienten aufbaut oder einen sekundären Kommunikator vorschiebt, dessen Prestige unzweifelhaft ist.²⁵ Die Regel besagt jedoch nicht, daß ein Kommunikator mit geringer Glaubwürdigkeit keine oder wenig Chancen zu einer wirksamen Informationsübermittlung hätte. Hier ist nämlich auch noch der Zeitfaktor zu berücksichtigen; wenn nicht sofort, so kann die Wirkung einer Kommunikation auch mit einer gewissen zeitlichen Verschiebung eintreten. Die entsprechenden Experimente ergeben, wie Teigeler ausführt, im einzelnen folgendes Bild:

> Direkt nach der Kommunikation erreichten wenig glaubwürdige Quellen [= Kommunikatoren] bei den Empfängern [= Kommunikanten] nur einen sehr geringen Prozentsatz an Meinungsänderung in der von ihnen vertretenen Richtung, während sehr glaubwürdige Quellen einen erheblichen Anstieg bewirkten. Nach vier Wochen jedoch hatten die Quellen mit geringerer Glaubwürdigkeit ihre Position bei den Versuchspersonen in demselben Ausmaß festigen können, wie die Quellen hoher Glaubwürdigkeit. [...] bei den Quellen mit niedriger Glaubwürdigkeit hatte sich die Meinungsbeeinflussung im Laufe der folgenden vier Wochen verstärkt, bei den sehr glaubwürdigen Quellen vermindert.²⁶

Diese Erscheinung nennt man nach Hovland und Weiss "*Sleeper-Effekt*".

Die Informationsübermittlung kann dadurch verbessert werden, daß der Kommunikator *gemeinsame Gruppenmerkmale* mit den Rezipienten betont; er muß erreichen, daß seine Rezipienten ihn als zu ihrer Gruppe gehörig betrachten.²⁷

Auch das *Verbergen der Beeinflussungsabsicht* wirkt sich u. U. positiv auf den kommunikativen Prozeß aus. Wird nämlich den Rezi-

---

²⁴ *Haseloff, O. W.:* Über Wirkungsbedingungen politischer und werblicher Kommunikation. S. 159. – Vgl. auch *Teigeler, P.:* Verständlichkeit und Wirksamkeit von Sprache und Text. Stuttgart: Nadolski 1968 [= Effektive Werbung 1]. S. 83–86 (Referat der entsprechenden Experimente von Hovland und Weiss).
²⁵ *Teigeler, P.:* Verständlichkeit und Wirksamkeit von Sprache und Text. S. 85.
²⁶ Ebd. S. 91.
²⁷ Ebd. S. 86.

pienten die Beeinflussungsabsicht des Kommunikators bewußt, so verringert sich sein Prestige, d. h. die tatsächlich übermittelte Information entspricht nicht mehr der Intention des Kommunikators.[28]

Im Grunde handelt es sich bei allen Regeln, die das Kommunikatorverhalten betreffen, um das Problem der wirksamen, rezipientenbezogenen Selbstdarstellung. Der Kommunikationsprozeß, d. h. die Informationsübermittlung wird von den gegenseitigen Bildern (Fremdeinschätzungen) und Selbstbildern der am Prozeß Beteiligten entscheidend beeinflußt.[29] Die übermittelte Information verändert sich folglich mit dem jeweiligen Selbstbild und den Fremdeinschätzungen des Kommunikators.

2) Der Kommunikant

Der Faktor "Kommunikant" übt einen nicht minder großen Einfluß auf die Konstituierung des jeweiligen kommunikativen Prozesses aus als der Kommunikator. Die Regeln, die die Kommunikationsforscher hierfür angeben, beziehen sich meist auf die Bedingungen der Dekodierung.

Die wirksame Informationsübermittlung hängt in dieser Hinsicht einmal von der *Gruppenzugehörigkeit* des Kommunikanten ab. Vorhandene Einstellungen resultieren meist aus einer solchen Gruppenbindung. Teigeler erläutert dies an einem Beispiel aus der Produktwerbung:

> Es ist kein direkter Umgang mit Geschirrspülmaschinen nötig, um ihnen gegenüber Vorurteile zu entwickeln, sondern es reicht dazu der Kontakt mit den vorherrschenden Attitüden gegen Geschirrspülmaschinen in der sozialen Gruppe, in der man lebt. Entscheidend dabei sind in erster Linie nicht die "Mitgliedgruppen", denen ein Mensch zugeordnet ist, sondern in viel stärkerem Maße seine "Bezugsgruppen", die Gruppen also, denen sich der Mensch innerlich verbunden fühlt und deren Normen er freiwillig akzeptiert.[30]

Der Einfluß dieser sozialen Bindungen des Kommunikanten auf die Informationsübermittlung kann so stark sein, daß eine völlig andere informationelle Kopplung zustande kommt als vom Kommunikator

---

[28] Ebd.
[29] Vgl. *Reimann, H.:* Kommunikations-Systeme. S. 97 f.
[30] *Teigeler, P.:* Verständlichkeit und Wirksamkeit von Sprache und Text. S. 88.

beabsichtigt. Ist nämlich die Wirkabsicht des Kommunikators erkennbar gegen die Normen der Bezugsgruppe gerichtet, so bestärkt sie in der Regel nur die bestehenden Einstellungen der Kommunikanten ("Bumerang-Effekt").[31]

Aber auch bei Kommunikanten mit der gleichen Bezugsgruppe sind Unterschiede der Persuabilität zu beachten.[32] Diese können z. T. auf *Unterschiede im Selbstwertgefühl* der Kommunikanten zurückgeführt werden, die z. T. schon im übernommenen Rollenverhalten begründet sind; die beobachtete leichtere Persuabilität von weiblichen Kommunikanten kann auf diese Weise erklärt werden.[33]

Unterschiedliche Persuabilität kann schließlich eine Folge der jeweiligen *emotional-motivationalen Gestimmtheit in der Kommunikation* sein, die sich günstig oder hemmend auf den Vorgang der Informationsübermittlung auswirkt. Der günstige Fall ist nur dann gegeben, wenn der Kommunikant die Kommunikation sucht: In diesem Falle wächst nicht nur – so Haseloff – "die Wahrscheinlichkeit einer ungehemmten Rezeption der angebotenen Information. Vor allem ist [...] mit einer intensivierten Wirkung der Botschaft zu rechnen, die im günstigsten Fall einen Meinungswechsel einleitet oder den Aufbau einer neuen, mit den Zielen des Kommunikators sich deckenden Einstellung auslöst".[34] Dies setzt jedoch voraus, daß der Kommunikator auch bei den übergeordneten Einflußgrößen günstige Verhältnisse angetroffen hat.

Alle Einflußgrößen lassen sich zurückführen auf die Regel der *selektiven Informationsaufnahme*, die dem Selektionsprinzip in der menschlichen Wahrnehmung entspricht.[35] Diese Regel besagt:

> Emotional-affektive Einstellungen steuern die Aufnahme und Organisation eines zunächst mehrdeutigen Reizangebots. Dieser Prozeß wird vorrangig durch motivationale Faktoren bestimmt. Motive richten Wahrnehmung und

---

[31] Ebd.
[32] *Janis, I. L.:* Kommunikation und Meinungswechsel. In: Haseloff, O. W. [Hrsg.]: Kommunikation. Berlin: Colloquium 1969 [= Forschung und Information 3]. S. 134 ff.
[33] *Teigeler, P.:* Verständlichkeit und Wirksamkeit von Sprache und Text. S. 89.
[34] *Haseloff, O. W.:* Über Wirkungsbedingungen politischer und werblicher Kommunikation. S. 161.
[35] *Schnabl, H.:* Sprache und Gehirn. S. 21 ff.

Aufmerksamkeit auf diejenigen Ereignisse, die in einer unmittelbar erlebten oder aber erwarteten Beziehung zu den erlebten Bedürfnissen stehen.[36]
Die vorgängige, hauptsächlich durch Gruppenzugehörigkeit bedingte Motivation bewirkt, wie Haseloff ausführt, eine *selektive Sensitivierung,* d. h. eine erhöhte Aufnahmebereitschaft für solche übermittelte Informationen, "die in einer unmittelbaren oder mittelbaren Beziehung zu den motivational fundierten Zielen, Erwartungen und Wünschen des einzelnen oder einer Gruppe stehen".[37] Genauer: der Kommunikant wird stets diejenigen Informationen aufnehmen und positiv bewerten, die mit den eigenen im Laufe des Lebens in den vielfältigen Situationen sozialen Lernens übernommenen und dann internalisierten Zielwerten, Erwartungsnormen und Bewertungsmustern konvergierten.[38]

Aber auch der negative Aspekt dieses Vorgangs muß beachtet werden: die motivational bedingte selektive Sensitivierung kann vorwiegend zuwendungs- und wahrnehmungs*hemmende* Wirkung haben: "Präsentiert eine Botschaft Bedeutungsinhalte, die vom Umworbenen als konfliktprovozierend erlebt werden oder die in seiner Gruppe mehr oder weniger 'tabuiert' sind, so wird die Botschaft entweder nach sehr kurzer Kenntnisnahme sogleich 'automatisch' zurückgewiesen, so daß eine nur sektorhafte, die konfliktuösen Elemente 'aussparende' Aufnahme erfolgt, oder es kommt kein bewußtes Bemerken und Auffassen zustande."[39] Die Aufhellung dieser Selektionsvorgänge ist ein bevorzugter Gegenstand der Kommunikationsforschung; denn sie hat erhebliche praktische Konsequenzen im Bereich der werblichen und der politischen Kommunikation. Eine solche praktische Anwendung der Selektionsregel ist die *Immunisierung* von Kommunikanten gegen gegnerische Kommunikation durch *Vorwarnung*: Die Kommunikanten werden im voraus davor gewarnt, daß ihre bisherigen Überzeugungen in Kürze einem starken Druck ausgesetzt würden. Dadurch kann eine verstärkt negative Selektion der dem Kommunikator unerwünschten Gegenkommunikation eintreten. Die Vorwarnung muß, wenn sie langfristig immunisieren soll, so beschaffen sein, daß der Kommunikant sich einen kognitiven Bezugs-

---

[36] *Haseloff, O. W.:* Über Wirkungsbedingungen politischer und werblicher Kommunikation. S. 163 f.
[37] Ebd. S. 164.
[38] Ebd. S. 165.
[39] Ebd. S. 164 f.

rahmen schaffen kann, der es ermöglicht, Gegenkommunikation nicht zu beachten oder auf ein Minimum zu reduzieren.[40]

Die Selektionsregel bietet nur eine grobe Erklärung für das Kommunikantenverhalten. Eine genauere Differenzierung ermöglicht die sogenannte *Theorie der kognitiven Dissonanz*, die L. Festinger aufgestellt hat.[41] Festinger führt die selektive Informationsaufnahme auf einen psychischen Dissonanzzustand des Kommunikanten zurück. Unter *kognitiver Dissonanz* versteht Festinger ein subjektiv belastendes Mißverhältnis zwischen Informationsstand des Kommunikanten und seinem tatsächlichen (kommunikativen) Verhalten. Zu einem solchen Mißverhältnis zwischen Wissen und Handeln kommt es dann, wenn der Kommunikant unter dem Druck einer kommunikativen Situation eine Handlung ausführt, obwohl er über Informationen und Einstellungen verfügt, die für sich genommen ihn nicht zu dieser Handlung veranlaßt hätten. Dieser Zustand löst nun eine psychische Reaktion aus, die Festinger als "Dissonanzminderung" bezeichnet und in folgende Regel gefaßt hat:

1. Die Existenz von Dissonanz wird, da sie psychologisch als unangenehm empfunden wird, die Person motivieren, zu versuchen, die Dissonanz zu reduzieren und Konsonanz zu erreichen.
2. Beim Versuch, die Dissonanz zu reduzieren, wird die Person zudem aktiv Situationen und Informationen meiden, die möglicherweise die Dissonanz steigern könnten.[42]

Positiv wird die betroffene Person versuchen (1.) entweder durch (sekundäre) Rationalisation das eigene Verhalten zu rechtfertigen, indem sie andere, für die Handlung nicht maßgebliche kognitive Elemente (Argumente) mit dieser verknüpft, oder (2.) durch Suche nach neuen Informationen, die das eigene Verhalten bestätigen, ohne den entgegenstehenden eigenen Überzeugungen zu widersprechen, oder

---

[40] *Janis, I. L.:* Kommunikation und Meinungswechsel. S. 130. – Vgl. auch *Teigeler, P.:* Verständlichkeit und Wirksamkeit von Sprache und Text. S. 87, S. 90. – *Reimann, H.:* Kommunikations-Systeme. S. 124 f.
[41] *Festinger, L.:* A Theory of Cognitive Dissonance. 3. Aufl. Stanford/Calif.: University Press 1965; *derselbe:* Die Lehre von der "kognitiven Dissonanz". In: Schramm, W. [Hrsg.]: Grundfragen der Kommunikationsforschung. 3. Aufl. München: Juventa 1970. S. 27–38.
[42] *Festinger, L.:* A Theory of Cognitive Dissonance. S. 28. Übersetzung vom Verf. – Vgl. auch *Miller, G. R.:* Probleme der auswählenden Kommunikation. In: Haseloff, O. W. [Hrsg.]: Kommunikation. S. 143.

(3.) durch Anpassung der eigenen Überzeugungen an das Verhalten (Meinungswechsel) oder (4.) durch Anpassung des Verhaltens an die bestehenden Überzeugungen (Eingeständnis des Fehlverhaltens).[43]
Festinger verdeutlicht diese Reaktion u. a. an folgendem Beispiel:

> Wenn jemand in der Öffentlichkeit eine Äußerung getan hat, die mit seiner privaten Meinung nicht übereinstimmt, dann muß man zwei Gruppen von Informationen berücksichtigen, über die er verfügt und die für sein Handeln von Bedeutung sind. Was er über den Nutzen, den ihm sein Handeln eingebracht hat, oder über die Unannehmlichkeiten, denen er aus dem Wege gegangen ist, weiß, stimmt mit dem Tun, auf das er sich eingelassen hat, völlig überein. Was er jedoch über seine eigene Meinung weiß, steht im Gegensatz zu seinem Handeln, denn wäre er seiner persönlichen Auffassung gefolgt, hätte er sich nicht darauf eingelassen. Wenn diese Analyse der Situation korrekt ist, dann dürfen wir erwarten, daß, nachdem jemand dazu gebracht worden ist, nach außen etwas zu behaupten, was der inneren Überzeugung entgegensteht, bei ihm ein Prozeß der Dissonanzminderung einsetzt, die sich darin äußert, daß er sein Handeln durch zusätzliche Bestätigungen zu rechtfertigen trachtet. Diese zusätzliche Rechtfertigung kann man sich im wesentlichen auf zwei Arten beschaffen. Man könnte die Bedeutung der bereits angenommenen Rechtfertigungen dadurch aufbauschen, daß man sich vor Augen hält, wie groß tatsächlich der Nutzen war, den man gewonnen hat, oder wie peinlich die Unannehmlichkeiten gewesen wären, denen man aus dem Wege gegangen ist. Man kann sich aber auch dadurch zusätzlich rechtfertigen, daß man seine eigene Meinung über die Sache ändert. Wenn man seine Auffassung über die Angelegenheit so wandelt, daß sie mit dem übereinstimmt, was man nach außen gesagt hat, dann ist damit die Dissonanz offensichtlich herabgemindert worden.[44]

Festinger und andere Kommunikationsforscher haben ihre Hypothese über das Verhalten bei kognitiver Dissonanz experimentell abzusichern versucht; ihre Theorie ermöglicht Aussagen nicht nur über das Verhalten nach Entscheidungen und über den sozialen Einflußprozeß, sondern auch über das Verhalten bei freiwilliger oder unfreiwilliger Konfrontation mit dissonanten Informationen (ein Fall, der im Hinblick auf die spezielle Fragestellung wichtig werden dürfte):

> Die Einführung einer widersprüchlichen, sich mit den bestehenden Auffassungen nicht vertragenden Kognition führt zu Spannungen und macht ein die Konsistenz wiederherstellendes Verhalten notwendig. Wenn die Kognitionen beständig, also konsistent sind, herrscht demnach psychologisches

---

[43] *Reimann, H.:* Kommunikations-Systeme. S. 117.
[44] *Festinger, L.:* Die Lehre von der "kognitiven Dissonanz". S. 33.

Gleichgewicht; Inkonsistenz dagegen bedingt psychologisches Ungleichgewicht und die damit verbundene Motivation, die Konsistenz wiederherzustellen.[45]

Vor allem das Kommunikationsverhalten gegenüber werblichen und politischen Informationen, was ja auch vorwiegend interessiert, konnte auf diese Weise besser erklärt und entsprechend wirksamer beeinflußt werden. Festinger stellt hierfür die Regel auf: "Kommunikationen mit dem Ziele der Überredung sind sehr wirksam, wenn sie eine Dissonanz vermindern, sie bleiben wirkungslos, wenn eine Beeinflussung die Dissonanz nur steigern würde."[46]

Festingers Konzept der kognitiven Dissonanz ist nicht unumstritten geblieben.[47] Vor allem die Prämisse der "Theorie" bedarf wegen ihrer weitreichenden Konsequenzen zumindest der Überprüfung: Ist, wie Festinger u. a. annehmen, Konsistenz der Kognitionen (Erkenntnisse) der "normale" Zustand? Dies ist im Grunde kein Problem der Kommunikationsforschung mehr, sondern ein Problem der Systemtheorie, insofern diese das Verhältnis sozialer Systeme mit Hilfe des sogenannten Äquilibrium-Modells beschreiben will. Wir werden dieser Frage weiter unten noch genauer nachgehen; hier nur soviel: Soziale Systeme können nicht als in einem *statischen* Gleichgewicht befindlich beschrieben werden. Konsistenz als Übereinstimmung zwischen Normensystem und Aktionen ist bei sozialen Systemen nicht als Zustand, sondern allenfalls als Tendenz zu beobachten; wir können also nur von einem "dynamischen Gleichgewicht" sprechen.[48]

Reimann macht darauf aufmerksam, daß es nur eine Sache der Perspektive ist, ob man Konsistenz oder Konflikt als bestimmende Größe ansieht: "Man könnte natürlich auch sagen, das System zielt auf den Konflikt, entwickelt also zentrifugale, desintegrierende Kräfte, die von gegenläufigen (so nun: 'widrigen'), zentripetalen, integrierenden Kräften an ihrer völligen Entfaltung gehindert werden. Das ist jedoch

---

[45] *Miller, G. R.:* Probleme der auswählenden Kommunikation. S. 143.

[46] *Festinger, L.:* Die Lehre von der "kognitiven Dissonanz". S. 37.

[47] *Miller, G. R.:* Probleme der auswählenden Kommunikation. S. 139–150, der in seinem Referat auf die geringe Differenziertheit der Kategorien Festingers aufmerksam macht und auf die widersprüchliche experimentelle Beweisführung verweist. Ebenso *Siegrist, J.:* Das Consensus-Modell. Studien zur Interaktionstheorie und zur kognitiven Sozialisation. Stuttgart: Enke 1970. S. 98–105.

[48] Vgl. dazu das Referat des Diskussionsstandes bei *Reimann, H.:* Kommunikations-Systeme. S. 62–73.

nur die umgekehrte (negative) Sichtweise des gleichen Vorgangs: was hier als funktional erscheint, ist dort dysfunktional und vice versa. Stets aber besteht die Tendenz zum Ausgleich, der aber niemals erreicht wird."[49]

Auf den spezielleren Ansatz Festingers bezogen, bedeutet dies analog, daß kognitive Konsistenz nicht als Normalzustand angesehen werden darf, der durch Dissonanzminderungsprozesse tatsächlich erreicht werden könnte. Personales Normensystem und Handlungen werden sich durch wechselseitige Anpassung in einem beweglichen Gleichgewicht befinden. Wie bei einem sozialen System höherer Ordnung wird man auch bei entsprechender Beobachtungsperspektive bei einem einzelnen Menschen als einem sozialen Subsystem nur von einer Tendenz zur (kognitiven) Konsistenz sprechen können.[50] Dabei ist in jedem Falle zu beachten, daß diese Ausgleichstendenz des jeweiligen Subsystems abhängig ist von den Ausgleichstendenzen der übergeordneten Systeme.[51] Diese Überlegungen machen wieder einmal deutlich, daß die diskutierten kommunikationstheoretischen Regeln nur einen engen Geltungsbereich haben, nämlich nur so weit gelten und auch nur Geltung beanspruchen, wie sie erfolgreiche Prognosen in der werblichen oder politischen Praxis zulassen. Der Geltungsbereich selbst ist nicht Gegenstand der Reflexion; von einer "Theorie" wird man im Falle von Festingers Konzept deshalb nicht sprechen können.

3) Der Übertragungskanal

Welchen Anteil der Kanalbereich am Zustandekommen einer Information hat, ist bereits bei der Analyse des Kommunikationsmodells deutlich geworden. In der Kommunikationsforschung wird der Kanalbereich vorwiegend unter drei Aspekten analysiert, die für eine optimale Informationsübermittlung wichtig erscheinen: Verständlichkeit der verwendeten Zeichen bzw. Zeichenreihen, wirksame Argumentationsstruktur und wirksame Medienwahl. Die als Übertragungskanal fungierenden Zeichen müssen bestimmte Anforderungen erfüllen,

---

[49] Ebd. S. 70.
[50] Dies gilt auch – bei Wechsel der Beobachtungsperspektive – für die Annahme einer Konsonanzminderung, wie sie *J. Siegrist* (Das Consensus-Modell. S. 101) unterstellt.
[51] Vgl. dazu die Hinweise bei *Reimann, H.:* Kommunikations-Systeme. S. 71.

wenn überhaupt eine informationelle Kopplung zustande kommen soll. Sie müssen sich einmal, wie gesagt, im Repertoire sowohl des Kommunikators als auch des Kommunikanten befinden; dies ist am ehesten gewährleistet, wenn beide Partner der gleichen sozialen Gruppe angehören.[52] Der Rückgriff auf den gemeinsamen Zeichenvorrat genügt allein jedoch noch nicht; optimale Informationsträger sind diejenigen, die am raschesten als Zeichengestalten erkannt (identifiziert) werden können.

Dies betrifft, wenn es sich um visuell vermittelte Kommunikationsprozesse handelt, u. a. den *typographischen* Aspekt der Zeichengestalten. Experimente hinsichtlich Erkennbarkeit und Lesbarkeit von Typogrammen haben ergeben, daß Faktoren wie Schrifttyp, Schriftschnitt, Schriftgröße, Buchstaben-, Wort- und Zeilenabstand und Zeilenbreite in sehr charakteristischer Weise die Erkennbarkeit und Lesbarkeit beeinflussen, selbst wenn man feste Lesegewohnheiten berücksichtigt.[53] Die vorgefundenen Ergebnisse werden vor allem in der werblichen Textherstellung, aber auch im Zeitungs- und Buchsatz verwertet. Die Kommunikationsforschung hat sich dabei längst von der traditionellen Vorannahme freigemacht, daß visuelle Übertragungskanäle ("geschriebene Sprache") nur die Derivate von angeblich primären auditiven Übertragungskanälen (gesprochene Sprache) sind und der auditiven Realisierung bedürfen. Diese Annahme läßt sich nur mit Einschränkungen aufrechterhalten; sie setzt im Grunde schriftunkundige Kommunikanten (Kleinkinder, Analphabeten) voraus. In einer Gesellschaft von Lesern sind auditive und visuelle Informationsübertragung durch Sprachzeichen zwei grundsätzlich gleich zu gewichtende Übertragungskanäle mit jeweils spezifischen Strukturen.[54] So bedarf beispielsweise eine werbliche Zeitschriftenanzeige zur Informationsübertragung ebensowenig des auditiven Kanals wie eine Zeitungsschlagzeile, ein Kriminalromanheftchen oder ein Lyrikbändchen; der visuelle Übertragungskanal ermöglicht hier einen eigenständigen kommunikativen Prozeß.

---

[52] Vgl. *Teigeler, P.:* Verständlichkeit und Wirksamkeit von Sprache und Text. S. 23 f.

[53] Vgl. die Details bei Teigeler, ebd. S. 42–48, der u. a. die Ergebnisse von *D. Elbracht* referiert: Erkennbarkeit und Lesbarkeit von Zeitungsschriften. In: Archiv f. Drucktechnik 104 (1967). S. 24–28.

[54] Vgl. dazu *Kopperschmidt, J.:* Rhetorik. Einführung in die persuasive Kommunikation. Ulm: Institut f. Umweltplanung 1971 [= Arbeitsberichte des Instituts f. Umweltplanung 5]. S. 158 f.

Neben der Typographie sind aber auch noch andere Faktoren zu beachten. Die Geschwindigkeit der Zeichenerkennung bzw., im besonderen Fall, die Lesegeschwindigkeit ist auch abhängig von der *Auftretenshäufigkeit* der Zeichengestalten, insbesondere der Wörter, und diese wiederum wird als ein Gradmesser für deren Verständlichkeit angenommen und auch durch die Praxis bestätigt:

> Die Lesegeschwindigkeit wird erhöht durch das Angebot häufig auftretender Wörter. Der Grund, weshalb häufige Wörter meistens schneller erkannt werden, liegt wohl darin, daß bei bekannten Wörtern ein geringerer Teil des jeweiligen Wortes wahrgenommen werden muß, um es zu erkennen. [...] Je häufiger ein Wort benutzt wird, um so weniger von ihm braucht dargeboten zu werden, damit es noch als dieses spezifische Wort erkannt wird.[55]

Die Informationsübermittlung ist weiterhin abhängig von der Wortlänge sowie vom Worttyp: kurze Wörter, Wörter der jeweiligen Muttersprache, Wörter der Umgangssprache sowie Konkreta stellen normalerweise einen günstigen, relativ störungsfreien Übertragungskanal dar.[56]

Aber auch die Art der Verknüpfung von Zeichengestalten der Größenordnung "Wort" zu komplexeren Zeichengestalten (Sätzen) beeinflußt die Information. Es handelt sich hier um die syntaktischen Eigenschaften (i.e.S.) des Übertragungskanals. Zur näheren Bestimmung dieser Einflußgrößen ist die Kommunikationsforschung auf Kategorien der Linguistik angewiesen; sie hat vor allem mit den Faktoren Satzlänge und Satztiefe experimentiert.

Was die Satzlänge betrifft, so konnte als Regel ermittelt werden: je informationsärmer der Satz bzw. die Aussage, um so länger kann der Satz sein, und umgekehrt: je informationsreicher der Satz, um so kürzer muß er sein.[57]

Zum Zwecke der Verständlichkeitsanalyse hat es sich als günstig erwiesen, die Kategorien "kurz" und "lang" genauer zu bestimmen: als "kurz" kann im Deutschen ein Satz von bis zu 8 Wörtern gelten, als "mittellang" ein Satz von 9 bis 22 Wörtern, als "lang" ein Satz von 23 und mehr Wörtern.[58] Mit Hilfe dieses Maßstabes kann auch die

---

[55] *Teigeler, P.:* Verständlichkeit und Wirksamkeit von Sprache und Text. S. 37.
[56] Ebd. S. 39 ff.
[57] Ebd. S. 48.
[58] *Haseloff, O. W.:* Über Wirkungsbedingungen politischer und werblicher Kommunikation. S. 176.

obige Regel genauer gefaßt werden: "Kurze Sätze haben die höchste Wahrscheinlichkeit, von der Mehrzahl der Leser und Hörer verstanden zu werden. Bei mittellangen Sätzen ist die Verstehenschance bereits eingeschränkt, während schließlich lange Sätze nur noch von einer relativ kleinen Gruppe von Menschen spontan verstanden werden können."[59] Die Verständlichkeit, d. h. die Eignung eines Informationsübertragungskanals nimmt also, wenn alle anderen Einflußgrößen konstant bleiben, mit der Satzlänge ab. Praktisch genutzt wird diese Erkenntnis vor allem in der Herstellung von Zeitungs-, Zeitschriftentexten, Drehbüchern u. ä., sowie in der Werbebranche. Bei einer durchschnittlichen Satzlänge von 22,1 Wörtern in der deutschen Schriftsprache[60] weisen die großen Publikumszeitschriften nur durchschnittliche Satzlängen von 13,7 bis 19,9 Wörtern auf.[61] Die Bild-Zeitung kommt auf nur 10 bis 11 Wörter pro Satz.[61a] Die von Meier erfaßten Filmdialoge haben durchschnittlich sogar nur Satzlängen von 1 bis 6 Wörtern.[62]

Die Verständlichkeit von Sätzen läßt sich aber auch durch Bestimmung der sogenannten *Satztiefe* angeben, d. h. durch Feststellung des Komplexitätsgrades der *syntaktischen Struktur* eines Satzes. Dies ist mit Hilfe der Kategorien der Konstituenten- bzw. Phrasenstrukturgrammatik möglich und graphisch in Form eines "Satzbaumes" darzustellen.[63] Je höher nun die hierarchische Struktur der Satzkonstitu-

---

[59] Ebd. S. 176 f.

[60] Vgl. *Meier, H.*: Deutsche Sprachstatistik. Hildesheim: Olms 1964. Bd. 1. S. 191. Meier erfaßt allerdings nur den schriftsprachlichen Stand um 1900, kann also für den gegenwärtigen Sprachgebrauch nur Anhaltspunkte liefern.

[61] Quick 12,6 Wörter; Stern 13,7 Wörter; Revue 14,0 Wörter; Bunte Illustrierte 15,6 Wörter; Spiegel 19,9 Wörter; Vgl. *Haseloff, O. W.*: Über Wirkungsbedingungen politischer und werblicher Kommunikation. S. 178.

[61a] Vgl. *Mittelberg, E.*: Wortschatz und Syntax der Bildzeitung. Marburg: Elwert 1967 [= Marburger Beiträge zur Germanistik 19]. S. 183 f.

[62] *Meier, H.*: Deutsche Sprachstatistik. Bd. 1. S. 191. – Vgl. auch die bei Fucks angegebenen Werte (*Fucks, W.*: Nach allen Regeln der Kunst. Diagnosen über Literatur, Musik, bildende Kunst – die Werke, ihre Autoren und Schöpfer. Stuttgart: Deutsche Verlagsanstalt 1968. S. 32).

[63] Zur Kritik der Konstituentenstrukturgrammatik vgl. *Brinker, K.*: Konstituentenstrukturgrammatik und operationale Satzgliedanalyse. Methodenkritische Untersuchungen zur Syntax des einfachen Satzes im Deutschen. Frankfurt: Athenäum 1972.

enten ist, je mehr Verzweigungen also der "Satzbaum" aufweist, um so schwerer verständlich wird der Satz sein, – wobei allerdings die übrigen Einflußgrößen des jeweiligen kommunikativen Prozesses konstant bleiben müssen. Setzt man weiterhin voraus, daß die Konstituentenstrukturgrammatik adäquate Analysekategorien entwickeln kann, dann erscheint sogar eine Messung der Satztiefe und damit der Verständlichkeit möglich, d. h. aber: eine Überprüfung der Eignung von Informationskanälen. Ein solches Meßverfahren ist das von *V. H. Yngve*. Hierbei ist bei jedem vom Kommunikator artikulierten Wort zu fragen, wieviel syntaktische Einheiten jeweils hinzugefügt werden müssen, bis der Satz als syntaktisch vollständig gelten kann. Die Anzahl der jeweils benötigten Einheiten ergibt die Satztiefe des betreffenden Wortes. Mit Hilfe dieser Werte kann die durchschnittliche Satztiefe aller Konstituenten eines Satzes errechnet werden, d. h. der Wert der syntaktischen Komplexität.[64] Behaltenstests haben bestätigt, daß sich die so ermittelte Satztiefe und der Erinnerungswert von Sätzen fast linear entsprechen.[65]

Wegen des hohen Arbeitsaufwandes eignen sich die bisherigen Verfahren zur Ermittlung der Satztiefe allerdings nur für kleinere Zeichenreihen, z. B. zur Ermittlung der Verständlichkeit von Werbeslogans, Überschriften und dergleichen.

Neben den syntaktischen Einflußgrößen im engeren Sinne, die im Kanalbereich wirksam werden, gibt es jedoch noch andere Einflußgrößen zu beachten. Gewöhnlich nämlich weist eine Zeichenreihe in ihrer Funktion als Übertragungskanal Strukturen auf, die über die Ebene des Satzes hinausgehen und die gleichfalls die zu übermittelnde Information verändern können. Für die empirische Kommunikationsforschung sind hier vor allem Zeichenreihen von der Größenordnung "Argument" von Interesse; man hat untersucht, wie solche Zeichenreihen strukturiert sein müssen, damit sie als Übertragungskanal möglichst störungsfrei, d. h. hier: möglichst wirksam im Sinne des Kommunikators funktionieren.[66]

[63a] *Teigeler, P.:* Verständlichkeit und Wirksamkeit von Sprache und Text. S. 51.
[64] Ebd.
[65] Vgl. ebd. S. 52 f.
[66] Das "Argument" ist keine syntaktisch-semantische, sondern eine pragmatische Kategorie und wird weiter unten im Zusammenhang abgehandelt. Der entsprechende syntaktische Begriff wäre "Textabschnitt", "Redeabschnitt".

1) Dies ist der Fall, wenn der semantische Zusammenhang der gesamten Zeichenreihe explizit mitsignalisiert wird. Dazu gehört die Signalisierung des semantischen Zusammenhangs der einzelnen Argumente, die Signalisierung des deduktiven Verfahrens beim Verknüpfen der Aussagen innerhalb eines Arguments und die Signalisierung des Abschlusses eines Arguments durch sogenannte Schlüsselsätze (Zusammenfassungen).[67]
2) In einer Abfolge von mehreren Argumenten hängt die Informationsübertragung zudem von der Anordnung der einzelnen Argumente ab, genauer: von der Plazierung des "entscheidenden" Arguments. Hier hat sich nun gezeigt, daß das jeweils zuerst präsentierte Argument einen größeren Einfluß auf den Kommunikanten ausübt als die dann folgenden Argumente (Primacy-Effekt, Antiklimax).[68]
3) Von ähnlichem Einfluß auf die zu übermittelnde Information ist – im spezielleren Fall – die Art der Anordnung von zweiseitiger Argumentation (von Argumenten und Gegenargumenten). Hier sind allerdings Strukturschemata nur unter Einbezug des Kommunikantenstatus aufstellbar.[69] Wenn der Kommunikant bzw. das Publikum die Gegenargumentation nicht kennt und der Kommunikator über hinreichendes Prestige verfügt, dann ist es wirksamer, wenn die Gegenargumente den Argumenten folgen. Wenn jedoch der Kommunikant mit der Gegenargumentation sehr vertraut ist und das Kommunikatorprestige zweifelhaft ist, hat es sich

---

[67] Vgl. dazu *Teigeler, P.*: Verständlichkeit und Wirksamkeit von Sprache und Text. S. 41.

[68] Vgl. ebd. S. 96; *Janis, I. L.*: Kommunikation und Meinungswechsel. S. 130 f.

[69] Die vorausgehende Frage, ob das Eingehen auf Gegenargumente überhaupt zweckmäßig ist, wird von Kommunikationsforschern nur bedingt positiv beurteilt: bei niedrigerem Bildungsniveau (d. h. niedrigerem Sozialstatus) des Kommunikanten und bei absehbarer Übereinstimmung des Kommunikators mit der Ausgangsüberzeugung des Kommunikanten wird einseitige Argumentation empfohlen, bei höherem Sozialstatus und bei negativer Einstellung des Kommunikanten zum Kommunikatorstandpunkt sowie bei zu erwartender Gegenpropaganda hat sich zweiseitige Argumentation als günstiger erwiesen, letzteres, um auf diese Weise eine Immunisierung zu erreichen. Vgl.*Teigeler, P.*: Verständlichkeit und Wirksamkeit von Sprache und Text. S. 101; *Janis, I. L.*: Kommunikation und Meinungswechsel. S. 128 f. (mit ausführlichen Literaturangaben, S. 137 f.).

als günstiger erwiesen, zunächst die Gegenargumentation und dann die wichtigsten Argumente vorzubringen.[70]
Die Informationsübermittlung ist im Kanalbereich aber nicht nur abhängig von den bisher genannten Strukturmerkmalen der Zeichen, sondern auch von Strukturierungen höherer Ordnung, wie z. B. von Argumentationstypen[71], von feststehenden Argumentationsmustern bzw. Gattungen[71a] und auch von der Beschaffenheit des *Mediums* im engeren Sinne. Unter Medium im engeren Sinne wird hier ein Distributionsapparat für informationstragende Signale (= Zeichenträger) verstanden. Distributionsapparate dieser Art sind die sogenannten Massenmedien wie Hörfunk (Rundfunkanstalt; Rundfunkempfangsgerät), Fernsehen (Fernsehanstalt; Fernsehempfangsgerät), Film (Filmverleih, Filmtheater), Theater (Intendanz usw.; Theatersaal), Zeitung und Zeitschrift (Verlag, Redaktion, Vertriebsorganisation, Kioske), Buch (Verlag, Buchhandlung, Buchgemeinschaft, Bibliothek bzw. Leihbücherei, Lesesaal, Lesezirkel usw.); ferner: Redner, Briefpost, Handzettelverteiler, Plakatwand und -säule, Anschlagfläche, Schaufenster, "Sandwich"-Mann, Transparentträger, beschriftetes Verkehrsmittel usw.
Die Kommunikationsforschung hat diese Art von Einflußgrößen im Kanalbereich vor allem auf dem werblichen Sektor untersucht und sie als Werbeträger von den Werbemitteln (Gattungen, Argumentationsmustern) zu trennen gesucht.[72]
Die Distributionsapparate sind (u. a.) deshalb von Einfluß auf die zu übermittelnde Information, weil diese sich mit dem jeweiligen Apparat verändert. Die Information ist z. B. für den Kommunikanten eine andere, wenn sie ihn über eine Hörfunksendung oder über Briefpost erreicht, – abgesehen davon, daß nicht jede Information, soll sie den Kommunikanten erreichen, über ein beliebiges Medium verbreitet werden kann.

---

[70] *Janis, I. L.:* Kommunikation und Meinungswechsel. S. 131 f.
[71] Vgl. *Teigeler, P.:* Verständlichkeit und Wirksamkeit von Sprache und Text. S. 102–105.
[71a] S. dazu u. S. 167–175.
[72] Vgl. *Steinmann, M. F.:* Massenmedien und Werbung. Freiburg: Rombach 1971 [= Beiträge zur Wirtschaftspolitik 14]. S. 19–26. – Ferner *Seiffert, R.:* Zur Beurteilung der Werbeträger auf ihre Werbeeignung. Wiesbaden: Gabler 1960. – *Steinmann, M. F.:* Das Werbefernsehen im Konkurrenzkampf der Werbemittel und Werbeträger. Zürich: Rombach 1967.

Um hier zu präziseren Aussagen zu kommen, hat es sich als zweckmäßig erwiesen, zwischen *Medienangebot*, *Medienreichweite*, *Mediennutzung* und *Medieninhalt* zu unterscheiden.[73]

Unter "*Medienangebot*" ist die Menge der Medien zu verstehen, die zu einem bestimmten Zeitpunkt dem jeweiligen Kommunikator verfügbar sind. Dieses Angebot ist für den einzelnen Kommunikator nicht unbegrenzt, sondern z. B. im werblichen Bereich eine Frage des Geldes bzw. entsprechender Gesetzgebung, in jedem Falle aber von politischen und ökonomischen Vorbedingungen, Privilegien und Restriktionen, abhängig.

Die Begriffe "*Medienreichweite*" und "*Mediennutzung*" erfassen das Verhältnis des vom Kommunikator auszuwählenden oder ausgewählten Mediums zum Kommunikanten. Sie bezeichnen zwei Aspekte dieses Sachverhalts: Reichweite bezieht sich auf "den Anteil an einer Grundgesamtheit von potentiellen Rezipienten, der von dem jeweiligen Medium erreicht wird."[74] Nutzung bezeichnet das erwartete Verhalten der Kommunikanten gegenüber dem Medium, durch das sie erreicht werden: Aufwendungen an Geld und Zeit sowie Anpassung an die medienspezifische Rollenerwartung (z. B. Verlassen des Hauses, Anlegen bestimmter Kleidung, Wechsel in einen exklusiven Code usw. im Falle des Theaters).[75]

Aus dieser Unterscheidung folgt, daß die wirksame Informationsübermittlung notwendig von der Reichweite des jeweiligen Mediums abhängt, daß die Daten über die Reichweite des Mediums aber allein noch nicht hinreichen, um den Einfluß des Faktors "Medium" auf die zu übermittelnde Information zu bestimmen. Dazu sind darüber hinaus Daten über die Mediengewohnheiten und das aktuelle Medienverhalten der Kommunikanten erforderlich.

Erforderlich sind aber weiterhin auch Daten über den Medieninhalt. Der Begriff "*Medieninhalt*" kann hier freilich nicht in dem Sinne übernommen werden, wie er in der Medienforschung gebräuchlich ist.[76] Denn der "Inhalt", die übertragene Information ist nach den Überlegungen zum prozessualen Textbegriff nicht als etwas für sich Bestehendes, Statisches zu betrachten, sondern ist ein Funktionswert,

---

[73] *Zoll*, R. u. *Hennig*, E.: Massenmedien und Meinungsbildung. Angebot, Reichweite, Nutzung und Inhalt der Medien in der BRD. München: Juventa 1970 [= Politisches Verhalten 4].
[74] Ebd. S. 59.
[75] Ebd. S. 86 f.

resultiert aus dem speziellen kommunikativen Prozeß, zu dessen Konstituenten u. a. auch der Distributionsapparat gehört. Den inhaltsanalytischen Versuchen ist folglich nur zu entnehmen, daß bestimmte kommunikative Prozesse an ganz bestimmte Distributionsapparate gebunden sind. Jedem Medium werden sowohl vom Kommunikator als auch vom Kommunikanten bestimmte mögliche Informationsprozesse zugeordnet. Diese Zuordnungen, die beide treffen, sind nicht identisch, bewegen sich jedoch innerhalb historisch-gesellschaftlicher Konventionen.

Die Unterscheidung des Medieninhalts besagt also, daß über Medienangebot, Medienreichweite und Mediennutzung hinaus zu bestimmen bleibt, welche Informationsprozesse welchen Medien normalerweise und im speziellen Fall zugeordnet werden bzw. bei welchen Arten von Informationsprozessen sich Kommunikator und Kommunikant welcher Medien bedienen.[77] Z. B. entsprechen der Bild-Zeitung qualitativ andere Informationsprozesse als den Wochenzeitschriften oder der Briefpost.[77a]

Überblickt man nun die Faktoren, die bei Kommunikationsprozessen im Kanalbereich wirksam werden, so ist unschwer zu erkennen, daß sie nicht unabhängig voneinander auf die zu übermittelnde Information einwirken; ein bestimmter Distributionsapparat bedingt z. B. spezifische Zeichenreihenstrukturen auf den verschiedenen Ebenen. Strukturen von Zeichenreihen wiederum können nur im Hinblick auf den jeweiligen Distributionsapparat bestimmt werden, auf den sie sich beziehen. In der empirischen Kommunikationsforschung wird dieser hierarchische Zusammenhang der Einflußgrößen im Kanalbereich gewöhnlich nicht beachtet; die vorgetragenen Ergebnisse müssen deshalb noch nicht falsch sein, sie sind aber zu relativieren, solange nicht klargestellt ist, auf welches Medium sie sich beziehen und unter welchen Bedingungen vom jeweiligen Medium abstrahiert werden kann.

---

[76] So ebd. S. 137 ff.
[77] Vgl. dazu auch unten S. 208 f.
[77a] Die von Zoll und Hennig zusammengetragenen Daten über Medieninhalte (Fernsehen, Rundfunk, Zeitungen, Zeitschriften) illustrieren – ganz nebenbei – diesen Sachverhalt. Vgl. ebd. S. 137–259.

2.2.3 Ein Beispiel (I)

Gelten die von der Kommunikationsforschung aufgewiesenen Regeln auch für den engeren Bereich der herkömmlichen Literaturwissenschaft? Wenn wir zunächst einmal voraussetzen, daß die Konstruktion eines solchen "engeren" Bereichs zweckmäßig ist[78], und wenn man den prozessualen Textbegriff zugrundelegt, dann erscheint die Frage fast überflüssig. Trotzdem ist es nicht zuviel verlangt, die erkannten allgemeinen Wirkmechanismen bei Kommunikationsprozessen auch an einem literaturgeschichtlichen Sachverhalt bewährt zu sehen, zumal das Problem hier komplizierter ist. Denn die empirische Kommunikationsforschung versteht sich nicht als eine historische Wissenschaft, während Literaturwissenschaft – soweit besteht Konsens – von der Historizität ihrer Gegenstände ausgeht. In literaturwissenschaftlicher Sicht wäre z. B. auch ein gerade in Gang gesetzter Werbeprozeß als ein historischer Prozeß zu begreifen, da er auf vorgängige und künftige Prozesse verweist; die Persuasionsforschung dagegen versucht von dieser grundsätzlich gegebenen Historizität abzusehen. Um den heuristischen Wert der kommunikationswissenschaftlichen Begrifflichkeit zu prüfen, wähle ich als Beispiel die für die traditionelle Literaturwissenschaft anscheinend unaufgebbare Voraussetzung aller textanalytischen Tätigkeit: das Theorem von der *Zweckfreiheit der Kunst bzw. der Poesie*. Belege für diese offene oder stillschweigende Voraussetzung der eigenen Tätigkeit zu finden fällt nicht schwer.[79] So heißt es bei Wellek: "Die Bedeutung eines Kunstwerks erschöpft sich nicht in seiner Absicht und entspricht dieser noch nicht einmal. Als ein System von Werten führt ein Kunstwerk ein unabhängiges Leben."[80] Aber auch die linguistischen Bemühungen um die

---

[78] Wie dieser engere Bereich möglicherweise gerechtfertigt werden kann, wird weiter unten dargestellt.
[79] Weitere Belege bei *Stroszeck, H.:* Zur kunstwissenschaftlichen und kommunikationswissenschaftlichen Grundlegung der Literaturwissenschaft. In: Breuer, D., Hocks, P., Schanze, H., Schmidt, P., Sieveke, F. G., Stroszeck, H.: Literaturwissenschaft. Eine Einführung für Germanisten. Frankfurt, Berlin, Wien: Ullstein 1973. S. 135–147. – *Schmidt, P.:* Historische Positionen der Literaturwissenschaft. Ebd. S. 88–90.
[80] *Wellek, R. u. Warren, A.:* Theorie der Literatur. Aus dem Englischen übertragen v. E. u. M. Lohner. Berlin: Ullstein 1963 [= Ullstein Buch Nr. 420/421]. S. 35. – Neuerdings verbreitet über die Reihe Athenäum-Fischer-Taschenbuch: Frankfurt 1971.

"Klasse der literarischen Texte", etwa bei S. J. Schmidt, gehen von dieser Voraussetzung aus, – ersetzen, wie es scheint, nur die Terminologie:

> Typisch für die hier einzuführende Klasse der literarischen Texte sind also nicht die verwendeten Sprachmittel; typisch ist vielmehr die *Art der Verwendung* dieser Mittel und die dadurch bedingte Art der Interpretabilität der Textkonstituenten literarischer Texte qua Regeln. Für diese Regelinterpretation gilt, daß sie – aufgrund der durch polyfunktionale Vertextung erzeugten Situationsabstraktheit sowie der sozialen Einschätzung literarischer Mitteilungen als 'Fiktionen' – nicht als Bestandteile je aktueller, pragmatischer Kommunikation in punktuellen Handlungszusammenhängen aufgefaßt werden, sondern als Bestandteile eines Spezialbereichs gesellschaftlicher Kommunikation, der aufgrund seiner eigentümlichen Oszillation von Funktion und Objekthaftigkeit einen Sonderstatus besitzt und nicht unmittelbar nach handlungsrelevanten Effizienzkriterien beurteilt werden darf, soll er als literarisches KHS [= Kommunikatives Handlungsspiel] rezipiert werden. [...] Diese Rezeptionsform, diese spezifische semantische Situation schreibt ein literarischer Text mittels seiner Textformung und seiner Rolle im soziokulturellen Erwartungshorizont vor. In gewissen Grenzen ist sie historisch variabel. Die Situationsabstraktheit als ein Merkmal der Klasse literarischer Texte verhindert, daß diese Texte *unmittelbar* in pragmatische Handlungsabläufe integriert werden, d. h. daß ihre Konstituenten (+ Regeln) unmittelbar an sprachliche und nichtsprachliche Situationselemente angeschlossen werden. Die Haltung, die damit vom Rezipienten gefordert wird, um literarische Texte adäquat zu rezipieren, kann als 'ästhetische Distanz' gekennzeichnet werden.[81]

Was bei S. J. Schmidt "Situationsabstraktheit", "ästhetische Distanz", "Polyfunktionalität", "Polyvalenz", "polyperspektivisches Sehen", "Fiktivität" heißt,[82] hat, so scheint es, die ehrwürdige Tradition der philosophischen Ästhetik für sich. Es sei erinnert an die Abgrenzung der "schönen Kunst" von der Redekunst in Immanuel Kants "Kritik der Urteilskraft" (1790):

> [...] schöne Kunst muß in doppelter Bedeutung freie Kunst sein: sowohl daß sie nicht, als Lohngeschäft, eine Arbeit sei, deren Größe sich nach einem bestimmten Maßstabe beurteilen, erzwingen oder bezahlen läßt; sondern

---

[81] *Schmidt, S. J.*: Literaturwissenschaft als Forschungsprogramm. In: Linguistik und Didaktik 2 (1971). H. 5. S. 51 f.
[82] vgl. ebd. S. 53

auch, daß das Gemüt sich zwar beschäftigt, aber dabei doch, ohne auf einen andern Zweck hinauszusehen (unabhängig vom Lohne), befriedigt und erweckt fühlt."[82a]

In ähnlicher Weise postuliert auch K. W. Solger (1780–1819): "Das künstlerische Machen ist kein Machen nach Zwecken durch Mittel."[83]

Hegel schließlich bringt das Theorem Zweckfreiheit der Kunst in seinen "Vorlesungen über die Ästhetik" (1835–38) auf die Formel: "Das poetische Kunstwerk bezweckt nichts anderes als das Hervorbringen und den Genuß des Schönen."[84] Insofern die Kunst "das Absolute", "das Wahre, den Geist, zu ihrem eigentlichen Gegenstande hat",[85] ist auch

> jedes wahrhaft poetische Kunstwerk ein in sich unendlicher Organismus: gehaltreich und diesen Inhalt in entsprechender Erscheinung entfaltend; einheitsvoll, doch nicht in Form und Zweckmäßigkeit, die das Besondere abstrakt unterwirft, sondern im Einzelnen von derselben lebendigen Selbständigkeit, in welcher sich das Ganze ohne scheinbare Absicht zu vollendeter Rundung in sich zusammenschließt; mit dem Stoffe der Wirklichkeit erfüllt, doch weder zu diesem Inhalte und dessen Dasein noch zu irgendeinem Lebensgebiete im Verhältnis der Abhängigkeit, sondern frei aus sich schaffend, um den Begriff der Dinge zu seiner echten Erscheinung herauszu-

---

[82a] *Kant, I.:* Kritik der Urteilskraft. § 51. Werke in sechs Bdn. Hrsg. v. W. Weischedel. 2. Aufl. Darmstadt: Wiss. Buchgesellschaft 1966. Bd. 5. S. 423. – Vgl. auch ebd. S. 429f.: "Sie stärkt das Gemüt, indem sie sein freies, selbsttätiges und von der Naturbestimmung unabhängiges Vermögen fühlen läßt, die Natur, als Erscheinung, nach Ansichten zu betrachten und zu beurteilen, die sie nicht von selbst, weder für den Sinn noch den Verstand in der Erfahrung darbietet, und sie also zum Behuf und gleichsam zum Schema des Übersinnlichen zu gebrauchen. Sie spielt mit dem Schein, den sie nach Belieben bewirkt, ohne doch dadurch zu betrügen [...]." – Ebd. S. 431: "In der Dichtkunst geht alles ehrlich und aufrichtig zu. Sie erklärt sich: ein bloßes unterhaltendes Spiel mit der Einbildungskraft, und zwar der Form nach, einstimmig mit Verstandesgesetzen treiben zu wollen; und verlangt nicht, den Verstand durch sinnliche Darstellung zu überschleichen und zu verstricken."

[83] *Solger, K. W.:* Vorlesungen über Ästhetik. Hrsg. v. K. W. L. Heyse. 2. unveränd. Aufl. Darmstadt: Wiss. Buchgesellschaft 1962 [= Fotomechan. Nachdruck der 1. Aufl. Leipzig 1829]. S. 113.

[84] *Hegel, G. W. F.:* Ästhetik. Hrsg. v. F. Bassenge. Mit einer Einführung v. G. Lukács. Frankfurt: Europ. Verlagsanstalt o. J. [1. Aufl. 1955]. Bd. 2. S. 357.

[85] Ebd. Bd. 1. S. 109. 117.

gestalten und das äußerlich Existierende mit seinem innersten Wesen in versöhnenden Einklang zu bringen.[86]
Das poetische Werk in seiner "freien Höhe, in deren Region es nur seiner selbst wegen dazusein zeigt", ragt über das "Gebiet des Relativen" hinaus.[87]

Auf diese Weise beglaubigt, gilt das Theorem "Zweckfreiheit der Kunst" als evident und aller Geschichtlichkeit enthoben. Es bestimmt weithin heute gängige Kunstauffassungen.

Kommunikationstheoretisch gesehen bzw. aus der Sicht der semiotischen Pragmatik, ist eine Aussage, wie "Kunst ist zweckfrei bzw. autonom" jedoch unvollständig. Vollständig wäre eine derartige Aussage, wenn in ihr enthalten wäre, *für wen* sie gelten soll. Genauer: Welcher Kommunikator hat ein Interesse daran, daß im Hinblick auf bestimmte Kommunikanten Kunst als zweckfrei bzw. als autonom gelten soll? In kommunikationstheoretischer Sicht stellt sich das Theorem von der Zweckfreiheit der Kunst also *nicht* als verbindliche Norm dar, sondern immer schon als das *Resultat von kommunikativen Prozessen*, die zu dieser Normierung geführt haben. Dieser Ansatz ermöglicht es prinzipiell, die für das eigene Verhalten vorgegebene Normierung in ihrer historisch-kommunikativen Vermitteltheit und Funktionalität zu begreifen und den weiteren Vollzug dieser Norm im eigenen Handeln in Frage zu stellen, ggf. zu verweigern.

In unserem besonderen Fall erweist sich das heute geltende Theorem von der Zweckfreiheit der Kunst als Resultat eines Vermittlungsprozesses, der historisch in der Kunsttheorie der bürgerlichen Restauration des 19. Jahrhunderts festzumachen ist. Dieser Vermittlungsprozeß wiederum kann als die Reaktion auf Funktionsbestimmungen von Kunst und Literatur, wie sie im Zeitalter der Französischen Revolution entwickelt wurden, betrachtet werden.

In den historischen Zusammenhang gestellt, konnte und kann z. B. die Position Kants nur so lange als Beleg für das Theorem der Zweckfreiheit der Kunst verwendet werden, wie man von diesem historischen Zusammenhang abstrahiert. Wie H. Turk gezeigt hat, trifft dies auch für einen weiteren "Beleg" zu, nämlich Schillers Entwurf eines "ästhetischen Zustandes" von Individuum und Gesellschaft (1794).[88]

---

[86] Ebd. Bd. 2. S. 361 f.
[87] Ebd. Bd. 2. S. 360.
[88] *Schiller, F.:* Über die ästhetische Erziehung des Menschen in einer Reihe von Briefen. Sämtliche Werke. Hrsg. v. G. Fricke u. H. G. Göpfert in Verbindung mit H. Stubenrauch. 2. Aufl. München: Hanser 1960. Bd. 5. S. 570–669.

Schiller "ersetzt nicht nur die Realität des Handelns durch eine Realität des Schönen, der Kunst, der Kultur oder der Bildung, sondern er faßt diese [...] als eine Erweiterung des Realitätsbegriffs im Horizont möglichen Handelns [...]".[89] Schiller begreift demnach das Schöne,

> statt es zu substanzialisieren, als Bedingung der Möglichkeit des Handelns aus dem Zusammenhang der Aktstruktur des Handelns [...]. Das Schöne ist nicht selbst für sich, indem es den Gegensatz von Person und Zustand, Formalität und Realität, Spontaneität und Rezeption aktiv in sich aufhebt, eine Wirklichkeit, sondern in dieser Aufhebung, Vollendung und Harmonisierung stets nur Teil der Wirklichkeit, deren Erweiterung um das Mögliche als ein Moment am Handeln.[90]

"Zweckfrei" oder "autonom" ist Kunst in der Ästhetik-Diskussion um 1780/90 also nur in einem sehr eingeschränkten Sinn: insofern sie auf *mögliches* Handeln zielt.

Dieser letztlich emanzipatorische Denkansatz erhält im Verlaufe des 19. Jahrhunderts eine völlig andere Funktion. Das Postulat von Autonomie und Zweckfreiheit der Kunst dient nun – ab 1848 als geltende Norm – gerade dazu, den "unpolitischen" Charakter von Kunst und künstlerischer Tätigkeit zu beglaubigen. Ab 1848 ist dies in den deutschen Staaten herrschende Norm, und wenn heute nicht mehr, so ist sie es zumindest noch 1910, als P. Heyse den Nobelpreis für Literatur erhält. Die Probleme, die die Schiller-Rezeption aufgibt, werden 1859 (anläßlich der Festlichkeiten zur 100. Wiederkehr von Schillers Geburtstag) für das nächste Jahrhundert entsprechend der Norm bereinigt. Abweichungen vom restriktiv aufgefaßten Grundsatz der Zweckfreiheit der Kunst sind in den Staaten der bürgerlichen Restauration mit Sanktionen belegt, wie z. B. das Schicksal der "Jungdeutschen Poeten" zeigt. So werden Kunst und künstlerische Tätigkeit mit Hilfe des besagten Kunst-Theorems zu dem Herrschaftsinstrument bürgerlicher Gegenaufklärung, das sie weithin noch heute sind.

Wie ist nun dieser Prozeß der Herausbildung der Norm "Zweckfreiheit der Kunst" näherhin zu beschreiben?

Legt man das oben angegebene Kommunikationsmodell zugrunde,

---

[89] *Turk, H.*: Literatur und Praxis. Versuch über eine Theorie der literarischen Wirkung. In: Fragen der Germanistik. Zur Begründung und Organisation des Faches. Mit Beiträgen von G. Kaiser, P. Michelsen, K. Pestalozzi, H. Steger, H. Turk. München: Fink 1971. S. 96–129. Hier S. 124.
[90] Ebd. S. 123.

fragt man also nach Kommunikator und Kommunikanten sowie nach den besonderen Informationsübertragungskanälen, dann erhält man auch hier die heuristische Möglichkeit, diesen komplexen Vorgang zu durchschauen. Ich beschränke mich dabei auf die Frage, in welcher Weise das Theorem von der Zweckfreiheit der Kunst im literarischen Bereich normative Geltung erlangen konnte.

Auf der Kommunikatorseite finden wir ab 1830 vorwiegend Autoren, die miteinander über literarische Kreise in mehr oder minder enger Verbindung stehen. Die wichtigsten hierarchischen Kreise sind in diesem Zusammenhang der Berliner Literarische Sonntagsverein "Tunnel über der Spree" und der Münchner Dichterkreis. "Tunnel"-Mitglieder sind z. B. Dahn, Fontane, Geibel, Heyse, Kugler, Delagarde, Roquette, Scherenberg, v. Strachwitz, Storm. Zu den Mitgliedern des Münchner Dichterkreises gehören u. a. Heyse, Geibel, Bodenstedt, Carriére, Dahn, Kürnberger, Schack, J. Grosse, Scheffel, H. Schmid. Die beiden Kreise hängen schon personell eng zusammen; der Münchner Dichterkreis, 1856/57 von Heyse und Geibel begründet, setzt die Bestrebungen des älteren Berliner Sonntagsvereins in modifizierter Form fort.

Schon die Vorgeschichte ist bezeichnend. Der Berliner Sonntagsverein geht auf eine Initiative des Journalisten und Theaterkritikers Moritz G. Saphir zurück, der – als ein Opfer der Zensur – 1825 von Wien nach Berlin übergewechselt war und in seinem Journal "Schnellpost" das kulturelle Leben in Berlin, insbesondere das königliche Theater, zum Gegenstand seiner Satiren und Polemiken machte.[91] Das brachte ihn wiederholt mit den Preßbestimmungen in Konflikt. Offenbar in der Absicht, sich eine breitere Ausgangsbasis für seine Kritikertätigkeit zu verschaffen, gründete er 1828 den literarischen Sonntagsverein "Tunnel über der Spree" (benannt nach dem zu diesem Zeitpunkt gerade fertiggestellten Londoner Themsetunnel). Das Motto von Saphirs Verein ist "ungeheure Ironie und unendliche Wehmut"; die ironisch-kritische Tätigkeit in dieser ersten Phase richtet sich wie die "Schnellpost" gegen "literarische Einbalsamierung und gegenseitiges Lobspeicheln" des herrschenden Kultur- bzw. Literaturbetriebs in der preußischen Hauptstadt.[92] Saphirs kritisch-ingeniöse

---

[91] Berliner Schnellpost für Literatur, Theater und Geselligkeit. Hrsg. v. M. G. Saphir. Bd. 1–4. Berlin: Krause 1826–1829.
[92] Vgl. *Saphir, M. G.:* Eulenspiegeleien. Ankündigung einer neuen Zeitschrift für Kaffee. In: Spenden aus dem Archive des Sonntagsvereins. Bd. 1. Berlin 1829. Span Nr. 8 [Universitätsbibliothek Berlin-Ost].

Intention scheitert indes schon an den Gründungsmitgliedern des Vereins, die durchweg aus dem gehobenen Bürgertum oder dem Adel stammen und schon durch ihre berufliche Tätigkeit – meist im höheren zivilen Staats- oder Militärdienst oder als Kaufleute – zur Loyalität gegenüber der bestehenden Ordnung genötigt und gewillt sind: Sie distanzieren sich von Saphirs "unseriöser" Kunstauffassung.[93] Saphir selbst wird schon 1829 wegen mehrfacher Preßvergehen aus Preußen ausgewiesen. Seine kritisch publizistische Tätigkeit wird vom Verein rückschauend als "ein unzeitiges Hineinmischen in untergeordnete, ja selbst gehässige Interessen einer gewöhnlichen Tagesliteratur" verurteilt.[94]

Diese Revision des Literaturverständnisses wird in den völlig geänderten Statuten des Vereins von 1835 ausdrücklich vermerkt:

In einer richtigen Würdigung der Verhältnisse und einer gewissenhaften Prüfung seiner Kräfte zog sich der Verein, durch die gemachten Erfahrungen belehrt, ängstlich von jeder Oeffentlichkeit zurück, um sich in sich zu stärken. Mit redlichem Ernste schlug er einen neuen Weg ein, und in der Stille wirkend, allmählig feindliche Elemente aussondernd, gelang es ihm, die gefährliche Krisis zu bestehen, nach und nach sich zu kräftigen, in geräuschloser Wirksamkeit eine erfreulichere Stellung einzunehmen und sich immer mehr auszudehnen. [...] Keineswegs den fröhlichen Spielen des menschlichen Geistes sich abneigend, aber im Bewußtsein, daß in ihnen allein eine höhere Stufe nicht erreicht werden kann, und das Ziel möglichster gegenseitiger Fortbildung fest im Auge haltend, hat er sich innig verbunden, um in gemeinsamer Thätigkeit, in deutscher Redlichkeit des Strebens, aber auch in deutscher Gemüthlichkeit des Zusammenlebens für seine Zwecke zu wirken.[95]

Welche Zwecke der Verein verfolgt, ist in den Statuten genau festgelegt (§ 2):

Die Tendenz des Vereines ist es, in einem heitern, geselligen Zusammensein productiv-künstlerische Thätigkeit zu fördern und durch freundlich-ernste Beurtheilung der gelieferten Arbeiten sowohl den Arbeitenden das Fortschreiten auf einem richtigen Wege zu erleichtern, als in sämmtlichen Mit-

---

[93] Vgl. die Mitgliederverzeichnisse des Vereins, die auch die Berufsangaben enthalten, in: Zur Geschichte des literarischen Sonntags-Vereins (Tunnel über der Spree) in Berlin. 1827–1877 [Universitätsbibliothek Berlin-Ost. Ye 8208].
[94] Statuten des Sonntagsvereins zu Berlin. Berlin: als Manuskript gedruckt 1835. S. 4.
[95] Ebd. S. 5.

gliedern einen *reinern ästhetischen Geschmack* zu erhalten und auszubilden. Er schließt hiermit zwar keine Kunst von sich aus, vorzugsweise jedoch widmet er seine Bestrebungen der Dichtkunst und nächst ihr der Musik. *Religiöse und politische Beziehungen bleiben ihm fremd*, eine strenge Wissenschaftlichkeit nur insofern, als sie nicht zu einer gründlichen Kritik nöthig ist.[96]

Die Statuten sichern darüber hinaus den Verein nicht nur durch die klare juristische Formulierung der Vereinstätigkeit in 130 Paragraphen vor dem Argwohn der preußischen Zensurbehörde, sondern auch durch Rang und Namen der Unterzeichner: des Kreisrichters Carl Löwe und des Königlichen Hofraths und Vorlesers Seiner Majestät des Königs Ludwig Schneider. Ihnen und den übrigen namentlich Genannten, dem Kaufmann und Hofagenten J. Arnoldt, dem Offizier und späteren General Freiherrn v. Falkenstein-Trütschler, dem Kaufmann W. Jonas, dem Kaufmann Lesser geht es um eine klare Distanzierung von dem "unzeitige[n] Hineinmischen in untergeordnete, ja selbst gehässige Interessen einer gewöhnlichen Tagesliteratur".[97] Für sie kann die "Erhaltung und Ausbildung eines reinern ästhetischen Geschmacks" nur durch Rückzug des Poeten aus der öffentlichen Tätigkeit, durch Aufgabe seiner "politischen" Ambitionen erreicht werden. Verbunden damit ist bezeichnenderweise die Abgrenzung gegenüber dem auf Schiller verweisenden Spielkonzept ästhetischer Tätigkeit.

Die Gegenüberstellung des "reinern ästhetischen Geschmacks" und der "politischen", "gehässigen" Betätigung in der "Tagesliteratur" verdeutlicht, welche politische Funktion dem Theorem von der Zweckfreiheit der Kunst zu diesem Zeitpunkt zukommt. Es ermöglicht eine "Aussonderung" derer, die im Sinne der bestehenden Pressegesetzgebung als "feindliche Elemente" anzusehen sind. Als "politisch" gilt die Tätigkeit Saphirs oder der verfemten Jungdeutschen, nicht aber die eigene politische Position. Es besteht offenbar Konsens darüber, daß die propreußisch-monarchistische Panegyrik etwa im Liederbuch des Vereins oder die mit "sehr gut" bewertete politische Poesie Scherenbergs, v. Köppens oder Geibels nicht unter die Kategorie "politisch" fallen. Typisch für das tatsächliche Verhältnis von poetischer und politischer Tätigkeit in der Restaurationszeit nach 1848 erscheint mir das "Königs-Lied zum Stiftungsfeste des Tunnels am

---

[96] Ebd. S. 7 f. [Hervorhebung von mir].
[97] Ebd. S. 4.

3. Dezember 1858 (Mel.: Ich bin ein Preuße etc.)" von Fedor v. Köppen (Sec. Lieutenant im K. Franz-Grenadier-Regiment):

> Dem Kön'ge zinst das Volk in Ring und Mauern,
> Ihm leiht der Ritter Schild und Edelstein,
> Die Frucht vom Felde gilt als Schoß des Bauern,
> Der Berge Gold, der Wogen Salz ist *sein*;
> Was kann der Sänger bringen,
> Gewiegt auf Traumes Schwingen?
> Sein Herz erglüht in höh'rer Triebe Schwall,
> Ihm ist das Lied sein Leben, Licht und All.
>
> Ihm ziemt es wohl, für Königs Huld zu danken,
> Die seiner Kunst die Heimath wieder gab,
> Drum schlingt sein Lied mit immergrünen Ranken
> Sich blühend um den goldnen Herrscherstab;
> Er hat nicht Gold zum Lohne,
> Der Sänger steht zum Throne,
> Er hebt zum Licht empor des Königs Fahn'
> Und führt sein Volk der Gottheit hohe Bahn.
>
> Weilt auch der Fürst, wo deutsche Lieder schweigen,
> Wo hört des deutschen Sängers Treue auf? –
> Sie zieht ihm nach, wie Stern am Himmel steigen,
> Jenseit der Berge Zug, der Ströme Lauf;
> Zu Königs Lob und Preise
> Der Gruß in Sängers Weise,
> Er flieg' empor in lichten Sonnenglanz
> Und sink' als Thau um seiner Schläfe Kranz!⁹⁸

Überdies sorgt Ludwig Schneider auch außerhalb des "Tunnels" als verantwortlicher Redakteur der 1848 gegründeten "Deutschen Wehrzeitung" dafür, daß dem Heer und der Beamtenschaft in Preußen die nötigen antidemokratischen Argumente für eine Bewältigung der Revolutionsereignisse von 1848 geliefert werden.⁹⁹

Auch wenn man in Rechnung stellt, daß die poetische Produktion der "Tunnelmitglieder" in der Mehrzahl nicht diese eindeutige Ten-

---

⁹⁸ Liederbuch des literarischen Sonntags-Vereins zu Berlin genannt Tunnel über der Spree. Als Manuskript gedruckt o. J. S. 9 f.
⁹⁹ Die "Deutsche Wehrzeitung" erschien von 1848 bis 1854 in Potsdam, ab 1851 unter dem Titel "Preußische Wehrzeitung". Der presserechtlich verantwortliche Redakteur ist Ludwig Schneider. – Für diesen Hinweis danke ich A. Eschbach u. G. Kopsch.

denz aufweist, so trifft die zeitgenössische Kritik des exilierten Poeten Heine (1833) doch sehr genau die politische Funktion dieser vorgeblich aller Politik enthobenen Kunst:

> Für die Kunst wird jetzt in Deutschland alles mögliche getan, namentlich in Preußen. Die Museen strahlen in sinnreicher Farbenlust, die Orchester rauschen, die Tänzerinnen springen ihre süßesten Entrechats, mit tausend und eine Novelle wird das Publikum ergötzt, und es blüht wieder die Theaterkritik. Justin erzählt in seinen Geschichten: Als Cyrus die Revolte der Lydier gestillt hatte, wußte er den störrigen, freiheitsüchtigen Geist derselben nur dadurch zu bezähmen, daß er ihnen befahl schöne Künste und sonstige lustige Dinge zu treiben. Von lydischen Emeuten war seitdem nicht mehr die Rede, desto berühmter aber wurden lydische Restaurateure, Kuppler und Artisten.[100]

Ähnlich liegen die Verhältnisse in München.[101] Die führenden Kräfte dieses Kreises sind vom bayrischen König Maximilian II. gegen einen stattlichen Jahressold an den Münchner Hof berufen und repräsentieren bei den wöchentlichen Symposien des Königs "die Dichtkunst". Sie richten sich an Geibel aus, der sowohl in München als auch in Berlin die offiziell gewünschte Auffassung vom Dichteramt am wirksamsten verkörpert:

> Wenn draußen der verworrne Reigen
> Des Tages laut und lauter scholl,
> Lernt' ich zum Born hinabzusteigen,
> Aus dem mir ew'ge Klarheit quoll.
> Mir spielte wie mit kühler Schwinge
> Um's Haupt der Odem der Natur,
> Und einsam den Gesang der Dinge
> Vernahm mein Ohr aus Wald und Flur.
>
> Da ward es hell mir im Gemüthe,
> Ich sah durch Eines Geistes Wehn
> Der Zeiten Schritt, der Blumen Blüthe
> In heil'ger Ordnung wechselnd gehn;
> Ich sah den Tod das Sein gebären,

---

[100] Die romantische Schule. In: Heine, H.: Werke. Bd. 4.: Schriften über Deutschland. Hrsg. v. H. Schanze. Frankfurt a. M.: Insel 1968. S. 225.
[101] Allgemeine Informationen liefern: *Dreyer, A.*: Der Münchner Dichterbund der "Krokodile". In: Das Bayernland 23 (1912). Nr. 10–20. – *Fügen, H. N.*: Dichtung in bürgerlicher Gesellschaft. Sechs literatursoziologische Studien. Bonn: Bouvier 1972 [= disputanda 2]. S. 28–50: Geibel und Heyse.

> Den Einklang hört' ich durch im Zwist,
> Und ahnend lernt' ich tief verehren
> Das Wunder dessen, was da ist.[102]

Für Geibel und den von ihm geführten Poetenkreis steht die Kunst über den Zwecken des Tages:

> Zweck? Das Kunstwerk hat nur einen,
> Still im eignen Glanz zu ruhn;
> Aber durch ihr bloß Erscheinen
> Mag die Schönheit Wunder tun.[103]

Die Funktion des Dichters ist die des "Vates", der die Ordnung der Dinge kündet; freilich ist diese Ordnung immer die bestehende Ordnung:

> [...] Denn nicht die müß'ge Stunde bloß verkürzen
> Will euch der Dichter; nein er will die Welt
> Und ihre Ordnung, klar zum Kreis beschlossen,
> Euch wiederspiegeln, und, indem er euch
> Des Schicksals Wurzeln im Gemüth enthüllt,
> In's eig'ne Herz hinabzuschau'n euch mahnen,
> Darin auch ihr verborgen Glück und Unheil
> Und die Gestirnung eurer Losung tragt [...].[104]

---

[102] *Geibel, E.*: Dedikation "An Clara Kugler" (1846). In: Geibel, E.: Gedichte. 43. Auflage. Berlin: Duncker 1857. S. V. – Clara Kugler ist die Frau des Franz Kugler, der seit 1848 die Stellung des Vortragenden und Geheimen Rats im Preußischen Kultusministerium innehatte und ein einflußreiches Tunnel-Mitglied war.

[103] Vgl. auch das Distichon:
"Was ich vom Kunstwerk will? Daß es schön und sich selber genug sei.
In dem einen Gesetz wohnen die übrigen all."
– Beide Zitate finden sich in der Anthologie: Dichtergold. Kernsprüche und Kernstellen aus deutschen Klassikern aller Zeiten. Für Schule und Haus gesammelt u. hrsg. v. H. Leineweber. 3. Aufl. Paderborn: Schöningh 1908. S. 190. – Geibel ist übrigens hier der am meisten zitierte "Klassiker". Das ist nicht verwunderlich, denn er gehört mit zu den erfolgreichsten Poeten des 19. Jahrhunderts; kurz vor seinem Tod (1884) erschienen seine Gedichte in der 100. Auflage. Daß die Münchner Poeten, vor allem Geibel, ab 1869 nicht mehr das Vertrauen des (neuen) bayrischen Königs Ludwig II. genossen, ändert an der Sache nichts – im Gegenteil: Richard Wagner, dem neuen Günstling am bayrischen Hof, ist das Theorem von der Zweckfreiheit der Kunst inzwischen selbstverständliche Arbeitsvoraussetzung. Geibel wirkte fortan im Dienste des Königs von Preußen, der Geibels propreußische Produk-

In dieser Funktion der Rechtfertigung der bestehenden Ordnung über das Theorem der Zweckfreiheit der Kunst stimmen Geibel und sein Münchner Kreis mit der philosophischen Ästhetik nach 1830 genau überein. Der Zeitgenosse Heine ist einer der wenigen, der diese Funktion durchschaut:

> Während unsere früheren Philosophen, arm und entsagend, in kümmerlichen Dachstübchen hockten und ihre Systeme ausgrübelten, stecken unsere jetzigen Philosophen in der brillanten Livree der Macht, sie wurden Staatsphilosophen, nämlich sie ersannen philosophische Rechtfertigungen aller Interessen des Staates, worin sie sich angestellt befanden. Z. B. Hegel [...] und Herr Schelling [...].[105]

Das große Vorbild für eine solche Funktionalisierung von Kunst und künstlerischer Tätigkeit ist den Münchner und Berliner Poeten aber weniger der Staatsphilosoph Hegel, als vielmehr der Staatsminister und Oberaufseher über die unmittelbaren Anstalten für Wissenschaft und Kunst in Weimar und Jena Goethe, an dessen Poetologie sie sich anschließen. Goethe selbst hatte noch dem jungen Dichter Melchior Meyr, einem späteren Mitglied des Münchener Kreises, 1832 auf dessen Anfrage hin folgende Direktiven gegeben:

> Wie schwer ist es [...], dem Talente jeder Art und jeden Grades begreiflich zu machen, daß die Muse das Leben zwar gern begleitet, aber es keineswegs zu leiten versteht. Wenn wir beim Eintritt in das tätige und kräftige, mitunter unerfreuliche Leben, wo wir uns alle, wie wir sind, als abhängig von einem großen Ganzen empfinden müssen, alle früheren Träume, Wünsche, Hoffnungen und die Behaglichkeiten früherer Märchen zurückfordern, da entfernt sich die Muse und sucht die Gesellschaft des heiter Entsagenden, sich leicht Wiederherstellenden auf, der jeder Jahreszeit etwas abzugewinnen weiß, der Eisbahn wie dem Rosengarten die gehörige Zeit gönnt, seine

---

tion auch besser honorierte. Wenn heute niemand mehr einen "Klassiker" Geibel wahrhaben möchte, so entdeckte man doch Mörike als Klassiker und sein Gedicht "Auf eine Lampe" als Paradigma für die Zweckfreiheit von Kunst.

[104] *Geibel, E.:* Prolog zur Eröffnungsfeier des K. Residenz-Hoftheaters zu München am 28. November 1857. In: Geibel, E.: Gesammelte Werke. In acht Bänden. 2. Aufl. Stuttgart: Cotta 1888. Bd. 8. S. 9.

[105] *Heine, H.:* Die romantische Schule (1833). In: Heine, H.: Werke. Bd. 4: Schriften über Deutschland. Hrsg. v. H. Schanze. Frankfurt: Insel 1968. S. 238.

eignen Leiden beschwichtigt und um sich her recht emsig forscht, wo er irgend ein Leiden zu lindern, Freude zu fördern Gelegenheit findet.[106]

In die gleiche Richtung geht ein Wort aus dem Nachlaß (1833):

> Worauf aber alles ankommt, sei in kurzem gesagt. Der junge Dichter spreche nur aus, was lebt und fortwirkt, unter welcherlei Gestalt es auch sein möge; er beseitige streng allen Widergeist, alles Mißwollen, Mißreden und was nur verneinen kann; denn dabei kommt nichts heraus.[107]

Die Goetheschen Anweisungen veranschaulichen, was in dieser Zeit unter Erhaltung und Ausbildung eines "reinern ästhetischen Geschmacks" zu verstehen ist, weshalb die "Zweckfreiheit der Kunst" in dieser Zeit so ausdrücklich propagiert wird: Diese Poeten ersinnen ebenso wie die Philosophen bei Heine Rechtfertigungen des Staates, worin sie sich angestellt befinden, und dies keineswegs nur indirekt, sondern in aller Offenheit, z. B. in der Anthologie "Deutschland vorwärts! Dichterstimmen aus München für Schleswig-Holstein" (1864), in der die Poeten Bodenstedt, Grosse, Lichtenstein, Lingg, Reder und v. Schack die politische Linie der bayerischen Regierung in der Auseinandersetzung mit Dänemark versifizieren.[108]

Auch hier ist im übrigen Geibel das große Vorbild.[109] Dies geschieht im Schutze des Theorems von der Zweckfreiheit der Kunst, im Schutze einer vorgeblichen Reinheit der dichterischen Form, die absolute Wahrheit, Wesenserkenntnis vermittle.

Gerade dadurch erklärt sich das hohe *Kommunikatorprestige* der Berliner und der Münchner Poeten. Der Dichter "als der geweihte Mund, aus dem in ihrer feierlichsten Stunde die Seele seines Volkes" spricht,[110] kann aus einer scheinbar über alle Kritik erhabenen, "autonomen" Position heraus argumentieren. Zugleich garantiert das Postulat "Zweckfreiheit der Kunst", daß persuasive Absichten gegen-

---

[106] *Goethe, J. W.*: Für junge Dichter. Wohlgemeinte Erwiderung. In: Goethes Werke. Hamburger Ausgabe in 14 Bänden. Bd. 12. 4. Aufl. Hamburg: Wegner 1960. S. 359.

[107] Ebd. S. 360.

[108] Deutschland vorwärts! Dichterstimmen aus München für Schleswig-Holstein. Mit Beiträgen von F. Bodenstedt, J. Grosse, S. Lichtenstein, H. Lingg, H. Reder und A. F. von Schack. Reinertrag für Schleswig-Holstein. München: E. A. Fleischmann 1864.

[109] Vgl. *Fügen, H. N.*: Geibel und Heyse. S. 28–31 u. ö.

[110] *Heyse, P.*: Jugenderinnerungen und Bekenntnisse. 2. Aufl. Berlin: Hertz 1900. S. 86 [über Geibel].

über den Kommunikanten verschleiert werden können. Dies um so leichter, als das staatliche Zensursystem Gegenkommunikationen erschwert oder ausschließt.[111]

Damit sind die *medialen Verhältnisse* angesprochen; sie begünstigen in der Tat eine weite Diffusion der poetischen Intentionen der beiden literarischen Kreise. Ein gutes Einvernehmen mit den Zensurbehörden ist schon personell gewährleistet: Mitglieder beider Vereinigungen üben durch ihre berufliche Position beratende Funktionen in Kulturangelegenheiten aus, sind an der kulturpolitischen Steuerung in den – neben Österreich – beiden mächtigsten deutschen Staaten beteiligt. Dies gilt in Berlin vornehmlich für Ludwig Schneider, Franz Kugler und Wilhelm v. Merckel; letzterer wird 1850 sogar Chef des "Literarischen Cabinetts", des preußischen Zensurorgans zur Kontrolle demokratischer "Umtriebe". In München – bis zum Regierungsantritt Ludwigs II. – hat Geibel eine vergleichbare Funktion inne.

Dieses gute Einvernehmen bleibt intakt durch die strenge Handhabung der vereinsinternen Zensur, der sich die Gruppenmitglieder in einem genau festgelegten Verfahren von Lesung und gemeinsamer Kritik unterwerfen; die jeweilige interne Zensierung setzt Richtwerte auch für die individuelle literarische Produktion, die nicht vor das Forum des Vereins gelangt. Ein Beispiel für dieses interne Zensursystem ist Geibels Redaktion des "Münchner Dichterbuches" (1862), eine Anthologie, die die gemeinsame, staatlich geförderte poetologische Position des Münchner Dichterkreises nach innen und außen wirksam dokumentieren sollte. Geibel fällt dabei die Aufgabe zu, den von den einzelnen Beiträgern verwendeten Zeichenvorrat auf Verständlichkeit hin zu überprüfen; in einem Brief an Heyse beklagt er sich:

Aber die eigentliche Achillesferse des Buches bildet [...] nicht sowohl das Unbedeutende und Schwache, als das Unfertige, Halbgeborene, nicht rein Herausgekommene, das leider in erschreckender Masse vorhanden ist. Ich

---

[111] Zum derzeitigen Stand der Preßgesetzgebung vgl. *Löffler, M.:* Presserecht. Kommentar. 2. völlig neu bearb. u. erw. Aufl. Bd. 1. München: Beck 1969. S. 43–49. Zur Zensurpraxis die detaillierte Darstellung bei *Goldfriedrich, J.:* Geschichte des Deutschen Buchhandels vom Beginn der Fremdherrschaft bis zur Reform des Börsenvereins im neuen Deutschen Reiche (1805–1889). Leipzig: Verlag des Börsenvereins d. Deutschen Buchhändler – 1913. Fotomechan. Nachdruck Leipzig: Zentralantiquariat der DDR 1970 [= Geschichte des Deutschen Buchhandels. Bd. 4]. S. 240–285; S. 292–316.

meine damit solche Gedichte, die bei guter, oft hochpoetischer Konzeption doch durch einzelne wunderliche Gedankensprünge oder ungeschickte Wendungen, durch Dunkelheit, Härte, Willkürlichkeit, Geschraubtheit, Inkorrektheit des Ausdrucks usw., so wie sie dastehn, für das Publikum noch nicht genießbar und somit für den Druck untauglich sind.[112]

Wirksame Kommunikation soll also dadurch erreicht werden, daß der Kommunikator das – in diesem Falle besonders begrenzte – Zeichenrepertoire der Kommunikanten kalkuliert. Der Erfolg des Buches, zwei Auflagen schon im ersten Erscheinungsjahr, hat dies bestätigt.

Auf Wirksamkeit kalkuliert ist auch die Anordnung der verwendeten Zeichenkomplexe: Geibel ordnet z. B. ein Manuskript Heyses so, wie es ihm "nicht für den Kenner, wohl aber für das anlesende und kaufende Publikum am geratendsten erscheint".[113] Schließlich kann auch der Rückgriff auf eingeführte Argumentationsmuster (literarische Formen bzw. Gattungen) und deren Perfektionierung unter dem Aspekt wirksamer Kommunikation gesehen werden; der vielgeschmähte Formalismus des Münchner Dichterkreises hat durchaus eine kommunikative Funktion im Hinblick auf das Publikum.

Mit dieser Selbstzensur, der sich die Gruppenmitglieder zum Zwecke der "Ausbildung eines reinern ästhetischen Geschmacks" unterwerfen, ist nun zugleich die grundlegende Voraussetzung für eine in dieser Zeit wirksame Medienwahl gegeben. Dies hängt mit der rechtlichen Situation im medialen Sektor zusammen. Die den Regierungen 1848 abgetrotzte allgemeine Pressefreiheit, die im Grunde nur eine Abschaffung der Vorzensur besagte, war sehr rasch durch eine viel wirksamere Zensierung des medialen Sektors, also der Distributionsapparate, ersetzt worden: Buchhändler- und Verlegertätigkeit wurden an eine Gewerbekonzession gebunden. Diese wiederum konnte nur durch einen Zuverlässigkeitsnachweis und z. T. gegen eine Kaution erlangt werden, wurde im Falle einer Unbotmäßigkeit aber sofort entzogen.[114] Dieses Lizenzierungssystem stellte auf wenig spektakuläre Weise sicher, daß Verleger und Buchhändler, um ihr Berufsrisiko gering zu halten, sich loyal gegenüber der regierungsamtlichen Kulturpolitik verhielten. Mehr und mehr wurden sie selbst

---

[112] Der Briefwechsel von Emanuel Geibel und Paul Heyse. Hrsg. v. E. Petzet. München: Lehmann 1922. S. 143.

[113] Ebd. S. 269.

[114] Vgl. *Goldfriedrich, J.*: Geschichte des Deutschen Buchhandels. Bd. 4. S. 299–316.

zu Trägern staatlicher Kulturpolitik, besonders die großen Verlage, aber auch die Buchhändlervereinigungen.[115]

Angesichts dieser Sachlage ist es nicht verwunderlich, wenn die systemkonformen Autoren, besonders die bei Hofe angestellten, gute Verbindungen zu den renommierten Verlagen für schöne Literatur haben. Vor allem Geibel verfügt schon sehr früh über vielfältige Verlagsbeziehungen und weiß sie für sich und seinen Kreis durch Empfehlungen zu nutzen; ein Jugendbrief nennt gleich drei führende Verleger in einem Atemzug:

> Dunker in Berlin hat mir sehr freundlich geschrieben, auch Brockhaus hat mir sagen lassen, er würde gern von meinen Sachen nehmen; außerdem habe ich mit Cotta durch Oldenbourg leichte Verbindung.[116]

Zielstrebig handhabt er die Möglichkeit des Mediums Buch, um größtmögliche Wirkungen zu erreichen, und ist dem Münchner Kreis auch darin ein Vorbild. So mahnt er Heyse, die Kaufgewohnheiten der Zielgruppe genau zu beachten:

> Ein Buch, wie das von uns herauszugebende [das "Spanische Liederbuch"], das zunächst nicht bei den Fachgelehrten, sondern im größeren Publikum Verbreitung sucht, muß nicht zu Ostern, sondern bald nach Michaelis [29. 9.] erscheinen. Kommt es jetzt, so wird es von einzelnen Liebhabern der Sache gekauft, treibt sich ein paar Wochen auf den Ladentischen umher, und verschallt dann gemach, um zuletzt den Weg alles Papiers zu gehn. Wenn es aber gegen Weihnachten erscheint, und noch zur Festzeit als Neuigkeit in sauberer Ausstattung überall ausliegt, so wird es, obendrein durch die guten Namen empfohlen, jener großen Masse von Käufern, die alsdann die Buchläden besucht, um für Schwestern, Bräute, Mühmchen usw. *irgend etwas* heimzubringen, hochwillkommen in die Augen leuchten und so glück-

---

[115] Der Börsenverein Deutscher Buchhändler sieht darin auch heute noch seine Funktion.

[116] *Geibel, E.:* Jugendbriefe. Bonn – Berlin – Griechenland. Mit zwei Bildnissen. Berlin: Curtius 1909. S. 168. – Vgl. auch Geibels Anweisung an Heyse [Der Briefwechsel von E. Geibel u. P. Heyse. S. 73]: "Schließ mit Hertz [Berliner Verleger] ab, aber treib' ihn, daß er das Buch zu Weihnachten fertig macht; er verkauft dann im ersten Jahr mindestens 150 bis 200 Exemplare *mehr*, und das kann weder ihm noch uns gleichgültig sein. Mit seinen Bedingungen bin ich für die erste Auflage einverstanden, für eine zweite aber ist sein Gebot unbillig gering [...]. Warum ich in dieser Angelegenheit Hertz Cotta vorziehe, obwohl der letztere uns besser bezahlt hätte, will ich Dir mündlich sagen [...]."

lich seinen Weg machen. Glaube mir, ich habe einen Teil des günstigen Erfolges, den meine Gedichte erwarben, ihrer stets rechtzeitigen Versendung zu danken, während eben meine spanischen Sachen auch darum mit unbeachtet blieben, weil sie zu Ostern herauskamen.[117]

Noch konsequenter nutzt A. v. Schack die derzeitigen medialen Möglichkeiten, eine größtmögliche Verbreitung seiner Schriften zu erreichen. Abgesehen von der Planung des Erscheinungstermins, nimmt er auch Einfluß auf die Buchwerbung seines Verlages (Cotta), bestimmt die Zeitschriften und Zeitungen, in denen inseriert werden soll, entwirft z.T. selbst die Anzeigentexte, läßt den weit verbreiteten Cottaschen Zeitungen z. T. auf eigene Rechnung Buchprospekte beilegen, bestimmt ferner die Zeitungen und Zeitschriften, in denen sein Buch rezensiert werden soll, sowie ihm geeignet erscheinende Rezensenten. Diese Versuchsanordnung zur Beeinflussung der Medienreichweite ist freilich nur durch Druckkostenbeteiligung und Verzicht auf Honorar möglich.[118] Sie macht aber deutlich, wie sorgfältig diese Poeten ihre Möglichkeiten zu wirksamer Informationsübermittlung kalkulieren, und sei es auch die wirksame Übermittlung des Theorems von der Zweckfreiheit der Kunst. Gerade v. Schack scheut auch vor didaktischen Konsequenzen nicht zurück.[119]

Die Wirkmöglichkeiten der Mitglieder des Münchner Dichterkreises wie auch der Berliner Sonntagsgesellschaft sind aber nicht nur auf das Medium "Buch" beschränkt, sondern sind auch im publizistischen Bereich nachzuweisen. Von Ludwig Schneiders Tätigkeit für die "Deutsche Wehrzeitung" war bereits die Rede. W. v. Merckels und Fontanes journalistische Tätigkeit für die "Königliche Central-Stelle für Preß-Angelegenheiten", Fontanes Arbeit für die "Neue Preußische (= Kreuz-)Zeitung" wäre für Berlin zu nennen. Günstiger noch ist die Situation in München. Hier übernimmt Julius Grosse, später ein

---

[117] Briefwechsel von E. Geibel u. P. Heyse. S. 68 f.
[118] Vgl. dazu den Briefwechsel v. Schacks mit dem Verlag Cotta im Cotta-Archiv Stuttgart, insbesondere seine Briefe vom 7. 1. 1887, 3. 2. 1883, 3. 12. 1883, 12. 10. 1884, 13. 10. 1882, 2. 11. 1884, 14. 12. 1883, 28. 9. 1893, 15. 1. 1884, 18. 11. 1892. – Für diese Hinweise danke ich R. Becker, D. Foerster, N. Konrads, H. Rieke, M. L. Siebertz.
[119] Vgl. die Nachworte, die v. Schack seinen Dichtungen beifügte, um deren Intention ausdrücklich festzulegen und Gegenmeinungen zurückzuweisen. *Schack, A. F. v.:* Gesammelte Werke. Bd. 1–6. 2. Auflage. Stuttgart: Cotta 1884. Bd. 1. S. 457.

führendes Mitglied des Dichterkreises, ab 1855 die Feuilletonredaktion der offiziösen "Neuen Münchner Zeitung". Sein Dienstherr ist der bayerische Innenminister Graf Reigersberg. Grosse hat u. a. die Aufgabe, literarische Neuerscheinungen und Theateraufführungen zu rezensieren. Seine Urteile gewinnen in diesem Rahmen gleichsam offiziösen Rang. Offiziös ist auch Grosses Beurteilungsmaßstab; rückblickend stellt er fest:

> [...] was kümmerten mich politische Fragen. Im Bereich der Kunst, des Theaters und der Litteratur gab es nur eine Frage, die des Schönen an sich, nur eine Richtschnur, das Mißlungene abzulehnen, dagegen jedes ehrliche Streben zu fördern, jedes Talent anzuerkennen, namentlich wenn ein tüchtiger Charakter dahinter stand.[120]

Als solche tüchtigen Charaktere empfiehlt er in seinen Rezensionen Bodenstedt, Dahn, Geibel, Heyse, Lingg, Meyr, Roquette, Scheffel, Scherenberg, H. Schmid, Storm u. a., übrigens zur Zufriedenheit des Ministers.[120a] Als die Zeitung in finanzielle Schwierigkeiten gerät, wird sie vom bayerischen Staat aufgekauft und in die amtliche "Bayerische Zeitung" umgewandelt, mit der "auf speziellen Wunsch des Königs" eine Literarische Beilage für Rezensionen und Originalbeiträge verbunden wird: das "Morgenblatt der Bayrischen Zeitung"; die Redaktion wird Grosse übertragen, und in der Folge entwickelt sich das "Morgenblatt" zum publizistischen Organ des Münchner Dichterkreises:

> Selbstverständlich zählten die Mitglieder des Krokodils (Bodenstedt, Jul. Braun, Carrière, Dahn, Geibel, Grandaur, Haushofer, Heyse, Lingg, Melchior Meyr, Reder, Hermann Schmid, Zeisig) zu den fleißigsten ständigen Mitarbeitern [...]. Die ganze litterarische Elite Bayerns suchte und fand im Morgenblatt der Bayerischen Zeitung ihren Sammelplatz.[121]

Daß der neue König Ludwig II. 1867 das "Morgenblatt" einstellen läßt, beraubt den Münchner Kreis zwar eines wichtigen zusätzlichen

---

[120] *Grosse, J.:* Ursachen und Wirkungen. Braunschweig: Westermann 1896. S. 201.

[120a] *Grosse, J.:* Ursachen und Wirkungen. S. 202: "Graf Reigersberg war zufrieden, ebenso Verleger und Redaktion der Zeitung, und nicht in letzter Linie meine alten und neuen Freunde."

[121] *Grosse, J.:* Ursachen und Wirkungen. S. 333. – Für Hinweise auf Grosses Bedeutung danke ich H. J. Bickmann, R. Braun, Chr. Donsbach u. H. Lesker.

Mediums, doch sind die Erfolgspoeten inzwischen auf dieses Medium auch nicht mehr angewiesen. Im Gegenteil: die von Richard Wagner auf der anderen, pathetischen Stilebene in Gang gesetzten kommunikativen Prozesse versprechen noch wirksamer zu werden als die auf der mittleren, ethischen Ebene Geibels und seines Kreises.[122] Den beiden literarischen Kreisen stehen noch andere Distributionsapparate offen, die wegen ihrer großen Reichweite eine überaus wirksame Informationsübermittlung ermöglichen. Dies sind einmal die großen literarischen Zeitschriften und illustrierten Familienzeitschriften mit Berichterstattungen über Ziele, Praxis und Mitglieder dieser Vereinigungen im Stile einer Imagewerbung.[123] Abgesehen davon publizierten die Vereinsmitglieder häufig in diesen Zeitschriften, Hermann Schmid z. B. in der "Gartenlaube".[124]

---

[122] Vgl. dazu *Robert Prutz* in seiner ausführlichen positiven Rez. des "Münchner Dichterbuchs" in: Deutsches Museum. Zeitschrift für Literatur, Kunst und öffentliches Leben. Hrsg. v. R. Prutz. Nr. 34 (1862). S. 289–299. Nr. 35 (1862). S. 331–337. Hier S. 291: "Es ist wahr, Reinheit und Strenge der Form, so unerläßlich sie sind, können und dürfen doch niemals das Höchste sein, was man von der Dichtung verlangt; auch können wir uns noch eine andere Poesie denken als die Geibel'sche, vielleicht minder maßvoll, minder harmonisch, minder keusch und bescheiden, aber von kühnerm Schwung der Einbildungskraft, von tieferer Glut der Empfindung und größerer Energie des Ausdrucks – eine Poesie mit einem Wort, die ihre Aufgaben nicht blos in jener mittlern Sphäre sucht, welche Geibel mit so viel Vorliebe und mit so glücklichem Erfolge anbaut, sondern die unerschrockenen, ja verwegenen Muthes alle tieffsten Geheimnisse zu enträthseln und alle höchsten Wonnen und Qualen auszusprechen wagt, welche die Brust der Menschheit durchwogen!" Prutz denkt freilich an das revolutionäre Pathos von 1848, nicht an das narkotisierende Pathos im Dienste der Restauration.
[123] Vgl. z. B. für den Münchner Dichterkreis "Daheim" Nr. 23 (1865). S. 326–328. "Gartenlaube" Nr. 34 (1866). S. 531–534. Beide mit Gruppenbild.
[124] Vgl. Gartenlaube Nr. 34 (1866). S. 532: "Das ist Hermann Schmid, der Gartenlaube ein gar lieber Freund, der Dichter der Dorfgeschichten aus dem bairischen Gebirge, die ihn, wie 'die Huberbäurin', 'Almenrausch und Edelweiß', 'das Schwalberl', 'das Wichtel' etc., in kurzer Frist zu einem der beliebtesten und gefeiertesten Autoren gemacht haben. Auch in seinen geschichtlichen Romanen [...] geht er unverkennbar darauf aus, ein Volksschriftsteller in der edelsten Bedeutung des Wortes zu sein und das Volk mit seiner eigenen Begeisterung für Freiheit und Recht zu erfüllen."

Neben anderen medialen Möglichkeiten[125] sei schließlich nur noch auf die mediale Funktion des Schulsektors hingewiesen. Schon zu ihren Lebzeiten gehört ein großer Teil des Münchner Dichterkreises, aber auch des Berliner Sonntagsvereins zum Kanon der Schulautoren. Einen Einblick in den Stand der Kanonisierung, d. h. in die Wirkmöglichkeiten dieser Autoren über das Medium "Schule" gewährt das vielbändige Kompendium "Aus deutschen Schulbüchern. Dichtungen in Poesie und Prosa erläutert für Schule und Haus", das von "namhaften Schulmännern" herausgegeben, seit 1883 erscheint, 1908 in der 7. Auflage, und sich an Lehrer aller Schultypen richtet. Bereits das Motto auf der Titelseite jedes Bandes bezeichnet klar, in welcher Weise das Medium "Literaturunterricht" eingesetzt wird:

> Willst du lesen ein Gedicht,
> Sammle dich wie zum Gebete,
> Daß vor deine Seele licht
> Das Gebild der Schönheit trete;
> Daß durch seine Form hinan
> Du den Blick dir aufwärts bahnest,
> Und, wie's Dichteraugen sahn,
> Selbst der Schönheit Urbild ahnest.[126]

Unter den Kategorien "Vorbereitung und Vortrag", "Erläuterungen", "Vertiefung", "Verwertung" werden hier zahlreiche Texte von Autoren der beiden Vereinigungen für Vermittlungsprozesse im Sinne dieses Mottos aufbereitet, u. a. Texte von Bodenstedt, Dahn, Fontane, Geibel, Hesekiel, F. Kugler, Lingg, v. Schack, Scheffel, Scherenberg, Storm, v. Strachwitz. Von diesen entfallen weitaus die meisten Texte auf Geibel, der im biographischen Anhang als "der bedeutendste und gefeiertste Lyriker der Neuzeit" bewertet wird.[127] Auch in den Lyri-

---

[125] Z. B. die wirksame Vermittlungsfunktion der verbreiteten Literaturgeschichtslehrbücher, u. a. *König, R.:* Deutsche Litteraturgeschichte. 12. durchges. Aufl. Bielefeld u. Leipzig: Velhagen & Klasing 1882. Mit positiven Wertungen der genannten Autoren, besonders Geibels.

[126] Aus deutschen Lesebüchern. Dichtungen in Poesie und Prosa erläutert für Schule und Haus. Unter Mitwirkung namhafter Schulmänner hrsg. v. R. Dietlein, W. Dietlein, R. Gosche u. F. Polack. Bd. 2. 2. Aufl. Gera u. Leipzig: Hofmann 1887. Titelseite.

[127] Ebd. Bd. 3. 7. Aufl. Leipzig u. Berlin: Teubner 1908. S. 652.

kanthologien sind die Vereinsmitglieder bis weit ins 20. Jahrhundert zahlreich vertreten.[127a]

Diese Analyse der medialen Möglichkeiten der Berliner und Münchner Dichterkreise ist bei weitem nicht erschöpfend; sie führt aber zu der Schlußfolgerung, daß die von der Staatsmacht geförderten bzw. besoldeten Protagonisten des Theorems der Zweckfreiheit der Kunst und der Ausbildung eines vorgeblich unpolitischen, "reinern ästhetischen Geschmacks" geradezu ideale mediale Bedingungen vorfinden.

Es bleibt noch zu klären, wer das "größere Publikum" ist, das Geibel als seine Zielgruppe angibt. Aus guten medialen Bedingungen, die ein Kommunikator vorfindet, folgt ja noch nicht, daß er das Gesamt der Bevölkerung auch tatsächlich erreicht. Welche Kommunikantengruppen konnten also in diesem Fall durch die gewählten Medien erreicht werden, wie sieht die tatsächliche Nutzung durch die erreichten Kommunikanten aus?

Eine detaillierte Beweisführung ist hier wegen der schwierigen Materiallage vorerst nicht möglich. Jedoch bereits aufgrund der von R. Schenda zusammengetragenen Daten zum Lesepublikum im 19. Jahrhundert wird man das besagte "größere Publikum" erheblich einschränken müssen.[128] Eine solche gerundsätzliche Einschränkung

---

[127a] Vgl. z. B. *Keiter, H.* [Hrsg.]: Leitsterne auf dem Lebenspfad. Zweitausend Aussprüche neuerer deutscher Dichter für Geist und Herz. Mit vielen Originalbeiträgen lebender deutscher Dichter. 2. Aufl. Münster: Aschendorff 1889. – *Lyon, O.* [Hrsg.]: Auswahl deutscher Gedichte. Bielefeld u. Leipzig: Velhagen & Klasing (1890). – *Busse, C.* [Hrsg.]: Neuere Deutsche Lyrik. Mit einer litterarhistorischen Einleitung. Halle: Hendel (1895). In der Einleitung heißt es: "Der Dichter, dessen Talent die der Revolution folgenden 25 Jahre beherrscht, ist Emanuel Geibel." (S. 55). – *Echtermeyer, Th.* [Hrsg.]: Auswahl deutscher Gedichte für höhere Schulen. 16. Aufl. hrsg. v. F. A. Eckstein. Halle: Buchh. d. Waisenhauses 1869. (Mit Gedichten von Fontane, Geibel, Heyse, Kugler, Lingg, Roquette, Scherenberg, Storm, Strachwitz; in der 33. Aufl. ‹1900› sind als Autoren hinzugekommen: Bodenstedt, Dahn, Gaudy, Scheffel, Stieler.). – Es ist übrigens nie von den Gruppenbindungen dieser Autoren die Rede, was wohl auch dem propagierten Bild vom einsam schaffenden Dichtergenie widerspräche.

[128] *Schenda, R.:* Volk ohne Buch. Studien zur Sozialgeschichte der populären Lesestoffe 1770–1910. Frankfurt a. M.: Klostermann 1970 [= Studien zur Philosophie und Literatur des 19. Jahrhunderts 5]. Hier vor allem S. 441–494: Der Leser der populären Lesestoffe. Vgl. auch *Langenbucher, W. R.:* Der Leser als Teil des literarischen Lebens. Eine Vortragsreihe mit

des Rezipientenkreises ist bereits durch die im 19. Jahrhundert noch sehr beschränkte Lesefähigkeit erforderlich: im deutschsprachigen Gebiet (ohne Österreich und die Schweiz) gibt es 1871 mindestens noch 10 % Analphabeten unter den mehr als Zehnjährigen, "mehr in Ost- und Westpreußen (rund 35 %), weniger in Hohenzollern (rund 2 %), mehr unter Katholiken (rund 18 %) als unter Protestanten (rund 9 %)".[129]

Aus diesen Werten geht aber nicht etwa hervor, daß die verbleibenden 90 % der Gesamtbevölkerung Bücher, Zeitschriften und Zeitungen lesen konnten. Die Analphabetenstatistiken geben Auskunft nur über die Kenntnis der Buchstaben, nicht über die Lesefähigkeit.[130] Diese ist im hier interessierenden Zeitraum aufgrund sozialer Restriktionen noch erheblich geringer. Wie Schenda nachweist, fällt der größte Teil der unteren Bevölkerungsschichten – Fabrik- und Landarbeiter sowie Kleinbauern, die nahezu die Hälfte der Gesamtbevölkerung ausmachen, bis weit über die Jahrhundertmitte als Lesepublikum aus.[131] Daran ändert auch die Vermehrung der Volksbibliotheken kaum etwas; unter den Arbeitern entwickelt in der zweiten Hälfte des 19. Jahrhunderts nur die sozial etwas besser gestellte Gruppe ein entsprechendes Bildungs- und Leseinteresse.[132] Nicht nur unzureichende Schulverhältnisse[133], sondern auch die für das Medium "Buch" nöti-

---

M. Beaujean, H. N. Fügen, W. R. Langenbucher, W. Strauß. Bonn: Bouvier 1971 [= Forschungsstelle f. Buchwissenschaft an der Universitätsbibliothek Bonn. Kl. Schriften 8]. S. 52–84.

[129] *Schenda, R.:* Volk ohne Buch. S. 444. – In Österreich gibt es nach Schenda 1880 noch mehr als 30 % Analphabeten unter der Bevölkerung über 6 Jahren.

[130] Vgl. ebd. S. 449 [zeitgenössische Kritik an der Analphabetenstatistik]. Vgl. auch *Langenbucher, W. R.:* Das Publikum im literarischen Leben des 19. Jahrhunderts. S. 54.

[131] Belege bei *Schenda, R.:* Volk ohne Buch. S. 446–452.

[132] Ebd. S. 449 f.: höherer Lohn, kürzere Arbeitszeit und Organisiertheit sind hier Voraussetzungen für Leseinteresse.

[133] "Das Lesenlernen war damals [um 1850] noch eine ungemein schwierige Kunst, deren Erlernung in der Schule nach der alten Methode jahrelang in Anspruch nahm und von manchen, bei unregelmäßigem Schulbesuch war es fast die Regel, nie zu einiger Sicherheit gebracht wurde." *Paulsen, F.:* Aus meinem Leben. Jugenderinnerungen. Jena 1909. S. 82. Zit. nach *Schenda, R.:* Volk ohne Buch. S. 56. Vgl. auch ebd. S. 46–50.

gen finanziellen Aufwendungen schlossen Bauern und Arbeiter[134] fast vollständig von der Nutzung dieses Mediums aus.[135] Für sie kommen allenfalls die Medien "Zeitung" und "wohlfeile Bücher" (Einblattdrucke und Heftchen zu Pfennigsbeträgen) in Betracht.[136]

Demnach wären Adel und Bürgertum diejenigen Bevölkerungsschichten, bei denen mit potentiellen Lesern zu rechnen ist. Doch muß man hier sogleich unterscheiden zwischen der Nutzung "populärer" Lesestoffe und der Nutzung "klassischer" Lesestoffe.

Was die Nutzung populärer Lesestoffe betrifft, so ist deren Kommunikantenkreis in wenig gebildeten Schichten des Adels sowie des höheren und niederen Bürgertums zu suchen, noch nicht im Proletariat. Schenda hat für das 19. Jahrhundert lediglich eine Erweiterung des Kommunikantenkreises in Richtung auf das niedere Bürgertum beobachtet:

> [...] von Professoren, gut bestallten Geistlichen, Schulrektoren, angesehenen Ärzten, Offizieren, Landadeligen, Regierungsbeamten, wohlhabenden Kaufleuten, Bürgermeistern und jeweils deren Frauen, zu Geistlichen und Lehrern aller Ränge, Landärzten und Advokaten, Beamten und Angestellten aller Ränge, Fabrikanten und Geschäftsleuten, Gutsbesitzern, Handelsleuten, Jugendlichen mit höherer Schulbildung, Militärs, Handwerksmeistern und jeweils deren Angehörigen einschließlich dem Dienstpersonal. Erst nach der Reichsgründung, ja erst um die Wende zum 20. Jahrhundert erweitert sich dieser Leserkreis auf die Großbauern, die Facharbeiter, Bergleute, Handwerksgesellen, Soldaten, die hie und da ein Büchlein, ein Kirchenblatt, eine Tageszeitung, eine Flugschrift, eine Erbauungsschrift oder auch ein Buch aus der öffentlichen Lesehalle konsumieren.[137]

Der Normalleser im 19. Jahrhundert ist also ein Bürger.

Die Nutzung der sogenannten "klassischen", d. h. anspruchsvolleren Lesestoffe ist Angelegenheit einer sehr dünnen Schicht von hochgebildeten Angehörigen des Adels und vor allem des höheren Bürgertums, d. h. der herrschenden Kreise. Dies sind zugleich auch die potentiellen Leser der Erfolgspoeten des Berliner und Münchner

---

[134] Unter "Bauern" versteht Schenda die ehemals leibeigenen Landarbeiter, Knechte, Mägde, Kätner, Halbpächter, unter "Arbeiter" die Handwerksgesellen und Lehrlinge, Bergleute, Fabrikarbeiter, Hilfsarbeiter, Hausindustriearbeiter, Arbeiterfrauen und -kinder, die in einem Arbeitsverhältnis stehen. Ebd. S. 456.
[135] Ebd. S. 451 f.
[136] Ebd. S. 456.
[137] Ebd. S. 457 f.

Dichterkreises. In dieser dünnen Schicht finden sie ihr "breiteres Publikum". Und wenn Geibel u. a. Wert darauf legen, daß ihre Bücher zum Weihnachtsgeschäft in den Buchläden ausliegen, so ist auch dies ein Hinweis auf die genannte Leserschicht; Buchhandlungen sind im 19. Jahrhundert Treffpunkte von Angehörigen des Adels und des gut situierten Bürgertums.[138]

Insofern diesen Autoren aber auch die großen Publikumszeitschriften als Medien offenstehen, erreichen sie nach und nach auch einen Teil des niederen Bürgertums[139].

Im Hinblick auf diesen Kommunikantenkreis kann nun auch die gesellschaftlich-historische Funktion der beiden literarischen Kreise noch etwas näher bestimmt werden. Ihnen fällt offenbar die Aufgabe zu, dem gebildeten Adel und dem gebildeten höheren Bürgertum im Sinne einer freilich depravierten "ästhetischen Erziehung" mit ihren Schriften ein Selbstidentifikationsmoment zu vermitteln, welches diesen das Gesellschaftssystem tragenden sozialen Schichten in der Auseinandersetzung mit der Demokratisierungsbewegung von 1830 und 1848 verloren gegangen war. Ihr Erfolg stellt sich in dem Maße ein, wie die von Ihnen angebotenen Identifikationsmuster von den Angesprochenen als verbindlich akzeptiert werden. Kommunikationstheoretisch ausgedrückt: ihre Funktion ist die Beseitigung "kognitiver Dissonanzen" im Bürgertum.

Diese Funktion scheint auch R. Prutz, der mehr und mehr resignierende Vertreter der bürgerlichen "inneren Emigration" nach 1848, im Auge zu haben, wenn er in seiner bereits genannten Rezension zum "Münchener Dichterbuch" schreibt:

Daß [...] unsere mit sich selbst entzweite, ja nicht selten an sich selbst verzweifelnde Zeit eine solche Zeit künstlerischer Übereinstimmung und künstlerischen Selbstgenusses [im emanzipatorischen Sinne eines ästhetischen Zustandes] nicht ist, und daß somit auch niemand weniger berufen ist, das Höchste und Größte in der Kunst zu leisten, als das ringende, kämpfende, ewig unzufriedene, ewig verlangende Geschlecht unserer Tage, wem brauchte man es noch erst zu sagen?! Und so erlangen denn jene bescheidenen Eigenschaften des Maßes und der Selbstbeschränkung, der Formenstrenge und Gedankenkeuschheit, die wir soeben der Geibel'schen Dichtung als Hauptcharakterzug nachrühmten, für Zeiten wie die unsern erhöhte

---

[138] Ebd. S. 458.
[139] Vgl. *Langenbucher, W. R.:* Das Publikum im literarischen Leben des 19. Jahrhunderts. S. 62–66.

Bedeutung; was der reiche Mann vielleicht mit Achselzucken beiseite schieben darf, das wird für den armen unschätzbar, und so freuen wir uns und wünschen den Mitarbeitern des "Münchner Dichterbuch" aufrichtig Glück, daß sie sich einen Poeten wie Geibel zum Muster und Führer genommen haben.[140]

Nach 1848, das entnehme ich diesem merkwürdig chiffrierten Text, erscheint es als die vordringlichste Aufgabe beim Aufbau des Restaurationsstaates, die diesen Staat tragenden, aber mit sich selbst noch entzweiten sozialen Schichten, Adel und höheres Bürgertum, mit sich selbst und miteinander zu versöhnen. Der Berliner Sonntagsverein hat darin bereits seit 1830 seine Aufgabe gesehen und diese Aufgabe vorwiegend vereinsintern praktiziert. Der Kreis um Geibel versucht dem weitergehenden Auftrag gerecht zu werden, eine "entpolitisierte", für zweckfrei erklärte Kunst in den Dienst der restaurativen Bewußtseinsbildung der staatstragenden sozialen Schichten zu stellen. Diese Aufgabe kann mit dem Datum der Reichsgründung (1871) als erfüllt betrachtet werden. In der Folgezeit werden die nächst tieferen sozialen Schichten verstärkt in diesen Normierungsprozeß einbezogen, das niedere Bürgertum und das organisierte Proletariat.[141]

[140] *Prutz, R.:* Rezension zu "Ein Münchner Dichterbuch". In: Deutsches Museum. Nr. 34 (1862). S. 291 f.
[141] Das niedere Bürgertum vor allem über die großen Publikumszeitschriften sowie über den entsprechend veränderten Schullehrplan, das organisierte Proletariat z. B. über die Lesevereine, "Selbsthilfeorganisationen" zur Anpassung an das bürgerliche Literaturverständnis. Vgl. *Fülberth, G.:* Proletarische Partei und bürgerliche Literatur. Auseinandersetzungen i. d. deutschen Sozialdemokratie der II. Internationale über Möglichkeiten und Grenzen einer sozialistischen Literaturpolitik. Neuwied und Berlin: Luchterhand 1972 [= Sammlung Luchterhand 60]. – *Engelsing, R.:* Zur Sozialgeschichte deutscher Mittel- und Unterschichten. Göttingen: Vandenhoeck & Ruprecht 1973 [= Kritische Studien zur Geschichtswissenschaft 4]. S. 180–224: Dienstbotenlektüre. – Vgl. auch das Resümee bei *Julius Hart:* "Die bürgerliche Welt, die bisher die Trägerin starker revolutionärer Gesinnungen gewesen war, hat einige ihrer wichtigsten Forderungen durchgesetzt und neigt sich immer mehr der Versöhnung mit den alten, früher bekämpften Regierungsgewalten zu und entwickelt stets deutlicher konservative Neigungen. Ihr liegt es vor allem daran, das Erworbene festzuhalten. Die letzte große Versöhnung erfolgt nach der Wiederherstellung des deutschen Kaiserreiches, als in den Tagen des Kulturkampfes die Regierungen auch den religiös-liberalen Anschauungen des gebildeten Bürgerstandes schienen Rechnung tragen zu wollen. Um so mehr mußte man an den Frieden denken, da ein neuer Feind von unten herauf-

Fester Bestandteil dieser Normierung ist das Theorem von der Zweckfreiheit der Kunst. Dabei ist es bis heute weithin geblieben. Wie eingangs gezeigt, hat seither nicht einmal die Literaturwissenschaft die Vermitteltheit und politische Funktion dieses ihres Fundierungsprinzips konsequent zu reflektieren gesucht, sondern im Gegenteil sich stets zur Apologetin dieses Theorems machen lassen.

Soweit das Beispiel. Es veranschaulicht den heuristischen Wert kommunikationstheoretischer Kategorien auch im traditionellen engeren Bereich der Literaturwissenschaft.[142] Der heuristische Wert besteht hier vor allem in der Akzentuierung des grundsätzlich *medialen Charakters von Literatur und Literaturwissenschaft*. Dadurch kann sich der traditionelle Gegenstandsbereich von Literaturwissenschaft beträchtlich verschieben. Eine entsprechend veränderte Fragehaltung des Literaturwissenschaftlers in Forschung und Lehre wäre die Konsequenz.

---

drängte und die Interessen der aristokratischen und bürgerlichen Stände in gleicher Weise bedrohte oder doch scheinbar bedrohte. Schon in den vierziger Jahren hatte diesen konservativ-liberalen bürgerlichen Gesinnungen [...] *Emanuel Geibel* aus Lübeck (1815–1884) Ausdruck gegeben, und das Mild-Versöhnliche seines Wesens, welches nirgendwo heftigeren Anstoß gegeben hatte, gewann ihm mehr und mehr die Herzen des Volkes [genauer jetzt: des Adels und des höheren Bürgertums], dessen Liebling er bis zu seinem Tode blieb." *Hart, J.:* Geschichte der Weltliteratur und des Theaters aller Zeiten und Völker. Bd. 2. Neudamm: Neumann 1896 [= Hausschatz des Wissens. Abt. X. Bd. 16]. S. 910. – Zum weiteren historischen Verlauf vgl. *Schwerte, H.:* Deutsche Literatur im Wilhelminischen Zeitalter. In: Wirk. Wort 14 (1964). S. 254–270.

[142] Bei der Erforschung der sogenannten Trivialliteratur [der populären Lesestoffe im Sinne Schendas] wurde von Anfang an mit kommunikationstheoretischen Kategorien gearbeitet. Hier hatte man aber auch nicht ständig die "qualitative Besonderheit des dichterischen Sprechens" zu erweisen.

2.3 "Text" in kybernetischer Sicht

2.3.1 Das Problem

Der kommunikationswissenschaftliche Ansatz zu einer Gegenstandsbestimmung von Literaturwissenschaft bietet, wie das Beispiel zeigt, manche Vorzüge gegenüber der herkömmlichen Gegenstandsbestimmung. Der mediale Charakter von Text im kommunikativen Prozeß zwischen Kommunikator und Kommunikanten sowie die Funktionalität dieses Prozesses im jeweiligen gesellschaftlichen Zusammenhang scheinen als literaturwissenschaftliche Aufgabenstellung nicht nur die bisherigen Arbeitsgebiete abzudecken, sondern machen darüber hinaus deren Zusammenhang einsichtig, vermögen Literaturwissenschaft auf eine rationalere Basis zu heben.

Gegen diese Auffassung müßte ein Literaturwissenschaftler der älteren Schule indes erhebliche Bedenken anmelden, Bedenken, die auch von der Zielbestimmung der semiotischen Pragmatik her als berechtigt erscheinen. Die vorgeschlagene Aufgabenstellung, die er vielleicht sogar als in sich schlüssige Erweiterung der eigenen Untersuchungsperspektive akzeptieren könnte, deckt nämlich keineswegs seine bisherigen Arbeitsbereiche ab. Insofern er als Literaturhistoriker die historischen Dimensionen von kommunikativen Prozessen zum Gegenstand hat, wird er in der angebotenen kommunikationswissenschaftlichen Grundlegung vor allem Aussagen über die historische Veränderbarkeit im Ablauf von kommunikativen Prozessen vermissen. Er wird nach den Gründen für den Wandel von Herstellungs- und Rezeptionsbedingungen fragen, z. B. nach den Gründen für die völlig unterschiedliche Geibelrezeption um 1860 und 1973. Der Fall Geibel im 19. Jahrhundert wird ihm ohnehin geradezu als ein Sonderfall erscheinen; denn gewöhnlich hat es der traditionelle Literaturhistoriker nicht mit Autoren zu tun, die für ein empfangsbereites Publikum schreiben, also nicht mit Erfolgsphänomenen im Sinne von R. Escarpit.[1]

---

[1] *Escarpit, R.:* Das Buch und seine Leser. Entwurf einer Literatursoziologie. Köln u. Opladen: Westdeutscher Verlag 1961 [= Kunst und Kommunikation 2]. S. 116: "Wenn [...] Schriftsteller und Leser derselben sozialen Gruppe angehören, können die Absichten der beiden zusammenfallen. Diese Kongruenz ist es, auf der der literarische Erfolg beruht. In anderen Worten: ein erfolgreiches Buch, das zum Ausdruck bringt, was die Gruppe erwartete, ein Buch, welches der Gruppe ihr eigenes Bild offenbart. [...] Man kann also

Dann stellt sich aber die Frage, wie und warum Rezeption und Produktion sich ändern bzw. auf welche Weise und warum sich an eine Zeichenreihe unterschiedliche, oft gegensätzlich verlaufende kommunikative Prozesse knüpfen. Kurz: der gesamte Aufgabenbereich "Literaturgeschichte", und sei es eine Geschichte kommunikativer Prozesse, scheint mit einer kommunikationswissenschaftlichen Grundlegung eben noch nicht mitbegründet, zumindest aber nur unzureichend strukturierbar zu sein.

Die folgenden Überlegungen sind ein Versuch, die kommunikationstheoretische Grundlegung von Literaturwissenschaft so weiterzuentwickeln, daß nicht nur die Funktionalität von kommunikativen Prozessen beschrieben werden kann, sondern gerade auch der historische Wandel dieser Funktionalität. Das wäre zugleich eine Voraussetzung für Literaturgeschichtsschreibung im Sinne der semiotischen Pragmatik. Ein weiteres Beispiel soll zunächst veranschaulichen, worum es geht.

2.3.2 Ein Beispiel (II)

Am 19. April 1951 sendete der Nordwestdeutsche Rundfunk Hamburg zur gewohnten Hörspielzeit das Hörspiel "Träume" von Günter Eich. Die Resonanz der Hörspielhörer auf diese Sendung ist in einem bis dahin nicht gekanntem Ausmaß negativ. Noch während der Sendung muß der Leiter vom Dienst Telefonanrufe empörter Hörer entgegennehmen, und es folgt eine Fülle von Beschwerdebriefen. Die spontanen Anrufer sprechen, dem Medium Telefon angepaßt, eine deutliche, aggressive Sprache:

> Sagen Sie mal, was für einen Mist verzapfen Sie heute abend schon wieder im Rundfunk. Das ist zum Kotzen. Hängen Sie Ihre ganzen Hörspiele an den Nagel! Schweinemäßig ist das!
>
> Das ist, glaube ich, eine Zumutung ... Das entspricht ja kaum irgendeinem mitteleuropäischen Geschmack, möchte ich dazu sagen. Jedenfalls, den müßte man ja suchen ... Das entspricht einer Geschmacksverirrung, die Sie sich wieder leisten, das spottet jeder Beschreibung. Der Brief folgt dazu.
>
> Das ist ja grauenhaft, was Sie da den Leuten auftischen. ["Was wollen Sie denn hören?"] Bißchen was Nettes, aber doch nicht so einen saumäßigen

---

sagen, daß das Ausmaß des Erfolges eines Schriftstellers innerhalb seiner Gruppe von seiner Fähigkeit abhängt, jenes 'tönende Echo' zu sein, von dem Victor Hugo spricht."

Kram von Kindermord und von allem möglichen Scheiß. Das ist ja der Gipfel der Frechheit, abends im Rundfunk solche Dinger durchzubringen ... daß man abends sich mal freut, wenn man nach des Tages Last und Hetze sich mal an den Radioapparat setzt. Für so was zahlen wir bestimmt nicht unsere letzten Groschen. ["Was hat Ihnen bisher nicht gefallen?"] Bei dem zweiten Traum ... da ist doch offensichtlich ein Kind abgeschlachtet worden oder so was ... Ich weiß nicht, ob da irgendwelchen Ritualmorden das Wort geredet werden soll ... Ich möcht mal was Nettes hören.

Scheint mir höchste Zeit, daß es abgebrochen wird, das ist ja haarsträubend, was Sie einem da vorsetzen ... Scheint mir höchste Zeit zu sein, daß die Polizei da mal einschreitet ... das grenzt ja an Wahnsinn, so was ... In der heutigen schweren Zeit, wo jeder zu kämpfen hat, bringen Sie was, daß es einem hochkommt, geradezu; ekelerregend ist das ja. Das nennt sich dann Kultur und Kunst, ein solcher Mist!

Das ist ja ein Skandal ... Allein die Musik ... da wird man überhaupt nicht schlau draus, diese Träumerei ... so ein Blödsinn. Na, ich wollt's Ihnen nur sagen.

Können Sie mir sagen, wie lange das Hörspiel noch geht? Das ist ja nicht mehr zum Aushalten!

Es sind bei den letzten Hörspielen immer so geheimnisvolle Geschehnisse, die da gespielt werden. Ich möcht mal was Nettes hören.

Kann man den Mann [= Eich] nicht einsperren? Das ist ja so trostlos ... Wir sind an sich von den Sendungen von Hamburg ja nicht sehr verwöhnt, aber dies schlägt wirklich dem Faß den Boden aus ... es ist hahnebüchen ... Werden entsprechende Schritte unternehmen bei den Zeitungen, daß so ein Kram vorher zensiert wird ... Da ist jeder Schmutz, den Sie im Kino hören und sehen, Gold dagegen.

Das ist ja katastrophal ... Sie sollen die Leute doch nicht verrückt machen! ["Es ist ein sehr unbequemes Hörspiel, weil es die Zeit so wahnsinnig erhellt, aufreißt, nicht? So ist das Leben. Das ist furchtbar, daß das Leben so ist."] Haben Sie das Leben mal irgendwo so gesehen? ["Na, ist es nicht?"] Haben Sie es mal irgendwo gesehen, daß man jemandem das Blut aussaugt, oder daß einer vierzig Jahre im dunkeln Wagen durch die Gegend fährt, und keiner kriegt's raus? Das ist doch Irrsinn, so was! Da ist eine Atombombe eine Erlösung! ["Eben, eben. Das ist es ja eben, solche Träume träumt man, wenn man Angst vor der Atombombe hat."] Sie machen den Leuten ja erst Angst mit solchen Sachen. Lassen Sie die Leute doch zufrieden damit!

Man hätte doch an Herrn Eichs Stelle die ganze Geschichte an einem mehr positiveren Faden aufhängen können.[2]

Diese scheinbar so spontane Reaktion verärgerter Hörer ist bei näherer Beobachtung gar nicht so spontan. Im Gegenteil: die Forschungen zum Verhalten des Hörspielhörers, die der NWDR ab 1952 anstellte, zeigen sehr deutlich, daß diese ersten Hörerreaktionen auf derzeit feste Rezeptionsnormen bzw. Rezeptionserwartungen zurückgeführt werden können, – Rezeptionsnormen, gegen die das Hörspiel "Träume" offensichtlich verstoßen hatte.

Zwei wichtige Begleitumstände verleihen dem beobachteten Faktum geradezu repräsentative Bedeutung für das Kommunikantenverhalten zu diesem Zeitpunkt: Einmal ist der Rundfunk im Nachkriegsdeutschland zwischen 1945 und 1959 das Medium mit der größten Reichweite und der intensivsten Nutzung.[3] Zum anderen wird gerade das Argumentationsmuster "Hörspiel" in dieser Blütezeit des Mediums Rundfunk, genauer: zwischen 1950 und 1958, besonders intensiv genutzt. Es rangiert in der Interessenskala der Hörerschaft von 1952–1955 hinter den Gattungen "Bunter Abend", "Nachrichten", "Volksmusik" an vierter Stelle.[4] Entsprechend hoch ist die Hörspielproduktion: in der Zeit von 1950–1955 beträgt sie jährlich im Durchschnitt 135 gesendete Hörspiele gegenüber 79 im Jahre 1949 und 92

---

[2] Zit. nach der Bandaufzeichnung der Höreranrufe zu G. Eich: Träume. Archiv des NDR Hamburg. Ich danke Frau Dr. Klostermeyer vom NDR, die mir diese Aufzeichnung zugänglich machte.

[3] Vgl. die Statistik der Ton-Rundfunkgenehmigungen aus dem Geschäftsbericht der Deutschen Bundespost für das Rechnungsjahr 1969: Bis 1959 ist die jährliche Zuwachsrate ungefähr gleich stark, ab 1960 rückläufig bzw. schwach. Vgl. auch *Zoll, R.* u. *Hennig, E.*: Massenmedien und Meinungsbildung. Angebot, Reichweite, Nutzung u. Inhalt der Medien in der BRD. München: Juventa 1970 [= Politisches Verhalten 4].

[4] Alle Angaben nach: NWDR-Hörerforschung: Das Hörspiel und seine Hörer. Eine Studie über Einstellung und Verhalten der Rundfunkhörer zum Hörspiel. Für den internen Gebrauch vervielfältigtes Ms. Hamburg 1955 (Archiv des NDR). Diese Untersuchungen, auf die mich R. Esser, Ph. Mosni u. D. Lützenkirchen aufmerksam machten, stützten sich auf ca. 100 Erhebungen im Zeitraum von Okt. 1952 bis Febr. 1955 im Sendebereich des NWDR. – Indexwerte für die einzelnen Gattungen, bezogen auf 100 [= Zustimmung durch alle befragten Hörer]: Bunter Abend (86), Nachrichten (78), Volksmusik (69), Hörspiele (68), Tanzmusik (67), Aktuelle Berichte (64), Sportsendungen (41), Politisches Wort (36), Kulturelles Wort (28), Zeitgenössische ernste Musik (12), Nachtprogramm (10).

im Jahre 1958.⁵ Wie aus den Erhebungen des NWDR hervorgeht, hören sich in diesen Jahren nur 26 % der ca. 18 Millionen Rundfunkhörer im Sendebereich des NWDR keine Hörspiele an, während 44 % der Rundfunkhörer mehr oder weniger stark an Hörspielen interessiert sind und aufgrund ihrer Hör-Erfahrungen mehr oder weniger fundierte Beurteilungen über Hörspiele abgeben können. Hinzu kommen 28 % Gelegenheitshörer von Hörspielen.⁶

Fragt man nun nach den Rezeptionserwartungen der am Hörspiel stärker interessierten Hörergruppe, die zu dieser Zeit nicht ganz die Hälfte der Rundfunkhörer ausmacht, dann ergibt sich folgendes Bild: Am stärksten bevorzugt werden Hörspiele, die "Probleme des täglichen, wirklichen Lebens" zum Gegenstand haben. Es folgen, bei den besonders stark interessierten Hörspielhörern mit erheblichem Abstand, Hörspiele mit "heiteren, humorvollen" Themen aus Geschichte und Wissenschaft. Umgekehrt bewertet diese Hörergruppe "unverständliche", "verworrene", "phantastische", "märchenhafte", "surreale", "der Wirklichkeit nicht entsprechende" Hörspiele als besonders negativ. Zwar sind die Hörer "nicht gegen die Verwendung des Surrealen im Hörspiel, wenn durch diese Mittel die Handlung weitergeführt oder der Charakter der handelnden Personen beleuchtet wird"; jedoch zeigen sie "Unzufriedenheit und Mißfallen bei abstrakten Gesprächen, abstrakten, die Handlung nicht weiterführenden Zwischenspielen oder Überleitungstexten".⁷

Diese und andere Beobachtungen führen die Verfasser der NWDR-Studie zu folgendem Ergebnis:

> Die Argumentation der Hörer bei [...] ausnehmend schlecht beurteilten Hörspielen läßt den 'neuralgischen' Punkt in der Aufnahme von Hörspielen durch die Hörerschaft scharf hervortreten: die Verständlichkeit. Gegen beide Arten, die 'akustische' und (ganz besonders) die 'sinngemäße' Unverständlichkeit von Teilen eines Hörspiels oder gar des ganzen Stückes besteht bei den Hörern höchste Empfindsamkeit. Die 'Unverständlichkeit' ist — neben 'disharmonischer' Musik und allzu aufdringlichen Geräuschen, die

---

⁵ 1946 (54), 1947 (83), 1948 (87), 1949 (79), 1950 (133), 1951 (137), 1952 (148), 1953 (156), 1954 (132), 1955 (102), 1956 (97), 1957 (89), 1958 (92); die Serien sind jeweils eingeschlossen. Angaben nach einer Programmheftauswertung (1946–1959) von R. Esser, Ph. Mosni und D. Lützenkirchen.

⁶ Angaben nach der genannten Studie des NWDR.

⁷ Zit. nach: Das Hörspiel und seine Hörer. S. 91.

'das Ohr beleidigen' – praktisch der Schlüssel zu fast jeder Art von 'Unbehagen', das der Hörer bei solchen Hörspielen empfindet. Die Abwehr gegen 'phantastische', 'übernatürliche' ('nichtreale') Züge im Hörspiel ist nicht nur das Gegenstück zur oft geäußerten Vorliebe für 'aus dem Leben gegriffene' Stoffe 'des Alltags'. Gegen alle als 'phantastisch' bezeichneten Hörspiele wird gleichzeitig der Vorwurf erhoben, sie seien 'schwer verständlich' oder 'unverständlich' [...].[8]

Die Analyse des NWDR erbringt keine überraschenden Ergebnisse. Sie spiegelt ebenso wie die Höreranrufe nur die herrschenden Rezeptionserwartungen im westlichen Nachkriegsdeutschland wider, die man als restaurativ wird charakterisieren müssen.[9]
Es sei nur an die von den Alliierten zensierte westdeutsche Buchproduktion nach 1945 erinnert.[10] Erwünscht ist bei den "Reedukatoren", aber auch bei den "Reedukanten" die Wiederauflage von "Klassikern", die für die Verleger daher den Vorteil des geringsten Risikos hat. So darf man sich nicht wundern, daß der am meisten verlegte Autor der Jahre 1945–1949 Goethe ist, gefolgt von Storm, Stifter,

---

[8] Das Hörspiel und seine Hörer. S. 79f.
[9] Vgl. dazu *Trommler, F.*: Der "Nullpunkt 1945" und seine Verbindlichkeit für die Literaturgeschichte. In: Basis. Jahrbuch für deutsche Gegenwartsliteratur 1 (1970). S. 9–25. – *Vormweg, H.*: Deutsche Literatur 1945–60. Keine Stunde Null. In: Durzak, M. [Hrsg.]: Die Deutsche Literatur der Gegenwart. Aspekte und Tendenzen. Stuttgart: Reclam 1971. S. 13–29. – *Koebner, Th.* [Hrsg.]: Tendenzen der deutschen Literatur seit 1945. Stuttgart: Kröner 1971 [= Kröners TB 405]. – *Cwojdrak, G.*: Eine Prise Polemik. Sieben Essays zur westdeutschen Literatur. Halle a. d. S.: Mitteldeutscher Verlag 1965. – *Gimbel, J.*: Amerikanische Besatzungspolitik in Deutschland 1945–49. Frankfurt a. M.: Fischer 1971.
[10] Zensur durch Lizenzierung von Buchproduktion und Buchhandel sowie durch Papierkontigentierung bis 1949, vergleichbar mit dem Zensursystem in den deutschen Staaten nach 1848. Ab 1949 bis 1955 eine etwas gelockerte Reglementierung durch das "Gesetz Nr. 5 über die Presse, den Rundfunk, die Berichterstattung und die Unterhaltungsstätten" (vgl. Amtsblatt der Alliierten Hohen Kommission. Hrsg. v. Hohen Alliierten Kommissariat. Bonn 1949–1955. Nr. 1 vom 23. 9. 1949. S. 7), das die Schädigung des Ansehens der Alliierten und die Gefährdung ihrer Sicherheit durch Publikationen mit Sanktionen belegte; das Gesetz schreibt u. a. die Ablieferung eines Pflichtexemplars jeder Publikation an die Alliierte Hohe Kommission vor (Art. 5) und gibt jedem zuständigen deutschen oder alliierten Beamten das Recht zur Beschlagnahme von mißliebigen Verlagsprodukten (Art. 3, Abs. 2). – Für diesen Hinweis danke ich B. Priestley, G. Maaßen und H. Kleimann.

Keller, Shakespeare, Schiller, Tolstoi und O. Wilde. Stärker vertreten sind auch – in dieser Reihenfolge – Brentano, Eichendorff, E. T. A. Hoffmann, Droste-Hülshoff, C. F. Meyer, Kleist, Mörike, Heine, F. W. Weber, G. Hauptmann, W. Lehmann, Bergengruen, Huch, I. Seidel, Zuckmeyer, Th. Mann, H. Hesse. Insgesamt also der traditionelle Literaturkanon des gebildeten Bürgers.[11]

Bezeichnend ist auch das Ergebnis einer Emnid-Umfrage in den drei Westzonen vom Dezember 1948, bei der ein starker Wunsch nach Erwerb von Büchern festgestellt werden konnte, aber auch eine starke Ablehnung "moderner Literatur", und dies gerade in der Oberschicht; die Frage: Lesen Sie gerne moderne Lyrik? wurde wie folgt beantwortet:[12]

	ja	nein	ohne Meinung
Freie Berufe	30%	64,2%	5,8%
Selbständige	17,8%	79,1%	3,1%
Angestellte	21,9%	70%	8,1%
Arbeiter	6,3%	76%	17,7%
Bauern	5,9%	88,2%	5,9%
Landarbeiter	8,1%	71,3%	20,6%
Rentner	10,3%	66,6%	5,8%

---

[11] Ergebnis einer (von K. Habiger, H. Thomé, A. Tönnes u. I. Wallraven durchgeführten) Auszählung der Buchproduktion, die in der Deutschen Nationalbibliographie und Bibliographie des im Ausland erschienenen deutschsprachigen Schrifttums. Reihe A: Neuerscheinungen. Jg. 1945–48. Rubrik "Schöne Literatur", erfaßt ist. Im einzelnen: *Goethe* 84 Titel (Faust, Iphigenie, Egmont, Wahlverwandtschaften), *Storm* 44 Titel (Schimmelreiter, Pole Poppenspäler), *Stifter* 38 Titel (Bergkristall, Brigitta), *Keller* 36 Titel (Der grüne Heinrich, Kleider machen Leute, Das Fähnlein der sieben Aufrechten), *Shakespeare* 30 Titel (Hamlet, Julius Caesar, Romeo und Julia, Macbeth, Was ihr wollt), *Schiller* 26 Titel (Don Carlos, Maria Stuart, Kabale und Liebe), *Tolstoi* 22 Titel (Anna Karenina, Krieg und Frieden), *O. Wilde* 21 Titel (Das Bildnis des Dorian Gray). Zu beachten ist jedoch, daß in dieser Aufstellung nur die gedruckten Bücher erfaßt sind, nicht die umfangreiche Literatur, die über Heftchen und Zeitungen verbreitet wurde: meist Übersetzungen amerikanischer, englischer und französischer Autoren.

[12] Nach: Börsenblatt für den Deutschen Buchhandel. Wiesbaden u. Frankfurt. N. F. 5 (1949). S. 50.

Zum Vergleich die Ja-Antworten auf die Frage: "Würden Sie gerne Bücher besitzen?" (in Klammern jeweils die Nein-Antworten): Freie Berufe 95%

Schließlich sei verwiesen auf die offiziöse theoretische Fundierung dieser restaurativen Bestrebungen, die Poetologie der Restauration, wie sie etwa Heinrich Berl als Sprecher des Verbandes südwestdeutscher Autoren 1947 vorgetragen hatte.[13] Berl versteht sich als der Sprecher der "inneren Emigration", die er gegenüber den Exilschriftstellern zu rechtfertigen weiß:

> Unsere Gedanken waren vermummt mit historischen Kostümen, unsere Gesichter verdeckt mit geheimnisvollen Masken. Wir haben vielleicht gelegentlich auch ein Wort der scheinbaren Zustimmung gesagt, um unser gefährliches Spiel zu verschleiern. Draußen brauchte die Wahrheit nicht verkleidet zu werden. [...] Es war ein kompliziertes, weit verästeltes System der Tarnung [...]. Unter Umständen war man gezwungen, einen hohen Würdenträger der Partei als Deckungsschild zu nehmen. Unter Umständen war man gezwungen, ein Lippenbekenntnis abzulegen. Entscheidend ist allein die lautere Absicht. Wer im Konzentrationslager saß, war unschädlich gemacht.[14]

Die "lautere Absicht" besteht für Berl in der Forderung nach demokratischer Freiheit, diese allerdings in der stets offiziell gebotenen Einschränkung:

> Die Philosophie der Freiheit ist freilich recht kompliziert. [...] Wenn wir [...] die Freiheit des Geistes fordern, so wollen wir nicht die Anarchie. Wir wollen nicht sagen, was wir wollen, sondern was wir müssen. Und dieses Müssen kann nur gebunden sein durch unser Gewissen, das dem deutschen Volke gegenüber genau so verantwortlich ist, wie der Besatzungsmacht.[15]

Ausgehend von diesem chamäleonhaften Verständnis demokratischer Freiheit, dem man den Regimewechsel kaum anmerkt, fordert Berl ebenso konsequent die "Entpolitisierung" des Geistes im Namen einer klassischen Humanität:

> Ich möchte das Thema von der Freiheit des Geistes nicht abschließen, ohne noch auf einen besonders wichtigen Punkt hinzuweisen: auf die Entpoliti-

---

(5 %); Selbständige 74,4 % (12,5 %); Angestellte 85,3 % (11,4 %); Arbeiter 48 % (39,6 %); Bauern 33,4 % (60,7 %); Landarbeiter 38,1 % (41,3 %); Rentner 51,3 % (38,5 %).

[13] Berl, H.: Die geistige Situation des Deutschen Schriftstellers. Ansprache bei der Gründungsversammlung des Verbandes südwestdeutscher Autoren in Baden-Baden am 29. 4. 1947. 1.–10. Tausend. Baden-Baden: Bühler 1947. – Dieser Verband ist der einzige von der französischen Besatzungsmacht zugelassene.
[14] Ebd. S. 11 f.
[15] Ebd. S. 15.

sierung des Geistes. [...] Wir fragen nicht, welcher Konfession und nicht, welcher Partei ein Schriftsteller angehört, sondern allein nach seiner geistigen Haltung. Hier ist uns die klassische Humanität höchstes geistiges Postulat.[16]

Probate Mittel zur Beförderung einer Entpolitisierungspolitik und einer klassischen Humanität sind Klassiker-Ausgaben; Berl weiß sich auch hierin mit der Restaurationspolitik der Besatzungsmächte einig:

> Wenn wir beobachten, daß seit Beendigung des Krieges die Klassiker der Weltliteratur, mit Förderung durch die Besatzungsmächte, in zahlreichen Einzelausgaben neu erschienen, so können wir dies vom Standpunkt des deutschen Schriftstellers nur begrüßen. Hier ist ein Bezugspunkt gegeben, der alle materiellen und geistigen Zusammenbrüche überdauert. Das Gespräch mit den Toten, die unsterblich sind, kann das Klima gestalten, in dem das Gespräch mit den Lebenden wieder möglich ist. Wenn wir Deutsche Klassiker sagen, so meinen wir auch die Romantiker, die das klassische Erbe vollendet haben. Die poetische Weltverklärung der Romantiker hat gerade in unseren Bezirken, in denen das Wort und die Sprache herrscht, Unvergängliches aus der Bewahrung hervorgeholt oder geschaffen.[17]

Insbesondere in der "Entpolitisierung" der Jugend sieht Berl eine Aufgabe des Schriftstellers;[18] mit einigem Erfolg: "Entpolitisierung des Geistes" und "poetische Weltverklärung" im Berlschen Sinne traditioneller bürgerlicher Gegenaufklärung sind geradezu Leitlinien für die Kultur- und Bildungspolitik der fünfziger Jahre, als man Gymnasiasten im Deutschunterricht Eichs Gedicht "Latrine" und Bergengruens Gedicht "Der Behütete" vergleichen ließ und ihnen nahelegte, sich für letzteres zu entscheiden.[19]

Angesichts dieser Sachlage ist es gar nicht mehr erstaunlich, daß die Sendung des Hörspiels "Träume" 1951 durchweg negativ beurteilt wird, ja Aggressionen weckt. Denn dieses Hörspiel weicht in fast allen Punkten, die die NWDR-Resonanzanalyse als relevant ermittelt hat, von der Rezeptionsnorm ab. Günter Eich hat von sich aus nichts getan, um diesen Gegensatz zu mildern. Auch die Einwände des NWDR-Dramaturgen, H. Schwitzke, die sich vor allem gegen den auch von den Hörern kritisierten Teil des Hörspiels richtete ("Der

---

[16] Ebd. S. 18.
[17] Ebd. S. 19.
[18] Ebd. S. 20.
[19] Eigene Erfahrung des Verf. 1957. Vgl. Herders Kleines Bildungsbuch. 2. Aufl. Freiburg: Herder 1956. S. 677–680.

zweite Traum"), hat er nicht beachtet.[20] Im Gegenteil: er hat in den folgenden Jahren von sich aus seine kommunikative Situation noch verschärft. Nicht nur im Hörspiel [21], sondern auch in anderen Argumentationsmustern stellt er sich bewußt gegen herrschende Kommunikationserwartungen, so in seiner Dankesrede anläßlich der Verleihung des Büchner-Preises der Deutschen Akademie für Sprache und Dichtung 1959. Hieß es im Hörspiel "Träume" noch: "Nein, schlaft nicht, während die Ordner der Welt geschäftig sind! Seid mißtrauisch gegen ihre Macht, die sie vorgeben für euch erwerben zu müssen!"[22], so besteht der Redner nun "unbelehrbar" darauf, daß die Macht "eine Institution des Bösen ist":[23]

> Und voll höchsten Mißtrauens bin ich gegen die Meinung, Macht müsse erstrebt werden, um einen Wert durchzusetzen. Die Macht hat die Tendenz, sich zu verabsolutieren, sich von ihrem Inhalt zu lösen und sich selbst zum Wert zu machen. So kann sie, indem sie sich selbst durchsetzt, jederzeit behaupten, einen Wert durchzusetzen. Gut und Böse sind in ihren Entscheidungen keine Wahl, sondern Zufallsergebnisse. Freilich wird sie, wenn es sich gerade passend fügt, gern auf ihre ethische Fundiertheit hinweisen. [...] Es hat noch nichts Inhumanes auf der Welt gegeben, keine Gewissenlosigkeit, kein Blut und keinen Terror, das nicht durch kunstvolle Beweisführung als gut und richtig gerechtfertigt worden wäre. Köpfe erst einmal deine Feinde – es findet sich dann jemand, der dich als Retter preist. Da

---

[20] Vgl. *Schwitzke, H.:* Das Hörspiel. Dramaturgie und Geschichte. Köln, Berlin: Kiepenheuer & Witsch 1963. S. 304. (Nochmals in: Müller-Hanpft, S. [Hrsg.]: Über Günter Eich. Frankfurt: Suhrkamp 1970 [= Ed. Suhrkamp 402]. S. 107): "Das Werk hat sich nicht nur durch überragende Qualitäten Gegner gemacht, sondern auch dadurch, daß es noch keineswegs die Homogenität späterer Eich-Arbeiten besitzt. [...] Mein Haupteinwand, über den ich bald nach der Sendung mit Eich sprach, richtet sich gegen den zweiten Traum und gegen eine gewisse Verschwommenheit der Thematik des ganzen Stücks." Schwitzke hält auch eine harmonisierende Interpretation bereit: den "zweiten Traum" zu ersetzen durch Eichs Hörspiel "Der sechste Traum" (1957) und die 5 Teile nach seinen (Schwitzkes) Vorstellungen von "Steigerung" und "Symmetrie" neu zu ordnen. Vgl. ebd. S. 306.
[21] Vgl. die zwiespältige Resonanz auf die Hörspiele "Die Gäste des Herrn Birowski" (28. 10. 1952, 26. 2. 1953) und "Sabeth" (23. 9. 1954). Einzig das Hörspiel "Die Mädchen von Viterbo" (21. 5. 1953) erhielt mehr Zustimmung als Ablehnung.
[22] *Eich, G.:* Träume. Vier Spiele. Frankfurt a. M.: Suhrkamp 1953 [= Bibliothek Suhrkamp 16]. S. 190.
[23] Büchner-Preis-Reden 1951–1971. Mit einem Vorwort v. E. Johann. Stuttgart: Reclam 1972. S. 73–87. Hier S. 79.

muß eine Staatsidee herhalten oder der Kampf ums Dasein, die Dämonie der Natur oder Blut, Volk und Proletariat.[24]

Die letzten Sätze machen deutlich, welche Funktion Sprache nach dem Willen der Herrschenden haben soll: Sprache soll zu einem der Macht dienlichen Verhalten zwingen,[25] ständig passende Antworten bereitstellen und unpassende Fragen verhindern. Auf diesen "Antwortcharakter der gelenkten Sprache", auch nach 1945, auch im freiheitlich-demokratischen Rechtsstaat sucht der Redner allen offiziellen Beschwichtigungsversuchen zum Trotz aufmerksam zu machen:

> Also gut, ich sehe es ein, man soll nicht mißtrauisch sein, Sprache ist ja wirklich nicht so wichtig, ein kleiner Nebeneingang in unser Haus, von dort droht keine Gefahr. Und während wir gebannt auf die große Straße blicken, wo uns die Weltereignisse mit Konferenzen und Mondraketen vorgespielt werden, sind einige freundliche Lemuren hereingekommen und sitzen an unserm Tisch. Sie beginnen ein Gespräch, sie sprechen uns an, wirklich, es ist alles sehr ansprechend, es sind doch Sätze, die man anerkennen muß – Gemeinnutz geht vor Eigennutz –, dagegen kann man doch nur etwas sagen, wenn man ein asoziales Subjekt ist. Störend ist ein Lächeln, das uns einlädt, uns mit einzubeziehen. [...] Wir öffnen den Mund zu einer Frage. Aber die Antwort kommt ihr voraus. Sie paßt zwar nicht ganz zu der Frage, die wir im Sinn gehabt hatten, aber sie ist doch wieder sehr ansprechend, Wörter und Sätze von hohem ethischen Rang, denen man nicht widersprechen kann, ohne sich als minder zu entlarven. Ebenso bedrückend wie das hohe Ethos ist ein Verwesungsgeruch, der die Räume immer mächtiger erfüllt. Wir möchten gern das Fenster öffnen oder wenigstens fragen. Aber es gibt keine Fragen mehr und keine Fenster, die sich öffnen lassen. Nichts steht in Frage, es ist alles beantwortet, von der Schwangerschaft bis zur Hinrichtung. Es gibt nur noch Antworten. Sie werden mit Mengenrabatt abgegeben, so billig, daß man den Eindruck haben muß, es lohne sich nicht, zu fragen. Und es soll sich nicht lohnen. Inzwischen sind schon die Gitter ins Mauerwerk eingepaßt. Mit freundlichen Wünschen für unsere Nachtruhe verläßt man uns und draußen dreht sich der Schlüssel im Schloß. Wir bleiben mit einigen Körben, Kisten und Säcken voll Antworten allein![26]

Daß diese Antworten an Machtmöglichkeiten orientiert sind, ist nach Meinung des Redners zwar nicht undurchschaubar, wird aber meist von denen, die dies durchschauen könnten, "mit gekrümmtem Rükken" akzeptiert; ja mit Beifall werde bedacht, wer das der Macht Widerstrebende als "zersetzend", "nihilistisch", "negativ", "intellek-

---

[24] Ebd. S. 79 f.
[25] Ebd. S. 82.
[26] Ebd. S. 80 f.

tuell", "heillos" unglaubwürdig zu machen versuche.²⁶ᵃ Diesen Urteilen sieht sich vor allem der Schriftsteller ausgesetzt, sofern er der jeweils herrschenden Sprachregelung widerspricht und Fragen formuliert statt "positive" Antworten reproduziert.

Von hier aus gewinnt nun der Redner Eich eine Möglichkeit, poetische Sprache zu charakterisieren. Sie wird bestimmt als Antithese zur gelenkten Sprache der Herrschenden:

> Die Sprache der Dichtung also, Mitteilung oder nicht, allenfalls die latente Mitteilung, die präsent wird, keine Dekoration und jedenfalls mehr als der Komfort des Gebrauchs, wo Sprache ihren Platz irgendwo zwischen Plattenspieler und Eisschrank, Sexualität und Touristik hat. Die andere Sprache also, die wie die Schöpfung selber einen Teil von Nichts mit sich führt, in einem unerforschten Gebiet die erste Topographie versucht. Sie überrascht, erschreckt und ist unwiderleglich; sie hat die Kraft, Einverständnis zu erwecken, und altert, wenn das Einverständnis allgemein geworden ist. Sie gehört zu unsern Möglichkeiten der Erkenntnis, ich bin geneigt zu sagen, sie ist diese Möglichkeit. Sie ist exakt. Der Sprache der Dichtung das Vage als Wesensmerkmal unterzuschieben, [...] ist der Versuch, Dichtung zu verharmlosen und sich ihrer Unbequemlichkeit zu entziehen. Diese Verharmlosung, Raffinement und Verdrängung in einem, ist eine Grundtendenz ihrer Widersacherin, der Sprachlenkung.²⁷

Indem sich Dichtung als "die andere Sprache" der Sprachlenkung entzieht, diese durch ihre Figuren, Gestalten, Situationen in Frage stellt und die erwarteten "positiven" Antworten verweigert²⁷ᵃ, trägt sie dazu bei, "daß der Mensch nicht manipuliert und nicht manipulierbar gemacht werden kann."²⁷ᵇ Ein solches Sprachverhalten ist "Gegnerschaft"²⁸, ist mit den Interessen der Herrschenden nicht zu vereinbaren. Die Inhaber der Macht sind allerdings daran "interessiert, daß alle Kunst die Grenze der Harmlosigkeit nicht überschreitet"²⁹, daß das "Ärgernis Sprache" durch Uminterpretation auf akzeptable Inhalte hin möglichst rasch beseitigt wird.²⁹ᵃ Solchen Vereinnahmungsversuchungen muß der Schriftsteller mit dem "Ressentiment eines anarchischen Instinkts"³⁰ widerstehen. Eich resümiert:

---

²⁶ᵃ Ebd. S. 82.
²⁷ Ebd. S. 77 f.
²⁷ᵃ Ebd. S. 78.
²⁷ᵇ Ebd. S. 83.
²⁸ Ebd. S. 87.
²⁹ Ebd. S. 83 f.
²⁹ᵃ Ebd. S. 84 f.
³⁰ Ebd. S. 79.

Wenn unsere Arbeit nicht als Kritik verstanden werden kann, als Gegnerschaft und Widerstand, als unbequeme Frage und als Herausforderung der Macht, dann schreiben wir umsonst, dann sind wir positiv und schmücken das Schlachthaus mit Geranien.[31]

Eich macht hier keine Unterschiede nach ideologischen Positionen. Er bezieht sich ausdrücklich auf die in Osten und Westen gleichermaßen "geläufige Verbindung von Reaktion und technischem Fortschritt".[32]

Eich steht mit dieser Auffassung nicht allein im Restaurationsstaat. Er gehört einer Gruppe von Autoren, meist der jungen Generation an, die eine ähnliche poetologische Position mit zunächst ähnlich negativer Resonanz vertreten: der Gruppe 47, die er mitbegründet hatte und deren erster Preisträger er 1950 wurde. Diese Gruppe richtete sich, ganz im Eich'schen Sinne der Gegnerschaft qua Sprache, gegen die herrschende Restaurationspolitik in "Trizonesien" und der nachmaligen Bundesrepublik. Dies, nachdem entsprechende politisch-publizistische Initiativen durch Zensureingriff der amerikanischen Besatzungsmacht vereitelt worden waren.[33] Ich verweise nur auf den Bericht über die zweite Tagung der Gruppe im November 1947 in Herrlingen, den Fr. Minssen, ein Gründungsmitglied, für die Frankfurter Hefte verfaßt hat. Dem Bericht zufolge gehört das Bewußtsein des Gegensatzes zum herkömmlichen pseudoreligiös-unverbindlichen Literaturbetrieb von Anfang an zum Selbstverständnis der Gruppe. Sie begreift sich als kritische Institution mit gesellschaftspolitischen Aufgaben:

> Das ist ihre Aufgabe: in ihrem Schaffen – in steter Selbstkritik, die im Geist der Freiheit und der Verantwortlichkeit für das Ganze geführt werden muß

---

[31] Ebd. S. 86 f.
[32] Ebd. S. 86.
[33] Die Zeitschrift "Der Ruf. Unabhängige Blätter der jungen Generation" erschien ab 15. 8. 1946 14tägig in München, herausgegeben von H. W. Richter und A. Andersch. Sie war in einer Auflage von ca. 100 000 Exemplaren in allen vier Besatzungszonen verbreitet. Im April 1947 wurde dieser politisch-kritischen Zeitschrift wegen "Nihilismus" die Lizenz entzogen. Die Redaktionsmitglieder fanden sich Anfang September 1947 unter der Leitung von H. W. Richter zur nachmaligen literarischen "Gruppe 47" zusammen. Vgl. dazu die oben genannte Literatur. Ferner: Almanach der Gruppe 47. 1947–1962. Hrsg. v. *H. W. Richter* in Zusammenarbeit mit *W. Mannzen*. Reinbek: Rowohlt 1962. – *Lettau, R.* [Hrsg.]: Die Gruppe 47. Bericht, Kritik, Polemik. Ein Handbuch. Neuwied, Berlin: Luchterhand 1967.

– die großen Entscheidungen unserer Zeit, die im Menschlichen fallen, voranzutreiben.[34]

Erreichbar erscheint dieses Ziel den Autoren nur über einen Bruch mit den bestehenden Sprachkonventionen[35] und mit den mit ihnen verbundenen konformistischen politischen Verhaltensweisen.[36] Dieser ihrer gesellschaftspolitischen Aufgabe sucht die Gruppe 47 dadurch gerecht zu werden, daß sie das derzeitige Medienangebot berücksichtigt.

Vor allem durch die Vermittlung von Ernst Schnabel, der seit 1951 der Gruppe angehört, scheinen viele Gruppenmitglieder die Möglichkeit erhalten zu haben, sich des derzeit wirksamsten Mediums, des Hörfunks, zu bedienen. Schnabel ist seit 1950 Leiter des Wortprogramms im NWDR, seit 1952 (bis 1956) Intendant des NWDR.[38] Günter Eich, der sein Hörspiel "Träume" zunächst dem Bayerischen Rundfunk ohne Erfolg angeboten hatte, findet jedenfalls bei der ihm wohlgesonnenen Hörspielredaktion des NWDR mehr Verständnis.[39] Aufgrund dieser günstigen medialen Umstände kann er seiner "anderen Sprache" Gehör verschaffen. Ähnlich günstig sind seine medialen Bedingungen auch bei der Verleihung des Büchner-Preises 1959; Eich

---

[34] *Lettau, R.* [Hrsg.]: Die Gruppe 47. S. 30.
[35] Vgl. *Minssen*, ebd. S. 29: "Die Sujets entstammten fast alle der Gegenwart. [...] Experimentierend bemühte man sich, die Grenzen des Sagbaren vorzuverlegen. Eine neue Sprache, unserem bedrohten und illusionslosen Zeitalter angemessen, wurde vernommen." – Vgl. auch die Äußerung H. W. Richters anläßlich der 1. Tagung, ebd. S. 25: "[...] Alle Anzeichen aber sprechen dafür, daß die neue Sprache realistisch sein wird. Die heutige schreibende Jugend hat sich zum großen Teil von dem ungeheuren Schock der letzten Jahre noch nicht erholt und zieht sich in eine imaginäre romantische Welt zurück. [...] Sie leben noch immer in einer anderen Zeit, ihre Vorbilder sind meist Rilke, George, Heyse, Alverdes und andere."
[36] Vgl. die Erklärungen, Aufrufe und Proteste von Gruppenangehörigen zu innen- und außenpolitischen Ereignissen und ihr politisches Engagement in den verschiedenen Wahlkämpfen. Lettau bringt nur eine Auswahl (Ebd. S. 446–524).
[38] Schnabel vermittelt 1952 A. Andersch in die Feature-Redaktion, Andersch wiederum ermöglicht H. Böll, H. G. Brenner, W. Hildesheimer, H. Huber, J. Kaiser, W. Koeppen, S. Lenz, H. Mönnich, H. W. Richter, W. Weyrauch u. a. die Mitarbeit. Die meisten der Genannten sind Angehörige der Gruppe 47. Vgl. *Schwitzke, H.:* Das Hörspiel. S. 276.
[39] Vgl. *Schwitzke, H.:* Das Hörspiel. S. 299.

genießt als lyrischer Dichter das Wohlwollen der institutionalisierten literarischen Kritik und der staatlichen Organe der Kulturpolitik. Aber auch hier sehen sich die Zuhörer, die auf ein harmloses Dichterwort gewartet haben, in ihren Erwartungen betrogen. Der Berichterstattung der großen Tageszeitungen ist zu entnehmen, daß "manche der unruhigen Zuhörer [...] die Rede Eichs unschicklich, vielleicht auch ungerecht gefunden haben"[40], daß die Rede "objektiv unglaubwürdig" sei,[41] daß Eichs Thesen beim anschließenden Empfang des Landes Hessen "auf ebenso heftige Ablehnung wie Befürwortung stießen" und daß Eich von Kultusminister Storz (Baden-Württemberg) und Oberbürgermeister Engel (Darmstadt) "an die Bedingtheiten jeder Macht erinnert" worden sei.[42] Aber auch erste Verharmlosungsversuche finden sich. So schlägt Süskind vor, die Rede "einfach als ein Stück lyrischer Rhetorik, als tönenden Monolog eines Dichters zu nehmen".[43] Und der Korrespondent der Frankfurter Allgemeinen Zeitung entschärft die Rede, indem er sie seinen Lesern als den ihnen vertrauten "Ausdruck des Leidens eines sensiblen Lyrikers an seiner Zeit, eine ins Zeitdiagnostische gewandte Interpretation seines Grundgedankens, daß die 'Entscheidungen im Taubenflug' geschehen, daß es dem geistigen Menschen anstehe, Sand, nicht Oel im Getriebe der Welt zu sein".[44]

Die Anspielung auf das Schlußwort der "Träume" im letzten Zitat macht deutlich, daß zu diesem Zeitpunkt, 1959, das Hörspiel "Träume" die "Grenze der Harmlosigkeit" nicht mehr überschreitet. Dieser Prozeß der Verharmlosung ist um 1960 so gut wie abgeschlossen. Voraussetzung dazu war zunächst der 1953 vorgenommene Wechsel des Mediums: erst die Buchausgabe des Hörspiels von 1953 ermöglicht es der institutionalisierten Literaturkritik und Interpretationskunst, das Hörspiel "Träume" zum dichterischen Kunstwerk zu erklären und damit zum Gegenstand ehrfurchtsvoller Wesensschau zu erheben. So verliert dieses Hörspiel mehr und mehr den aktuellen

---

[40] *Michaelis, R.*: Büchner-Preis. In: Stuttgarter Zeitung Nr. 253 vom 2. 11. 1959.
[41] *Süskind, W. E.*: Der Büchner-Preis für Günter Eich. In: Süddeutsche Zeitung Nr. 262 vom 2. 11. 1959.
[42] S. F.: Der Büchner-Preis für Günter Eich. In: Frankfurter Allgemeine Zeitung Nr. 254 vom 2. 11. 1959.
[43] Süddeutsche Zeitung Nr. 262 vom 2. 11. 1959.
[44] Frankfurter Allg. Zeitung Nr. 254 vom 2. 11. 1959.

Fragecharakter und gewinnt, in die erbauliche Sprache der Interpreten übersetzt[45], den Charakter einer "Antwort" im von Eich kritisierten Sinn.

Deutlich wird dies in der Interpretation des Hörspiels, die H. Klempt 1960 in der fachdidaktischen Zeitschrift "Der Deutschunterricht" für Unterrichtszwecke anbietet.[46] Diese Interpretation schafft mit die Voraussetzungen für eine Kanonisierung des Hörspiels "Träume", das von vornherein auf seine Buchfassung eingeschränkt und als "Dichtung" deklariert wird: "Die Träume wollen [...] mehr sein als psychologische Studien. Sie sind Dichtungen, auch wenn sie sich als Traumberichte geben."[47] Die Beobachtung, daß diese Träume zeitlich zwischen 1947 bis 1950 fixiert sind, wird nicht weiterverfolgt; "Dichtungen" sind ja angeblich "zeitlos". Die "Vorsprüche" werden als "lyrisch-hymnische" Aufrufe an den einzelnen Menschen gelesen, "alles, was an Menschlichem auf der Erde geschieht, mitfühlend in sich aufzunehmen. Er soll sein Bewußtsein sozusagen zu einem allgemeinen Bewußtsein hin erweitern."[48] Resultat dieser – übrigens typischen – Festlegung eines zeitgenössischen "Textes" auf ein abstraktzeitloses "dichterisches Anliegen":

> Es [das Hörspiel] will die Befindlichkeit des Seelengrundes feststellen, der unsere zivilisierte Lebenswirklichkeit trägt. Das Ergebnis soll jeden Einzelnen aufrütteln, vielleicht sogar alarmieren. Der stark auf Beunruhigung hinzielende Zug der Dichtung findet darin seine Erklärung. [...] Das Ziel kann nur dies sein: in jedem einzelnen Traum aufzuspüren, was er als tragenden Seelengrund unserer ganz überindividuell gesehenen Lebenswirklichkeit aufdeckt.[49]

---

[45] *Oliass, G.:* Eich oder die Idyllen der Angst. Versuch einer Standortbestimmung. In: Deutsche Rundschau 84 (1958). Nr. 3. S. 280–284. Hier S. 282 (über Eichs Lyrik): "Das Menschliche, scheint es, findet dem Künstlerischen den Weg. Not greift den Kontrast und macht, wo der Mensch Eich sich ins Alt-Abendländische und das seit Griechentum verklärte Natur zurückbirgt, das Gedicht Eichs zur kühneren Aussage." Und S. 284 (zum Hörspiel "Träume"): "Idyllen der Angst sind es, säuberlich aus der Zeit geschnitten mit lautloser Schere. Und Idyllen muß man sie heißen, weil sie mit aller Selbstverständlichkeit, am ruhigen Tag zumeist, umgeben von Hausrat und freundlich gemeinten Besuchen geschehen."

[46] *Klempt, H.:* Günter Eich: Träume. Versuch einer Interpretation. In: Der Deutschunterricht 12 (1960). H. 6. S. 62–72.

[47] Ebd. S. 62.

[48] Ebd. S. 63.

[49] Ebd. S. 64.

In der unterrichtlichen Behandlung soll diese "Sinnmitte" an Einzelzügen der jeweiligen Hörszene verifiziert werden:
> Auf diese Weise wird den Schülern in der analysierenden Handhabung der Dichtung das Wissen darum unverlierbar, daß das Kunstwerk zwar ein Innen und Außen hat, daß das Außen aber nur Ausstrahlung einer lebendigen Sinnmitte ist und daß das Innen andererseits nur im Äußeren und Sichtbaren erfaßt werden kann, ja, daß das Innen und Außen im Kunstwerk identisch ist.[50]

Solchermaßen zum freischwebenden Kunstwerk aufbereitet, hat das Hörspiel "Träume" nur noch die Funktion, den "kunstwissenschaftlichen" Ansatz zu bestätigen: die Einsicht zu wecken, wie schön sprachliche Mittel mit der festgelegten Bedeutung, der allgemeinmenschlich-erbaulichen Wahrheit harmonieren. Das Ärgernis des aktuellen kommunikativen Prozesses und seiner Bedingungen ist restlos beseitigt. Das Hörspiel "Träume" erfüllt damit alle Voraussetzungen, in den Kanon der sanktionierten, klassischen Muster aufgenommen zu werden. Seit 1963 wird es denn auch von der Kultusbehörde als Lektüre für den Deutschunterricht der Primen empfohlen.[51]

Damit ist Günter Eich auch auf diesem Sektor zum Klassiker der westdeutschen Nachkriegsliteratur verharmlost. Wie sehr Eich selber sich auch durch seine spätere Produktion stets dieser Vereinnahmung zu entziehen versucht hat, spätestens in den Nachrufen auf seinen Tod am 21. 12. 1972 sind die gröbsten "Ärgernisse" seiner "anderen Sprache" hinweginterpretiert.

Dies trifft freilich nicht nur auf Eich zu, sondern auf die ganze Gruppe, der er angehörte. Die Verleihung des Literatur-Nobelpreises an H. Böll sowie der Wahlsieg der sozialliberalen Koalition, diese beiden Ereignisse des Jahres 1972 setzen einen Wandel der Verhaltensnormen voraus, an dem profilierte Mitglieder der Gruppe 47 nicht unbeteiligt sind.[52] Sie sind Hinweise darauf, daß aus der umstrittenen Poetologie der Nachkriegsjahre, mit der entsprechenden Entschärfung durch die Institutionen der Bedeutungsfestlegung, die derzeit herrschende Poetologie geworden ist bzw. die Poetologie der Herrschenden.

[50] Ebd. S. 72.
[51] Vgl. Richtlinien für den Unterricht in der Höheren Schule. Teil e: Deutsch. Ratingen: Henn 1963 [= Die Schule in Nordrhein-Westfalen. H. 8]. S. 58.
[52] Vgl. das unablässige Engagement von G. Grass und H. Böll für die SPD sowie die von R. Schroers mitverantwortete Reform der FDP.

2.3.3 Ein kybernetisches Modell zur Beschreibung des Wandels von (Sprach-)Verhaltensnormen

2.3.3.1 Modell und Modellmethode

Kann der in unserem Beispiel beobachtete Wandel der Rezeptionsnormen verallgemeinert werden? Wie ist ein solcher Normenwandel begrifflich abbildbar? Das Beispiel führt zu der Frage nach einem allgemeinen Beschreibungsmodell für die historischen Veränderungen im Ablauf von kommunikativen Prozessen. Um hier weiterzukommen, erscheint es sinnvoll, an Forschungen aus dem Bereich der kybernetischen Theoriebildung anzuknüpfen. Diese Vorgehensweise könnte allerdings leicht als unzulässige Grenzüberschreitung mißverstanden werden. Der Klarheit halber seien deshalb einige Erläuterungen zum Begriff des Modells sowie zur Leistungsfähigkeit einer Methode eingefügt, die sich eines Modells bedient. (Diese gelten selbstverständlich auch für die übrigen in dieser Arbeit verwendeten Modelle.)

Unter einem *Modell* wird hier eine einfache, übersichtliche, künstliche Anordnung (materielle oder gedankliche Konstruktion) verstanden, die durch die Art ihrer Konstruktion in einem Analogieverhältnis zu einem komplexen, unübersichtlichen Sachverhalt (Original) steht und per Analogie Aufschluß über mögliche Verhaltensweisen und Struktur des Originals geben kann. Modelle in diesem Sinne dienen der Gewinnung von Erkenntnissen in einem noch weitgehend unbekannten Forschungsbereich; sie haben *heuristische Funktion*. Als Beispiele seien genannt: das Bohrsche Atommodell als Modell für das Verhalten von Elementarteilchen, der elektronische Rechenautomat als Modell für bestimmte Gehirnfunktionen, der Laplace'sche Dämon als Modell für ein kausalgesetzlich funktionierendes Universum, das platonische Höhlengleichnis als erkenntnistheoretisches Modell, das Modell des Senders in der Informationstheorie und in der Kommunikationstheorie usw.

Damit ist bereits angedeutet, was unter der *Modellmethode* zu verstehen ist, nämlich die Anwendung von Modellen bei der Analyse komplexer Sachverhalte oder, wie G. Klaus formuliert,

> die Abbildung der Fakten, Dinge und Relationen eines bestimmten Wissensbereiches auf eine einfachere, übersichtlichere materielle Struktur dieses Bereiches oder eines anderen Bereiches. Es handelt sich bei einem Modell folglich um ein dem Forschungsgegenstand in bestimmten wesentlichen

Strukturen und Relationen analoges System, dessen Anwendung bei der Erforschung bestimmter Gegenstandsbereiche sich auf die wissenschaftliche Berechtigung von Analogieschlüssen gründet.[53]

Die Anwendung von Modellen hat also, wie bereits gesagt, heuristischen Sinn: Modelle "stellen Anweisungen zum Suchen, zum Probieren, zur versuchsweisen Konstruktion dar. Mit ihrer Hilfe werden Denkmöglichkeiten durchprobiert".[54] In dieser Hinsicht wirksame Modelle müssen eine möglichst große Anzahl von *Analogien* mit dem Original aufweisen, müssen die Analyse von analogen Funktionszusammenhängen ermöglichen und müssen dazu *einfach* sein.[55] Diese Überlegungen zur Modellmethode gehen über den Rahmen des speziellen Problems weit hinaus. Die Geschichte der Wissenschaft ist unter modelltheoretischem Aspekt die Geschichte der Anwendung von Modellen, d. h. auch: eine Geschichte des Versagens von Modellen, "aber gerade die nicht ausreichenden Modelle sind erkenntnistheoretisch am interessantesten. An den Stellen, an denen das Modell den Vergleich mit der Wirklichkeit scheuen muß, liegt der Ausgangspunkt für weitere Fortschritte. [...] Der Prozeß des ständigen Fortschreitens unserer Erkenntnis, der immer besseren Abbildung der Wirklichkeit durch die Begriffe und Theorien, ist auch ein Prozeß der Herstellung immer besserer Modelle der Wirklichkeit".[56] Das gilt auch für das im folgenden zu charakterisierende Modell.

2.3.3.2 Das kybernetische System

Ein heuristisches Modell zur Beschreibung sozialen Wandels ist die gedankliche Konstruktion des kybernetischen Systems.[57] Bevor wir unser spezielles Problem an diesem Modell studieren können, ist es

---

[53] *Klaus, G.:* Kybernetik in philosophischer Sicht. Berlin: Deutscher Verlag der Wissenschaften 1965. S. 266.
[54] *Klaus, G.:* Spezielle Erkenntnistheorie. Prinzipien der wissenschaftlichen Theoriebildung. 2. Auflage. Berlin: Deutscher Verlag der Wissenschaften 1966. S. 293.
[55] *Couffignal, L.:* Das logische Konzept der Kybernetik. In: Haseloff, O. W. [Hrsg.]: Grundfragen der Kybernetik. Berlin: Colloquium-Verlag 1967. S. 45.
[56] *Klaus, G.:* Kybernetik in philosophischer Sicht. S. 298 f.
[57] Im folgenden Überblick beziehe ich mich, falls nicht anders angegeben, hauptsächlich auf *Klaus, G.:* Kybernetik in philosophischer Sicht. 3. überarb.

erforderlich, sich mit einigen kybernetischen Grundbegriffen vertraut zu machen.

Unter einem *kybernetischen System* wird hier diejenige Organisationsform einer Menge von Elementen verstanden, die in der Lage ist, sich gegenüber Einwirkungen aus der Umgebung (andere Systeme) und internen Störungen durch Selbstregulation relativ stabil zu verhalten.

Diese *Stabilität* ist relativ, weil sie dem jeweiligen System nur innerhalb gewisser Grenzen, innerhalb seines Stabilitätsbereichs möglich ist. Stabilität ist auch kein Zustand, sondern nur eine *Tendenz* zur Erreichung eines Gleichgewichtszustandes, in dem das System seine vorgegebenen Funktionen optimal verwirklichen kann.[58]

Die Fähigkeit zur Selbstregulation besagt: Innerhalb seines Stabilitätsbereichs versucht das kybernetische System *selbsttätig* und *zielstrebig* zu einem jeweils neuen Gleichgewichtszustand zu gelangen, indem es Funktionsstörungen zu kompensieren und dadurch den vorgegebenen Funktionszusammenhang der einzelnen Elemente (integrativer Sollwert) aufrecht zu erhalten versucht. Dies ist dann möglich, wenn die einzelnen Elemente des Systems durch einen Rückkopplungsmechanismus miteinander verbunden sind; genauer: wenn das System die Informationsverarbeitungsfunktionen des *Regelkreises* besitzt, wenn also das kybernetische System die Fähigkeit hat, mit Hilfe von Rezeptoren Informationen über Funktionsstörungen (Eingangsgrößen, Inputs) zu erhalten, diese mit Hilfe einer Reglerinstitution mit der eigenen Zielbestimmung (Sollwert, Führungsgröße) zu vergleichen, Abweichungen festzustellen und den im System verbundenen Elementen (Regelstrecke) über Effektoren ein entsprechend modifiziertes Verhalten gegenüber der Umgebung vorzuschreiben (Ausgangsgröße, Output).

Aufl. Berlin: Dietz 1963; *derselbe:* Kybernetik und Erkenntnistheorie. 4. unveränderte Aufl. Berlin: Deutscher Verlag der Wissenschaften 1972; *derselbe* [Hrsg.]: Wörterbuch der Kybernetik. Berlin: Dietz 1968. – *Känel, S. v.:* Einführung in die Kybernetik für Ökonomen. Berlin: Verlag Die Wirtschaft 1971. – *Flechtner, H. J.:* Grundbegriffe der Kybernetik. Eine Einführung. 2. Aufl. Stuttgart: Wiss. Verlagsges. 1967. – *Steinbuch, K.:* Automat und Mensch. Kybernetische Tatsachen und Hypothesen. 3. Aufl. Berlin, Heidelberg, New York: Springer 1965. – *Haseloff, O. W.* [Hrsg.]: Grundfragen der Kybernetik. Berlin: Colloquium 1967 [= Forschung u. Information 1].

[58] Vgl. dazu auch oben S. 60–63.

Je nach *Komplexität* kann ein kybernetisches System aus einer mehr oder weniger großen Anzahl von hierarchisch angeordneten Teilsystemen bestehen. In jedem Falle ist es seinerseits Teil eines übergreifenderen Gesamtsystems, das dem untergeordneten System den Sollwert für die Selbstregulation liefert.

Die *Art der Selbstregulation* eines kybernetischen Systems hängt davon ab, welcher Art die Störungen (die Umgebungsveränderungen, Inputs) sind, gegenüber denen sich das System stabil erhalten muß. Dieser Gesichtspunkt wird wichtig vor allem bei der Modellierung von komplexeren kybernetischen Systemen. Nach der Art der Selbstregulation lassen sich folgende Typen kybernetischer Systeme unterscheiden:

1) Kann ein kybernetisches System mehrere Typen von Störungen aus der Umgebung kompensieren, so spricht man (nach Ashby) von einem *ultrastabilen System*. Ein solches System ist in der Lage, von einer Verhaltensweise, die den Zweck nicht erfüllt, zu einer zweiten, dritten usw. zu springen, bis durch die entsprechende Anpassung an die veränderte Umgebung ein neuer Gleichgewichtszustand erreicht wird.

2) Eine noch größere Anpassungs- bzw. Kompensationsfähigkeit ist dann erreichbar, wenn das komplexe kybernetische System aus ultrastabilen Teilsystemen besteht, die zeitweilig voneinander unabhängig sein können. Ein solches System nennt man *multistabil*. Es kann sich "bestimmten Umweltbedingungen dadurch anpassen, daß sich nicht das ganze System mit all seinen wechselseitig voneinander abhängenden Veränderlichen diesen Umweltbedingungen anpaßt, sondern indem es für jeden besonderen Aspekt dieser Umwelt eines seiner (ultrastabilen) Teilsysteme einsetzt und diesem gewissermaßen die Aufgabe übergibt, die betreffende Anpassungsoperation zu übernehmen".[59]

3) Noch wirksamer wird die Selbstregulierung, wenn der Regelmechanismus des Systems über ein *inneres Modell* der Umgebung verfügt. Das hat folgenden Vorteil: Bevor das Teilsystem, dem die Verhaltensregelung obliegt, auf Störungen reagiert, probiert es erst am internen Modell mögliche Regelungsmaßnahmen durch, mit dem Ziel, diejenige Variante zu ermitteln, die unter den gegebenen Bedingungen und Zielbestimmungen die optimale Variante

---

[59] *Klaus, G.:* Kybernetik in philosophischer Sicht. S. 125.

einer möglichen Verhaltensregelung ist.[60] Das innere Modell ermöglicht dem kybernetischen System damit eine qualitativ neue, höhere Form des Verhaltens gegenüber Einwirkungen der Umgebung: "Entsprechend den als 'Erfahrungen' in das interne Modell eingegangenen Wirkungen der Umwelt können die zweckentsprechendsten, 'optimalen' Reaktionen [...] durch Experimente [...] am internen Modell ermittelt werden."[61] Dieses Regelungsverfahren hat jedoch noch einen Nachteil. Die Stabilität des Systems wäre bedroht, wenn das innere Modell die tatsächliche Umgebung nicht mehr adäquat abbildete. Das ist dann der Fall, wenn das Modell ein für allemal auf bestimmte System- und Umgebungsbedingungen festgelegt ist und sich nicht selbsttätig den veränderten Bedingungen anpassen kann.

4) Diese Anpassungsfähigkeit des inneren Modells an Veränderungen des Bezugsrahmens ist gegeben bei der Konstruktion eines *lernenden Systems*. Das lernende System verfügt über eine besondere Form der Rückkopplung zwischen den jeweiligen System- und Umgebungsbedingungen und dem inneren Modell.[62] Mit Hilfe eines derart anpassungsfähigen Modells kann die regulierende Systemeinheit Verhaltensanweisungen entwickeln, die das System gegenüber den unterschiedlichsten Typen von Störungen (Veränderungen der Umgebung) stabil erhalten. Diese Fähigkeit setzt voraus, daß das System über einen *Speicher* für bereits gemachte "Erfahrungen" verfügt.

Es bleibt noch zu klären, wie ein derart strukturiertes kybernetisches System an seinem inneren Modell die jeweils adäquaten Verhaltensanweisungen zum Kompensieren von Störungen auffindet. Hier interessiert vor allem das Auffinden von Verhaltensanweisungen für noch unbekannte Störungstypen. Es sind zwei Verfahren denkbar: einmal die Orientierung am übergeordneten System (Lernen durch Nachahmung), zum anderen, als das grundlegende Verfahren, das systematische Probieren im Sinne von "Trial and error" (Versuch und Irrtum): Das lernende System probiert in diesem Falle so lange mögliche Verhaltensanweisungen an seinem inneren Modell durch, bis es eine erfolgversprechende Variante gefunden hat. Dieses Verfahren kann

---

[60] *Känel, S. v.:* Einführung in die Kybernetik für Ökonomen. S. 229.
[61] *Klaus, G.* [Hrsg.]: Wörterbuch der Kybernetik. S. 287.
[62] Vgl. *Känel, S. v.:* Einführung in die Kybernetik für Ökonomen. S. 239 f.

dadurch verbessert und abgekürzt werden, daß die erfolgreichen Versuche gespeichert und bei weiteren Versuchen wiederverwendet werden, bis sich im ständigen Vergleich die optimale mögliche Verhaltensweise abzeichnet (Lernen durch Optimierung).[63] Erst diese wird dann in tatsächliches Verhalten umgesetzt.

Bei entsprechend komplex ausgebildetem inneren Modell von System und Umgebung wird noch eine weitere Form des Lernens möglich. Das Lernen durch Erfolg auf der Grundlage von "Trial and error" und das Lernen durch Optimierung muß nämlich nicht in jedem Falle in der direkten Auseinandersetzung mit der Umgebung stattfinden: "Die möglichen Varianten künftiger Reaktionen auf die Außenwelt können am inneren Modell durchgespielt und schon auf dieser Grundlage die voraussichtlich vorteilhaftesten (optimalen) ermittelt werden."[64] Solche Handlungsanweisungen, die auf künftiges Verhalten bei möglichen Störungen zielen, sind relativ unabhängig vom tatsächlichen Systemzustand.[65] Ein so ausgestattetes kybernetisches System bzw. sein regulierendes Teilsystem kann mithin nicht nur gegebene Systemzustände bei veränderten Bedingungen aufrechterhalten, sondern es kann auch – parallel dazu – ganze mögliche Anpassungs- bzw. Entwicklungsprozesse konstruieren und nach entsprechenden optimalen möglichen Verhaltensweisen (Strategien) suchen, um die Stabilität langfristig abzusichern.[66]

Das hier skizzierte Modell des kybernetischen Systems ist im wesentlichen bereits technisch realisiert und hat in diesen Realisierungen unsere gesellschaftliche Praxis mehr und mehr verändert. Es hat dem kybernetisch orientierten Fachwissenschaftler ermöglicht, Strukturen und Funktionen vieler Sachverhalte einsichtig zu machen, die sich bisher dem rationalen Zugriff entzogen, hat diese dadurch veränderbar gemacht und so in politisch-soziale Verantwortung gestellt. Dies betrifft vor allem Erkenntnisse auf dem Sektor der technischen Entwicklung, auf dem Gebiet der Gesellschaftswissenschaften wie Psychologie, Pädagogik, Soziologie, Politologie und Ökonomie. Das Modell eines komplexen kybernetischen Systems ist offenbar geeignet, Strukturen und Funktionen sozialer Gebilde und die Bedingun-

---

[63] Vgl. *Klaus, G.*: Kybernetik und Erkenntnistheorie. S. 145 f.
[64] *Klaus, G.*: Wörterbuch der Kybernetik. S. 353.
[65] Vgl. *Klaus, G.*: Kybernetik und Erkenntnistheorie. S. 147.
[66] Vgl. *Känel, S. v.*: Einführung in die Kybernetik für Ökonomen. S. 244.

gen zu ihrer Veränderung zu erhellen. Dieser allgemeine Hinweis muß hier genügen, da es uns um ein spezielles Problem geht.[67]

Die Ausgangsfrage war ja, wie der in unserem Beispiel zu beobachtende Wandel von Literaturrezeption erklärt werden kann. Es geht hier zwar um eine sehr spezielle Frage sozialen Wandels. Wenn wir aber eine historisch vorfindliche Sozialordnung als komplexes kybernetisches System und die darin befindlichen menschlichen Individuen als kybernetische Subsysteme interpretieren, bietet das kybernetische Modell auch Möglichkeiten zur Erklärung des in Frage stehenden Rezeptionsphänomens. Dazu ist es nötig, daß wir uns mit einem Teilbereich des kybernetischen Modells noch etwas näher befassen, mit den *Verhaltensanweisungen*, die das kybernetische System zur Selbstregulierung ausarbeitet. Hier wiederum interessiert nur das Verhalten des komplexen lernenden kybernetischen Systems mit verbesserungsfähigem inneren Modell der Umgebung, an dem menschliches Verhalten simuliert werden kann.

2.3.3.3 Algorithmenbildung

Die Verhaltensanweisungen, die das lernende kybernetische System aufgrund von tatsächlichen oder angenommenen Stabilitätsstörungen im Rahmen seiner Möglichkeiten zur Selbstregulierung erarbeitet, nennt man *Algorithmen* oder *Programme*. Ein Algorithmus bzw. Programm kann in diesem Zusammenhang definiert werden als Reihenfolge von einfachen Grundoperationen zur Bewältigung bestimmter Klassen von Anpassungsproblemen bzw. Störungen. Dabei kann die Reihenfolge entweder von vornherein festgelegt sein oder aber von den Ergebnissen jeweils vorangegangener Operationen abhängen.[68] Anders ausgedrückt: Algorithmen (Programme) sind Regeln bzw. Systeme von Regeln, die den Ablauf von Informationsverarbeitungsprozessen in kybernetischen Systemen vorschreiben.[69] Algorithmen

---

[67] Zum Stand der angewandten Kybernetik bringt die oben genannte Literatur genügend Beispiele. Vgl. ferner *Zapf, W.* [Hrsg.]: Theorien des sozialen Wandels. 3. Aufl. Köln, Berlin: Kiepenheuer & Witsch 1971 [= Neue Wiss. Bibliothek 31]. – *Frank, H.* [Hrsg.]: Kybernetik – Brücke zwischen den Wissenschaften. 7. völlig neu bearb. Aufl. Frankfurt: Umschau-Verlag 1970.

[68] Vgl. *Klaus, G. u. Buhr, M.* [Hrsg.]: Philosophisches Wörterbuch. 8. berichtigte Aufl. Berlin: Europ. Buch 1971. Bd. 1. S. 51 f.

[69] *Känel, S. v.:* Einführung in der Kybernetik für Ökonomen. S. 296.

(*Programme*) sind Anleitungen zum (möglichen und tatsächlichen) Handeln.[70]

Wie bereits gesagt, ist ein lernendes kybernetisches System fähig, erfolgreich verwendete Algorithmen sowie erprobte deduktive Ableitungen und erprobte Zusammenschaltungen aus vorhandenen Algorithmen zu speichern. Einwirkungen aus der Umgebung wird es dadurch zu begegnen versuchen, daß es den jeweils identifizierten Störungstyp dem gespeicherten Algorithmenvorrat zuordnet und den entsprechenden Algorithmus realisiert. Auf diese Weise kann es sein "*normales*" Verhalten zur Umgebung aufrechterhalten. Darüber hinaus ist ein lernendes kybernetisches System prinzipiell aber auch fähig, Algorithmen sowie deduktive Ableitungen bzw. Zusammenschaltungen aus vorhandenen Algorithmen zu *bilden*, nämlich dann, wenn aufgrund nicht "normaler" Störungen diese Zuordnung nicht gelingt. Die Bildung neuer Algorithmen geschieht entweder durch Übernahme kompletter Algorithmen von übergeordneten Systemen (Lernen durch Nachahmung) oder – und das ist die eigentliche Alternative zum induktiv-deduktiven Normalverhalten – im Trial-and-error-Verfahren am inneren Modell, das dadurch "reduktiv" erweitert wird.

G. Klaus hat auf den heuristischen Wert dieser beiden Verhaltenskategorien des lernenden Systems für das erkenntnistheoretische Problem des schöpferischen Denkens aufmerksam gemacht. Seine Überlegungen geben, wir mir scheint, auch einen Bezugsrahmen ab, in dem das hier anstehende Problem des Wandels literarischer Rezeptionsnormen sinnvoll diskutiert werden kann; sie seien deshalb referiert.[71]

Klaus geht von der Unterscheidung zwischen schematischem (= algorithmischem) Denken einerseits und schöpferischem sowie chaotischem Denken andererseits aus. Er stellt fest, daß konkrete Unterscheidungen dieser Art weitgehend historisch bedingt sind:

> Viele schöpferische Erweiterungen unseres Wissens sind ganz zwangsläufig mit Elementen chaotischen Denkens durchsetzt. [...] Gerade weil nun das chaotische und das schöpferische Denken erst im Prozeß der praktischen Bewährung des schöpferischen Denkens, d. h. aus der historischen Rückschau, streng voneinander getrennt werden können, hieße der Versuch, von vornherein jedes Risiko des chaotischen Denkens ausschließen zu wollen,

---

[70] *Klaus, G.:* Kybernetik in philosophischer Sicht. S. 70.
[71] *Klaus, G.:* Kybernetik und Erkenntnistheorie. Hier besonders Abschnitt 7.2.: "Schematisches und schöpferisches Denken".

zugleich Verzicht auf schöpferisches Denken. Freiheit des schöpferischen Denkens bedeutet also zugleich Freiheit für das chaotische Denken – trotz aller Risiken, die damit verbunden sein mögen.[72]

Indem er nun diesen Sachverhalt am kybernetischen Modell studiert, gelangt er zu der These,

> daß das schöpferische Denken nichts anderes ist als eine besondere Form der Anwendung der Trial-and-error-Methode. Das verworrene, phantastische Denken ist der Zwillingsbruder des schöpferischen Denkens im eigentlichen Sinne, ebenso wie in der Trial-and-error-Methode Erfolg und Mißerfolg unlösbar miteinander gekoppelt sind. Dort, wo wir einen Algorithmus besitzen, der den Erfolg geradezu garantiert, dort, wo wir eine deduktive Methode besitzen, die die Wahrheit zwangsläufig erzeugt, brauchen wir keine Trial-and-error-Methode. Dort aber, wo wir keinen Algorithmus haben, keine deduktive Methode besitzen, müssen wir die Trial-and-error-Methode anwenden und damit das Risiko des Irrtums, des Mißerfolgs auf uns nehmen.[73]

Im Vergleich zum algorithmischen Verfahren stellt das Trial-and-error-Verfahren auf der Entwicklungsebene des Menschen nur einen methodologischen Grenzfall dar. Denn der dem Menschen verfügbare Vorrat an Algorithmen für Probleme der Natur, des Denkens und der Gesellschaft ist im Laufe seiner Geschichte so groß und umfassend geworden, daß dem Trial-and-error-Verfahren, wie es scheint, nur eine untergeordnete Bedeutung zukommt. Für alle auftretenden Probleme scheint es Algorithmen, deduktive Anweisungen und Strategien zu geben. Dies wäre jedoch eine Überbewertung des algorithmischen Denkens. Nur die Trial-and-error-Verfahrensweisen gewährleisten dem lernenden kybernetischen System die Bewältigung von nicht kalkulierbaren Störungen, die Anpassung an neue Bedingungen der Umgebung; sie gewährleisten damit, daß das innere Modell der Umgebung dieser isomorph bleibt und verhindern so Stagnation in der künftigen Entwicklung des kybernetischen Systems und seine Selbstzerstörung.

> Alle anderen Methoden, die deduktive Methode, die apriorische Einschätzung von Situationen usw., gestatten zwar, das bereits Gewonnene und Erreichte auszubauen, zu sichern, zu systematisieren, sie sind aber nicht in der Lage, prinzipiell Neues zu schaffen. Das, was die Trial-and-error-Methode von anderen Methoden unterscheidet, besteht gerade darin, daß sie

---

[72] Ebd. S. 263.
[73] Ebd.

systematisch den Zufall berücksichtigt. Die deduktive Methode, die apriorischen Verhaltensweisen überhaupt wollen den Zufall ausschließen, die Trial-and-error-Methode hingegen verwendet ihn systematisch, setzt ihn voraus, rechnet mit ihm.[74]

Worin besteht nun das Trial-and-error-Verfahren im einzelnen? Klaus gibt folgende Charakteristik:

1) Das lernende kybernetische System bzw. das erkennende Subjekt muß in der Lage sein, bestimmte Parameter, d. h. vorgegebene Elemente seines algorithmischen Bezugsrahmens "blindlings" zu variieren, und darf nicht "voreingenommen" an eingefahrenen Algorithmen des Handelns und Denkens festhalten.[75]
2) Diese Fähigkeit zu "blindem" Variieren, zur Initiierung eines Zufallsprozesses ist zwar die notwendige Voraussetzung für ein erfolgreiches Trial-and-error-Verfahren, reicht jedoch nicht aus. Der Erfolg hängt mit ab von der verfügbaren Anzahl von Variablen, innerhalb derer Trial-and-error-Prozesse vor sich gehen können, sowie den der verfügbaren Anzahl von Relationen zwischen den Variablen.[76] Das kybernetische System ist um so erfolgreicher in der Anwendung des Trial-and-error-Verfahrens, je größer die Anzahl seiner verfügbaren Algorithmen (Programme) und Teilalgorithmen (Unterprogramme) ist, die es nach dem Trial-and-error-Verfahren zusammenschalten kann, und je größer die Anzahl der verfügbaren Auswahlprinzipien (Unterprogramme des Auswählens) ist, mit deren Hilfe erfolglose Versuche ausgeschieden werden können und der Suchprozeß abgekürzt werden kann. Im übrigen wächst die Wahrscheinlichkeit einer Lösung mit der Anzahl der Trial-and-error-Versuche.[77]
3) Das kybernetische System muß in der Lage sein, "den Wert solcher Algorithmen zu erkennen, die nicht den angestrebten Zielen dienen, die aber im Prozeß des zielstrebigen Verhaltens gewissermaßen nebenbei anfallen und sich als geeignet erweisen können, andere erstrebenswerte Ziele zu erreichen".[78]

---

[74] Ebd. S. 264.
[75] Ebd. S. 267. – Klaus verweist in diesem Zusammenhang auf parallele Resultate der philosophischen Spontaneitätsdiskussion.
[76] Vgl. ebd. S. 276.
[77] Vgl. ebd. S. 273.
[78] Ebd. S. 274.

Schöpferisches Denken wäre demnach beschreibbar als das (seltene) Zusammentreffen einer Reihe von elementaren Fähigkeiten: "die Fähigkeit zur Anwendung der Trial-and-error-Methode auf den verschiedenen Ebenen[79], zur Konstruktion von Teilalgorithmen bzw. Unterprogrammen auf der Grundlage der Ergebnisse der Anwendung der Trial-and-error-Methode, zur Bildung der Prinzipien des Zusammenschaltens solcher Unterprogramme (wobei diese Prinzipien selbst wieder durch einen Trial-and-error-Prozeß gewonnen werden können), die Fähigkeit zur Auswahl und Bewertung von Algorithmen bzw. Unterprogrammen und zur Abschätzung der Bedeutung von 'Nebenzielen', die in einem solchen Prozeß erreicht wurden bzw. als erreichbar erscheinen."[80]

Schöpferisches Denken ist damit gleichbedeutend mit einem aktiven Verhalten des lernenden kybernetischen Systems "Mensch" zur jeweiligen Umgebung; denn es wartet nicht nur passiv ab, bis es Informationen aus der Umgebung erhält, um dann zu reagieren, sondern es wirkt seinerseits durch zufälliges Variieren seiner Bezugsgrößen aktiv auf die Umgebung ein und beobachtet die Folgen seiner Einwirkung.[81] Klaus verweist in diesem Zusammenhang auf experimentelle Untersuchungen, die gezeigt haben, daß sich die menschlichen Sinnesorgane, wenn sie nicht gerade auf ein bestimmtes Objekt gerichtet sind, nicht in Ruhe befinden, sondern sich aktiv zur Umwelt verhalten, vergleichbar etwa dem ungerichteten Trial-and-error-Verfahren des rotierenden Radarschirms auf dem Flugplatz.[82] Diesem Verfahren der menschlichen Sinnesorgane (Rezeptoren) entspricht, so die Hypothese von Klaus, "ein ähnlicher Vorgang in allen höheren Zentren des kybernetischen Systems 'Mensch' bis hinauf zu den höchsten Formen des Bewußtseins und des Denkens",[83] eben das schöpferische Denken.

Es bleibt noch übrig, das Verhältnis von schöpferisch-heuristischem und schematisch-algorithmischem Denken zu bestimmen. Dieses Verhältnis ist ein jeweils historisches. Algorithmen gehen mittelbar (etwa beim Lernen durch Nachahmung) oder unmittelbar auf Trial-and-error-Verfahren zurück. Umgekehrt: das Trial-and-error-Verfahren

---

[79] Scil. der Auseinandersetzung mit der Umgebung: Handeln, Denken, Theoriebildung über Gedachtes.
[80] Ebd. S. 274 f.
[81] Ebd. S. 269.
[82] Ebd. S. 269 f.
[83] Ebd. S. 270.

wird jeweils nur so lange angewendet, bis es durch einen entsprechenden Algorithmus ersetzt werden kann.[84] Algorithmen sind historisch fest gewordene Resultate von Trial-and-error-Prozessen; dies betrifft die in der Erbinformation verankerte Programmierung der Lebewesen, die Systeme bedingter Reflexe, die die Individuen während ihres Lebens erwerben, sowie – auf der Ebene der menschlichen Erkenntnis – die spezielleren und allgemeineren Theorien und Algorithmen zur Durchführung gedanklicher und materieller Tätigkeiten.[85]

Aus der historischen Relativität des Schöpferischen folgt, daß alles schöpferische Denken dann schematisch wird, wenn es allgemein bekannt und evident geworden ist. Andererseits werden erst dann, wenn ein Bereich des Denkens schematisch geworden ist, auch die Möglichkeiten seiner Weiterentwicklung ersichtlich, die Mängel der bisherigen Algorithmen, zu deren Überwindung wiederum schöpferische Arbeit notwendig wird.[86] Schöpferisches und schematisches Denken bedingen sich demnach wechselseitig, und erst in diesem Wechselverhältnis führt die Trial-and-error-Methode zu jeweils neuen Denkweisen, die mehr leisten als deduktive Ableitungen aus schon bekannten Voraussetzungen, und zu jeweils neuen, komplexeren Verhaltensweisen, die den Umweltbedingungen adäquater sind.[87]

2.3.3.4 Algorithmenbildung im Sprachverhalten

Die vorgetragenen Überlegungen zur Eigenart der Algorithmenbildung beim kybernetischen System Mensch sind für unsere Zwecke noch zu unspezifisch. Wir haben nämlich bisher, der Einfachheit halber, ganz vom *semiotischen Aspekt* der Algorithmenbildung abgesehen und die "reinen" Denkverfahren diskutiert. Doch interessiert hier nicht schöpferisches und schematisches Denken *als solches*, sondern die *sprachlichen Manifestationen* bzw. die *sprachlichen Realisierungen* von schöpferischem und schematischem Denken. Denken als Informationsaufnahme, Informationsübertragung und Informationsverarbeitung ist ja stets an sprachliche Zeichen gebunden, und ebendies gilt es im folgenden zu berücksichtigen. Es ist zu fragen nach den Besonderheiten der sprachlichen Realisierungen von schöpferischem

---

[84] Vgl. ebd. S. 270.
[85] Ebd. S. 268.
[86] Ebd. S. 278 f.
[87] Ebd. S. 270. Vgl. dazu auch *Klaus, G.*: Kybernetik in philosophischer Sicht. S. 433 f.

und schematischem Denken. Auch hier bietet es sich an, einige Hinweise von G. Klaus zu nutzen.[88]

Die Fragestellung macht es zunächst einmal nötig, das kybernetische System "Mensch" als Teilsystem in einem übergeordneten lernenden kybernetischen System zu betrachen: als Teilsystem in seiner sozialen Bezugsgruppe, gesellschaftlichen Schicht, staatlich organisierten Sprachgemeinschaft usw. Die jeweiligen sprachlichen Realisate von Informationsübertragung und -verarbeitung beziehen sich stets auf solche übergeordnete lernende Systeme, sie ermöglichen die Stabilisierung des jeweils übergeordneten Systems in der spezifischen Struktur seiner Elemente gegenüber Störungen.

Dies gilt zunächst vom *schematisch-algorithmischen* Denken/Sprechen und Handeln.

Ist das kybernetische System konkreter bestimmt als gesellschaftliche Organisationsform eines bestimmten Sprachbereichs, dann umfassen diese Algorithmen Anweisungen zum jeweils für richtig gehaltenen (sanktionierten) Denk- und Sprachverhalten, zur jeweils richtigen Interaktion innerhalb dieses sozialen Systems. Sie haben den Charakter von Normen bzw. Normierungen (Verhaltensstereotypen) im Verhalten des jeweiligen sozialen Systems oder Teilsystems; sie ermöglichen erst zielstrebiges Verhalten:

> Das Zusammenleben der Menschen und ihre Zusammenarbeit in der Produktion erfordern gemeinsame Stereotype, und sie entstehen u. a. dadurch, daß bestimmte Tatbestände normiert werden. Den gedanklichen Stereotypen entsprechen normierte sprachliche Ausdrücke. Gedankliche Stereotype haben den Charakter von Unterprogrammen, die im Prozeß des Denkens zusammengeschaltet bzw. eingeschaltet werden. Da alles Denken sich in sprachlichen Formen vollzieht, bedeutet das, daß die normierten Ausdrücke als sprachliche Unterprogramme eingeschaltet werden, d. h. daß bestimmte genormte Redeweisen zur Kennzeichnung bestimmter genormter Tatbestände benützt werden.[89]

Diese Normierungen im Bereich des Denkens/Sprechens und auch des Handelns betreffen grundsätzlich alle am "inneren Modell der Umgebung" gewonnenen Konstrukte: nicht nur die als tatsächlich gegeben

---

[88] *Klaus, G.:* Die Macht des Wortes. Ein erkenntnistheoretisch-pragmatisches Traktat. 5. überarb. u. erw. Aufl. Berlin: Deutscher Verlag der Wissenschaften 1969. Hier Kap. 6: "Sprache und Norm" (S. 151–180).

[89] *Klaus, G.:* Die Macht des Wortes. S. 155.

angenommenen Umgebungs- und Systemverhältnisse, sondern auch die als *denkmöglich* anerkannten Umgebungs- und Systemverhältnisse und daraus abgeleitete Verhaltensmöglichkeiten sowie deren sprachliche Entsprechungen: Fiktionen und metaphorisches Sprechen.[90] Hier wäre u. a. auch der systematische Ort für einen weiten Bereich der sogenannten poetischen Textprozesse.

Die Unterprogramme des Denkens/Sprechens können näherhin mit Hilfe der semiotischen Kategorien unterschieden werden nach syntaktischen, semantischen und pragmatischen Normierungen. Die *syntaktische* Normierung des Sprachverhaltens betrifft die syntaktischen Besonderheiten der sprachlichen Ausdrucksweise (Code) eines gesellschaftlichen Systems oder Teilsystems, also Algorithmen der Konstruktion von Zeichenreihen, der Umformung und Substitution von Zeichenreihen. Die *semantische* Normierung betrifft die jeweils vorgegebene Zuordnung der sprachlichen Zeichen zu bestimmten gegebenen oder möglichen Sachverhalten bzw. deren Modellierung, also Algorithmen des Erkennens, Algorithmen der Gewinnung von Aussagen aus anderen Aussagen. Sie dienen der Verständlichkeit. Die *pragmatische* Normierung betrifft die fixierte Zuordnung von Sprachverhaltensmustern zu bestimmten Situationen, also Algorithmen des sprachlichen Handelns. Pragmatisch normierte Zeichenreihen (z. B. Schlüsselwörter) dienen dazu, Unterprogramme im menschlichen Bewußtsein in Gang zu setzen, die ihrerseits den Denkprozeß vereinfachen sollen.[91]

Die jeweiligen Normierungen in ihrer Gesamtheit, die Unterprogramme des Sprachverhaltens als Träger von Denkgewohnheiten und Auslöser von Verhaltensgewohnheiten, stellen gleichsam die gespeicherte bisherige geistige Arbeit des betreffenden sozialen Systems dar, seinen Vorrat bisher gesammelter "Erfahrungen".[92] Sie ermöglichen erst die informationellen Kopplungen bzw. Rückkopplungen, die das lernende kybernetische System "Gesellschaft" konstituieren und nach außen hin sowohl abgrenzen als auch aktionsfähig machen. Sie sind die Bedingungen für das zielstrebige Funktionieren des Systems und seiner Teilsysteme. Die Summe der geltenden – stets auch sprachlich manifesten – Anweisungen eines sozialen Systems zu adäquatem Ver-

---

[90] Vgl. dazu ebd. S. 160–164.
[91] Vgl. ebd. S. 153 f.
[92] Vgl. ebd. S. 156.

halten in möglichen, erwartbaren Situationen wollen wir im folgenden als das *Programm* des sozialen Systems bezeichnen.

Das Programm eines sozialen Systems bildet den Bezugsrahmen für Denken und Handeln der in ihm strukturierten Individuen. Die Teilsysteme sowie die Individuen denken/sprechen und handeln auf der Grundlage der ihnen verfügbaren Unterprogramme. Auftretende Probleme werden stets mit Hilfe fertiger, auf das Gesamtprogramm verweisender Unterprogramme erkannt und verarbeitet, d. h. abstrahierend eingeordnet und gespeichert.[93]

Zu beachten ist, daß dem Individuum die ihm verfügbaren Algorithmen bzw. Unterprogramme größtenteils sozial vermittelt sind, etwa durch Lernen durch Nachahmung und Belehrung. Die Verfügbarkeit über ein Mehr oder Weniger an Unterprogrammen ist eine Voraussetzung für die funktionsgerechte Strukturierung des jeweiligen sozialen Systems in Teilsysteme und der Individuen in den Teilsystemen.

Hierbei kommt gerade den sprachlichen Manifestationen der Unterprogramme besondere Bedeutung zu. Sie entwickeln eine "relative Eigengesetzlichkeit" und sichern dadurch das kontinuierliche und zielstrebige Verhalten von Individuen und Teilsystemen im Sinne der Stabilitätsanforderungen, d. h. des Programms des übergeordneten Gesamtsystems auch über eine längere zeitliche Distanz:

> Solche sprachlichen Normierungen haben ihre relative Eigengesetzlichkeit. Sie entstehen im Prozeß der Herausbildung gedanklicher Stereotype. Aber wenn sie gebildet worden sind, gewinnen sie Eigenleben und beeinflussen ihrerseits das Denken, denn die sprachlichen Ausdrücke bestehen länger als der Gedankeninhalt, den sie ausdrücken. Die sprachlichen Formen von Gedanken können noch weiter existieren, wenn die gedanklichen Inhalte schon längst ihre einstige Bedeutung verloren haben.[94]

Die normative Kraft bewährter Unterprogramme des Sprachverhaltens kann auf diese Weise auch dann noch wirksam sein, wenn diese

---

[93] Vgl. dazu ebd. S. 159: "Um mit der außerordentlich komplexen Umwelt begrifflich fertig zu werden und auf diese begriffliche und sprachliche Abbildung der Realität ein zweckmäßiges, erfolgversprechendes Handeln aufbauen zu können, *muß* der Mensch mit normierten Abbildern bzw. ihnen entsprechenden sprachlichen Normierungen arbeiten." – Vgl. dazu auch die einführende Vorlesung von *Rothacker, E.:* Philosophische Anthropologie. 2. verb. Aufl. Bonn: Bouvier 1966.

[94] *Klaus, G.:* Die Macht des Wortes. S. 155.

der Stabilisierung des Gesamtsystems nicht mehr nutzen, wenn sich die Verhältnisse geändert haben, unter denen sie zunächst mit Erfolg verwendet werden konnten. So gesehen kann die relative Eigengesetzlichkeit des Sprachverhaltens auch ungünstige Auswirkungen haben. Individuen und ganze Teilsysteme können versuchen, an einem gegebenen Vorrat von Unterprogrammen auch unter veränderten Umständen festzuhalten. Das kann zu internen Störungen im zielstrebigen Funktionsablauf des Gesamtsystems führen und auch dessen Anpassungsfähigkeit an veränderte Umgebungsverhältnisse beeinträchtigen. Es kann zeitweilig sogar der Eindruck entstehen, als sei das "innere Modell" auf ein bestimmtes Verhältnis von System und Umgebung festgelegt und damit die Lernfähigkeit des Systems blockiert.

Doch ist dies nur scheinbar so. Der jeweils beobachtete Systemzustand ist nur ein Ausschnitt aus dem historischen Entwicklungsprozeß des Systems. Das jeweilige gesellschaftliche Gesamtprogramm und seine Unterprogramme unterliegen historischen Veränderungen. Die geltenden Normierungen des Sprechens/Denkens sind zu Normierungen erst *geworden*. Ihre Eigengesetzlichkeit ist historisch relativ. Denn das betreffende soziale System hat als ein (multistabiles) lernendes kybernetisches System die Fähigkeit, von seinen Normierungen abzuweichen. Solche Abweichungen sind nach Klaus immer dann nötig, "wenn es gilt, neue Erscheinungen in Natur und Gesellschaft begrifflich zu erfassen und damit auch sprachlich zu bezeichnen. Sie sind nötig, wenn es gilt, *neue* Normen des Verhaltens, z. B. des moralischen Verhaltens durchzusetzen".[95] Hier müssen wir jedoch unterscheiden: die Fähigkeit, neue Algorithmen des Sprachverhaltens zu bilden, ist nicht gleichbedeutend mit der Fähigkeit, diese neuen Algorithmen durchzusetzen. Letzteres kann, wie noch zu zeigen sein wird, ein langwieriger Prozeß sein; zudem sind die beiden Fähigkeiten gewöhnlich auch unterschiedlichen Funktionsbereichen (Teilsystemen) des sozialen Systems zugeordnet. Als positiv zu bewertende Fähigkeiten erscheinen sie auch nur im Hinblick auf die Zielstrebigkeit des Gesamtsystems, während sie für Teilsysteme den Charakter von Störungen haben können; Klaus charakterisiert diese Situation wie folgt:

> Neue Redeweisen, neue Sprachgewohnheiten treten in Widerspruch zu alten, bis jetzt bewährten Redeweisen, zu alten Sprachgewohnheiten. Diesen

[95] Ebd. S.158.

Prozeß erleben wir ständig in allen Wissenschaften, in der Technik und in der Alltagssprache. [...] Das, was für diese Form der Einführung einer neuen Bedeutung gilt, gilt erst recht für die *spontane* Durchsetzung eines neuen Sprachgebrauchs, wie er sich in der Alltagssprache ständig vollzieht. Die Veränderung der Bedeutung alter, schon lange verwendeter Wörter und die Prägung neuer Wörter vollziehen sich hier gewissermaßen nach dem Trial-and-error-Prinzip.[96]

Was oben über das Trial-and-error-Verfahren im allgemeinen gesagt wurde, gilt auch unter dem Aspekt der Zeichenhaftigkeit bzw. der Sprachgebundenheit des Denkens. Zum "Regelmechanismus" eines sozialen Systems gehören Organe (Teilsysteme, Individuen), die vermöge eines entsprechend ausgebildeten inneren Modells von System und Umgebung die Fähigkeit haben, das Denken als Zeichenverwendung schöpferisch weiterzuentwickeln. Die Methode dazu ist das Trial-and-error-Verfahren: das "blinde" Variieren und Zusammenschalten von bestehenden Unterprogrammen des Sprachverhaltens zur Lösung von Erkenntnis- bzw. Bezeichnungsproblemen des Gesamtsystems oder seiner Teilsysteme, d. h. zur Lösung von vorfindlichen oder zu erwartenden Lern- bzw. Anpassungsproblemen des Gesamtsystems oder seiner Teilsysteme.[97] Zu dieser schöpferischen bzw. Trial-and-error-Tätigkeit im Bereich des Sprachverhaltens gehört auch die *poetische Tätigkeit* im engeren Sinne. Poetische Textprozesse können in kybernetischer Sicht bestimmt werden als Manifestationen von Trial-and-error-Verfahren im Bereich des Sprachverhaltens zur Einleitung von Lernprozessen des betreffenden sozialen Systems.

Diese sehr allgemeine Begriffsbestimmung läßt sich mit Hilfe traditioneller Eingrenzungen des Poesiebegriffs leicht konkretisieren. Es sei verwiesen auf Kants Formulierung, Poesie sei die Fähigkeit, "ein

---

[96] Ebd. S. 157 f.
[97] Vgl. dazu ebd. S. 159: "Es muß keineswegs immer der *Begriff* dem *Wort* vorangehen. Unerklärte Erscheinungen, irrationale Überlegungen des Menschen und vor allem bestimmte nur gefühlsmäßig erfaßte Zusammenhänge werden oft durch Wörter bezeichnet, ohne daß jedem dieser Wörter schon ein Begriff entspricht. Derartige Wörter können durchaus mit Handlungen verknüpft sein, können Handlungen auslösen, die solchen irrationalen Denkweisen entsprechen, oder sie können bestimmte emotionale Zustände wiedererzeugen." Klaus denkt dabei mehr an das religiöse Sprachverhalten, doch kann man dieses Verhalten als Trial-and-error-Verfahren im Bereich der Sprache m. E. verallgemeinern.

freies Spiel der Einbildungskraft als ein Geschäft des Verstandes auszuführen";[98] oder auf die oben (im Beispiel I) angeführte Ästhetik-Konzeption Schillers, die das Trial-and-error-Verfahren der kybernetischen Spieltheorie für unsere Zwecke konkretisieren könnte. Man kann aber noch einen Schritt weiter gehen und mit Hilfe der traditionellen Begrifflichkeit die sprachlichen Realisierungen des Trial-and-error-Verfahrens bestimmen. Dazu bietet sich die Sprachtheorie der Adelungschen Richtung (um 1800) an; K. Reinhard faßt den Diskussionsstand folgendermaßen zusammen:

> Die Theoristen haben das *Wesen der Poesie* in Sylbenmass und Reim; andere in der Nachahmung; noch andere in der Erdichtung gefunden. Wiederum versuchen es einige in der Verknüpfung der Nachahmung und Erdichtung unter sich, oder auch mit der gebundenen metrischen Schreibart, und endlich andere in der Begeisterung. [...] Die Erklärung, welche in den neuesten Zeiten besonders in unsern Deutschen ästhetischen Schulen am allgemeinsten angenommen worden ist, und auch allerdings der Sache am nächsten zu treten scheinet, wiewohl die leichte Fasslichkeit nicht eben ihre Tugend ist, ist die Baumgartenische: Das Gedicht ist eine vollkommen sinnliche Rede (Poema est Oratio sensitiva perfecta). [...] Was Baumgarten sinnliche Vollkommenheit nannte, drucken Andere durch *Lebhaftigkeit* aus, und setzen den wesentlichen Character des Gedichts in einer Rede [= Sprachverhalten], die den höchsten Grad der inneren sowohl als äusseren Lebhaftigkeit hat, um mit ästhetischem Wohlgefallen auf das Gefühls-Vermögen zu wirken.[99]

Poetische Tätigkeit als eine der Anwendungen des Trial-and-error-Verfahrens: als "blindes" Variieren und Zusammenschalten von vorfindlichen Unterprogrammen des Sprachverhaltens wäre demnach beschreibbar als die Erzeugung eines Zustandes von psychischer

---

[98] *Kant, I.:* Kritik der Urteilskraft. § 51. Werke in sechs Bdn. Hrsg. v. W. Weischedel. 2. Aufl. Darmstadt: Wiss. Buchgesellschaft 1966. S. 422.

[99] *Reinhard, K.:* Erste Linien eines Entwurfs der Theorie und Literatur des Deutschen Styles. Göttingen: Vandenhök u. Ruprecht 1796. S. 220 f. — Der Gesichtspunkt "Nachahmung", seit Aristoteles (Poetik-Vorlesung) in der Diskussion, bestimmt diese auch heute noch; Lotman versucht, ihn mit Hilfe des Modellbegriffs zu aktualisieren, wobei er allerdings auf das Verhältnis von Modell und (auch anderweitig faßbarem) Original abhebt. Damit ist aber das Problem nur neu benannt. Vgl. *Lotman, J. M.:* Vorlesungen zu einer strukturalen Poetik. Einführung, Theorie des Verses. Hrsg. u. mit einem Nachwort versehen v. K. Eimermacher. Übers. v. W. Jachnow. München: Fink 1972 [= Theorie u. Gesch. d. Literatur u. d. schönen Künste 14]. S. 34–44.

"Lebhaftigkeit" bzw. Anschaulichkeit, als Erzeugung von eidetischen Vorstellungen.[100] Das heißt: poetische Tätigkeit ist nicht-begriffliches, nicht-algorithmisches, heuristisches Sprechen/Denken. Sprachliches Realisat dieses nicht-begrifflichen bzw. vorbegrifflichen Sprechens/Denkens ist das tropische Sprechen, näherhin das metaphorisch-fiktive Sprechen. Genauer: Die sprachlichen Manifestationen der eidetischen Vorstellungen, die – "halb Bild, halb Wort und halb Kalkül"[101] – im Trial-and-error-Verfahren durch (relativ) "blindes" Variieren der verfügbaren Unterprogramme des Sprachverhaltens erzeugt werden, scheinen mit Hilfe der rhetorischen Kategorie der *Metapher* und der aus ihr abgeleiteten Kategorien wie des *fiktiven Modells* beschreibbar. Die Funktion dieser sprachlichen Manifestationen besteht darin, vorfindlichen und möglichen Störungen des sozialen Systems bzw. seiner Teilsysteme zu begegnen, die vom betroffenen System mit Hilfe der schon vorhandenen Algorithmen des Sprachverhaltens nicht bewältigt werden können. Metaphern und fiktive Modelle des Sprachverhaltens sind geeignet, "eine Brücke vom schon Gewußten und Bekannten zum Unbekannten oder unvollkommen Bekannten zu schlagen".[102] Sie gehen der Algorithmenbildung voran; die Abbildung neuer Gegebenheiten am "inneren Modell" des Systems bedingt folglich die ständig neue Bildung von metaphorischen Ausdrucksweisen und ihre ebenso ständige schrittweise Überführung in sprachliche Unterprogramme.[103]

Damit sind wir bereits bei den Auswirkungen des Trial-and-error-Verfahrens im Bereich des Sprachverhaltens auf das soziale System.

---

[100] Vgl. dazu *Adelung, J. Chr.*: Ueber den Deutschen Styl. 4. verm. u. verb. Aufl. Berlin: Vossische Buchhandlung 1800. Bd. 2. S. 231: "[Der Unterschied zwischen Poesie und Prosa] bestehet ganz in dem Grade der *Lebhaftigkeit*, oder wenn man lieber will, der *Anschaulichkeit*, nur daß man das Wort hier in der weitern Bedeutung nehme, so daß es auch die Gemüthsbewegungen unter sich begreift. *Lebhaft* ist, [...] was auf die untern Kräfte [der Seele, im Sinne der emotionspsychologischen Betrachtungsweise], vornehmlich aber auf die Einbildungskraft, die Gemüthsbewegungen und den Witz [= Fähigkeit, Analogien zu erkennen] wirkt."
[101] *Benn, G.*: Gesammelte Werke in 8 Bdn. Hrsg. v. D. Wellershoff. Wiesbaden: Limes 1960. Bd. 1. S. 298.
[102] *Klaus, G.*: Spezielle Erkenntnistheorie. Prinzipien der wissenschaftlichen Theorienbildung. Berlin: Deutscher Verlag der Wissenschaften 1966. S. 294.
[103] Vgl. dazu ebd. S. 294 ff.

Diese Auswirkungen sind, wie es scheint, zunächst gering. Die Überführung von schöpferisch-heuristischem Sprechen/Denken, das durch besonders ausgestattete Organe des sozialen Systems erarbeitet wird, in Normierungen des Sprachverhaltens, die für das ganze System bzw. für größere Teilsysteme verbindlich sind, ist ein langwieriger historischer Prozeß der Einregulierung. Die relative Eigengesetzlichkeit der jeweils geltenden sprachlichen Normierungen kann die Anpassung des Systems an das veränderte Umgebungsverhältnis stark behindern und verzögern. Mehr noch: "Abweichungen von der Norm in irgendeinem Bereich des gesellschaftlichen Lebens können zunächst oft nachteilig für den sein, der diese Abweichung vornimmt, einfach weil eine neue Gewohnheit, eine neue Norm ausgebildet und durchgesetzt werden soll, gegen die sich die Kraft des Überlebten und der Routine stellt."[104]

Abweichungen von geltenden sprachlichen Normierungen signalisieren abweichende Einschätzungen von Erscheinungen im System und seiner Umgebung. Der Widerstand richtet sich gegen beides: einmal gegen die Anerkennung der abweichenden Einschätzung der eigenen Situation und der daraus folgenden Änderung der Normen des Handelns, die im neuen Sprachgebrauch ihren Niederschlag finden, zum anderen gegen die Änderungen im gewohnten Sprachgebrauch selbst, unabhängig von dem, was der neue Sprachgebrauch bezeichnet.[105]

Derartige Abweichungen von der Norm des Sprachverhaltens, die ja Reaktionen auf Störungen im Funktionsablauf des Gesamtsystems sind und zu dessen Stabilisierung beitragen sollen, können somit Störungen für die untergeordneten Teilsysteme darstellen. Diese Störungen des programmgemäßen Funktionsablaufs werden durch die nachgeordneten, ihrerseits regulierenden Institutionen der Bedeutungsfestlegung bzw. der Algorithmenbildung: literarische Kritik, Sprach- und Literaturwissenschaft, Sprach- und Literaturunterricht – nach und nach kompensiert, d. h. in Algorithmen des Sprachverhaltens übergeführt. Das geschieht etwa durch den Versuch, die jeweilige "Poetologie" bzw. "Poetik" zu rekonstruieren, d. h. das schöpferisch-heuristische Sprechen/Denken in ein begrifflich-schematisches Bezugssystem zu bringen. Erst über dieses Konstrukt wird die Normabweichung als solche erkennbar: als *Antiprogramm* gegen das herr-

---

[104] *Klaus, G.*: Die Macht des Wortes. S. 158.
[105] Ebd.

schende Gesamtprogramm. Erst dadurch wird sie in neue Algorithmen des Sprachverhaltens überführbar. Genauer: das bestehende Gesamtprogramm wird so lange im Sinne der Abweichung modifiziert, bis es den neuen Anforderungen der Praxis zu genügen scheint. Dazu bedarf es einer längeren *"Übergangszeit"*[106]. Sie scheint für die hier interessierenden Regelungsvorgänge etwa der Zeitspanne einer Generation zu entsprechen. Es muß jedoch einschränkend gesagt werden, daß diese Zeitangabe sowie die übrigen Aussagen über Regelungsvorgänge sich zunächst nur auf Prozesse innerhalb der führenden sozialen Schicht beziehen.[107]

2.3.4 Einige Folgerungen

Der vorstehende Versuch einer kybernetischen Modellierung des Poesiebegriffs und der historischen Dimension von poetischen Textprozessen deutet Lösungsmöglichkeiten unserer Ausgangsfrage eher an, als daß er eine fertige Theorie des Wandels von Rezeptionsnormen präsentierte. Er hat aus kybernetischer Sicht sicherlich Ergänzungen und Korrekturen nötig und kann für die Literaturwissenschaft bzw. die Literaturgeschichtsschreibung nur den heuristischen Wert eines Suchfragenschemas beanspruchen.

Immerhin bietet diese Überschreitung der engeren Fachgrenzen auch einige Vorteile. Sie führt zu einem Bezugsrahmen, in dem das Problem des poetischen Textes im Sinne einer pragmatischen Texttheorie zumindest sinnvoll diskutiert werden kann. Der kybernetische Ansatz ermöglicht es nicht nur, den Prozeßcharakter von Texten einsichtig zu machen. Er erlaubt es auch, Textprozesse aufgrund ihrer unterschiedlichen Funktion im betreffenden sozialen System zu klassifizieren. Die Unterscheidung zwischen algorithmischem und heuristischem Sprachverhalten im Bereich des möglichen Sprachverhaltens führt zu einem funktionalen, dialektischen Poesiebegriff; funktional insofern, als poetischen Textprozessen bestimmte regulative Aufgaben im sozialen System zugewiesen werden; dialektisch insofern, als diese regulative Funktion sich gegen die jeweils geltende Norm des Sprachverhaltens richtet und eben dadurch die geltende Norm des

---

[106] Zum Begriff der Übergangsfunktion vgl. *Klaus, G.* [Hrsg.]: Wörterbuch der Kybernetik. S. 668 f.
[107] Vgl. dazu auch unten S. 145–149.

Sprachverhaltens konstituiert und verändert. Der historische Prozeß des Wandels von Rezeptionsnormen wird damit als historische Vermittlung von geltendem Programm und poetischer Antithese beschreibbar. Dabei wird diese poetische Antithese nicht aus sich wirksam, sondern erhält ihren programmatischen Charakter immer erst durch die Institutionen der Bedeutungsfestlegung, also u. a. durch die Literaturwissenschaft bzw. Literaturgeschichtsschreibung. Gerade dadurch, daß die kybernetische Modellierung des historischen Prozesses des Sprachnormenwandels die *Funktionen* der einzelnen Prozeßgrößen abbildet, könnte es die Schwächen der bisherigen Rezeptionsgeschichtsschreibung vermeiden helfen.[108]

Im Hinblick auf die beiden ausgeführten Beispiele scheint sich der theoretische Ansatz zu bewähren; er ermöglicht eine Strukturierung des ausgebreiteten Datenmaterials zu einem historischen Prozeß, in dem auch die Funktion des Beobachters mitkalkuliert ist. Zumindest der heuristische Wert des kybernetischen Ansatzes für die engere literaturwissenschaftliche Problematik kann also von der Praxis her nicht bezweifelt werden.[109]

---

[108] Dies gilt auch für die Konzeption von Rezeptionsgeschichte, wie sie H. R. Jauß entwickelt hat: *Jauß, H. R.*: Literaturgeschichte als Provokation der Literaturwissenschaft. In: Derselbe: Literaturgeschichte als Provokation. 2. Aufl. Frankfurt: Suhrkamp 1970 [= ed. Suhrkamp 418]. S. 144–207. – Unbefriedigend bleibt hier die traditionelle Verkürzung des Prozeßcharakters von Text und damit seine Isolierung aus seinen gesellschaftlich-historischen Funktionen im Prozeß der Algorithmenbildung.

[109] Vgl. als weiteres Beispiel *Breuer, D.*: Die Auseinandersetzung mit dem oberdeutschen Literaturprogramm im 17. Jahrhundert. Zum Verhältnis von sprachlicher und gesellschaftlicher Programmatik. In: Archiv f. Kulturgeschichte 53 (1971). H. 1. S. 53–92.

3. METHODISCHE KONSEQUENZEN: PRAGMATISCHE TEXTANALYSE

3.1 Voraussetzungen

3.1.1 Operationalisierung von Textherstellung

Die bisherige Reflexion zum Gegenstandsbereich von Literaturwissenschaft führt zu einer Frage, der in der derzeitigen Texttheorie oft genug ausgewichen wird, zur Frage nach den Konsequenzen für die literaturwissenschaftliche Praxis: Wie läßt sich Text als jeweiliger kommunikativer Prozeß beschreiben? Diese Frage ist nicht leicht zu beantworten; es macht zur Zeit noch erhebliche Schwierigkeiten, der pragmatisch fundierten Gegenstandsbestimmung von Literaturwissenschaft auch methodisch in der konkreten "Textanalyse" Rechnung zu tragen, da es an entsprechenden Analysekategorien fehlt. Auch im folgenden kann kein fertiges pragmatisches Analyseverfahren präsentiert werden. Es soll lediglich eine Möglichkeit zur Gewinnung pragmatischer Analysekategorien aufgezeigt werden. Dies wäre ein erster Schritt aus dem derzeitigen Dilemma, die für eine pragmatische Analyse ungeeigneten herkömmlichen semantischen Kategorien benutzen zu müssen.

Die pragmatische Zeichenfunktion, d. h. Textprozesse beschreiben heißt sie operationalisieren können. Das Problem ist also: Wie läßt sich der komplexe kommunikative Prozeß "Text" operationalisieren?

Man kann nun versuchen, diese Operationalisierung am Gesamtprozeß "Text" bzw. "Textverarbeitung" vorzunehmen, wie der Anglist G. Wienold es vorgeschlagen hat.[1] Dieser Versuch führt zunächst zu einer Detaillierung und Veranschaulichung des Problembereichs:

Textverarbeitung soll jegliche Aktivitäten von Teilnehmern eines Kommunikationssystems bezüglich eines in diesem System gegebenen Trägers von Kommunikation bezeichnen. Text bezieht sich dabei also nicht auf sprachliche Texte allein; Photographien, Filme, Theateraufführungen, Hinweiszeichen usw. sollen alle unter den Bereich 'Texte' fallen. Verarbeitung eines Textes

---

[1] *Wienold, G.:* Textverarbeitung. Überlegungen zur Kategorienbildung in einer strukturellen Literaturgeschichte. In: Lili. Zeitschrift für Literaturwissenschaft und Linguistik 1 (1971). H. 1/2. S. 59–89.

deckt damit alle Vorgänge von seiner Rezeption über die Konservierung, Weitergabe an andere, Paraphrase für andere bis zur Umformung in 'neue' Texte, Umsetzung in andere Repräsentationsmedien. Schließlich dürften auch solche 'Folgen' von Texten, die nicht selbst wieder Texte sind, berücksichtigt werden. Es wäre außerordentlich willkürlich, z. B. die Umsetzung eines sprachlich – phonisch oder graphisch – repräsentierten Textes in einen pantomimischen oder die Fernsehübertragung eines Sportereignisses wegen einer engen, an menschlicher Sprache orientierten Vorstellung von 'Text' nicht unter den Phänomenen der Textverarbeitung zu begreifen. Plurimediale Texte kommen häufig unter Verarbeitung von in den beteiligten Einzelmedien bereits formulierten Texten zustande. Am Beispiel der Fernsehübertragung eines Eiskunstlaufwettbewerbs läßt sich ein recht komplexer Zustand von Textverarbeitung zeigen: Die Kommunikation von Leistungsbeweis in einem Wettbewerb durch einen Text 'Kür' verarbeitet selbst schon ein Textrepertoire und musikalische Texte, dazu treten Bewertungstexte der Preisrichter in Form vergleichender Skalenwertezuordnung für die Wettbewerbsteilnehmer, Werbetexte, die die Arena der Eisbahn garnieren, und in der Übertragung zusätzlich der verbale Kommentartext.[2]

Diese Illustration des Gesamtprozesses "Textverarbeitung" ermutigt nicht gerade zu einer Operationalisierung. Wienold schlägt vor, zu diesem Zweck "Grammatiken von Formulierungsverfahren" auszuarbeiten.[3] Wie aber die Kategorien dieser "Grammatiken" im einzelnen beschaffen sind und vor allem wie sie zu gewinnen sind, bleibt unklar.

Das vorerst negative Ergebnis berechtigt indes nicht zu dem Schluß, dieser überaus komplizierte Gesamtprozeß "Text" lasse sich nicht operationalisieren. Operationalisierbarkeit hängt nicht davon ab, wie komplex der Sachverhalt ist, sondern bemißt sich an der Untersuchungsmethode. Methodisch gesehen gilt es den Untersuchungsbereich überschaubar zu halten, ohne den Gesamtprozeß aus dem Auge zu verlieren. Wir wollen daher die Operationalisierung des kommunikativen Prozesses "Text" an einem Teilprozeß studieren, am Prozeß der "Textherstellung". Dies bietet sich schon deshalb an, weil der Gesamtprozeß "Textverarbeitung" in eine Anzahl von Textherstellungsprozessen zerlegt werden kann. Dieser Teilprozeß sei folgendermaßen charakterisiert:

1) Jeder Text (Zeichenreihe) ist zu einem (kommunikativen) Zweck gemacht.

---

[2] Ebd. S. 60 f.
[3] Ebd. S. 87.

2) Der Zweck eines Textes besteht in seiner persuasorischen Wirkabsicht (Verhaltens- bzw. Einstellungsbestätigung oder -veränderung).
3) Die angestrebte Wirkung ist emotionaler Art: mit Hilfe fungibler sprachlicher Mittel sollen Emotionen erregt werden.[4]
4) Insofern solche Emotionen innerhalb des jeweiligen gesellschaftlichen Normensystems erregt werden, ist die bewirkte Emotion stets auch ein (historisch-sozialer) Impuls in Richtung auf eine Bestätigung oder Veränderung dieses Normensystems.
5) Die emotionale Wirkung ist über das Vehikel sprachlicher Zeichen herstellbar, manipulierbar, – infolgedessen aber auch rational durchschaubar, die Kenntnis der Wirkungsbedingungen und der Wirkmittel vorausgesetzt.

Wenn hier Texte (Zeichenreihen) als grundsätzlich intentional hergestellt bzw. intentional realisiert definiert werden, so mag das vom Standpunkt einer semantisch-sigmatisch orientierten Literaturwissenschaft einseitig erscheinen und gewissen angeblich "zweckfreien" Textsorten nicht den geforderten Respekt zollen. Doch ergibt sich diese Definition folgerichtig aus dem pragmatischen Ansatz;[5] sie ist die Prämisse für eine pragmatische Texttheorie und ermöglicht erst eine Operationalisierung des Prozesses "Textherstellung". Diese Operationalisierung von Textkonstitution bietet sich schon deshalb als der geeignete Weg zur Bildung pragmatischer Kategorien an, weil sie auf den Vorarbeiten der traditionellen rhetorischen Texttheorie aufbauen kann.

---

[4] Die Auffassung, die sogenannte rationale oder wissenschaftliche Sprache sei hiervon auszunehmen, ist eine habitualisierte Selbsttäuschung (seit Descartes); auch die *Evidenz* ist eine Emotion. Näheres zur Historizität der Unterscheidung von "emotional" und "rational" bei *Grassi, E.:* Macht des Bildes: Ohnmacht der rationalen Sprache. Zur Rettung des Rhetorischen. Köln: DuMont Schauberg 1970. – *G. Klaus* (Die Macht des Wortes. S. 139–143) legt dar, daß die Evidenz von Aussagen eine pragmatische Kategorie ist: Eine Aussage ist evident *für jemand.* Innerhalb der traditionellen Rhetorik ist die Evidenz eine Figur, deren emotionale Wirkung in der Vergegenwärtigung besteht.

[5] "Zweckfreiheit" ist ein poetologisches Postulat innerhalb eines historischen Normensystems und daher zu relativieren. S. o. S. 72–97.

3.1.2 Orientierung an der rhetorischen Texttheorie

Der Hinweis auf die traditionellen Lehrbücher der Rhetorik und Stilistik darf nicht falsch verstanden werden.[6] Diese Lehrbücher weisen zwar ein beachtliches Niveau bei der Systematisierung pragmatischer Sachverhalte auf, können jedoch eine Theoriebildung, die den Ansprüchen der pragmatischen Zeichenrelation genügt, nicht ersetzen, und zwar aus folgenden Gründen:

1) Die Rhetorik-Lehrbücher beziehen sich als historische Lehrbücher auf bestimmte, jeweils unterschiedliche Textcorpora und unterschiedliche historische Kommunikationsbedingungen, verabsolutieren jedoch das jeweilige poetologische Normensystem. Sie sind also grundsätzlich nur für pragmatische Analysen innerhalb des betreffenden Zeitraums verwendbar, z. B. Rhetorik-Stilistik-Lehrbücher des 19. Jahrhunderts für die pragmatische Analyse von Texten des 19. Jahrhunderts.

2) Selbst wenn man den historischen Bezugspunkt eines Rhetorik-Lehrbuchs beachtet, ist die direkte Anwendung rhetorischer Kategorien nur begrenzt möglich. Die rhetorischen Vorschriften zur wirkungsbezogenen Textherstellung beziehen sich nämlich ausschließlich auf das Sprachverhalten und die Einstellungen der jeweils herrschenden gesellschaftlichen Gruppen. Dies betrifft die Vorschriften zur Grammatikalität und zur Stiltheorie.

3) Der rhetorische Kategorienbestand ist auch noch in einer weiteren Beziehung lückenhaft. Die Rhetorik-Lehrbücher im engeren Sinne stellen nur Kategorien zur Erfassung verbaler Wirkmittel bereit, nicht aber Kategorien zur Erfassung optischer und akustischer Wirkmittel, oder richtiger: letztere nur insofern, als sie das Auftreten des Redners betreffen. Lückenhaft ist auch die Erfassung der medialen Wirkmöglichkeiten; einzig erforschtes Medium ist das Auftreten des Redners.

Aus diesen Einschränkungen folgt, daß die rhetorischen Kategorien keine generell anwendbaren pragmatischen Kategorien sind. Ihr

---

[6] Vgl. *Breuer, D.* u. *Kopsch, G.*: Auswahlbibliographie zur Rhetorik. Lehrbücher des 16.–20. Jahrhunderts und Forschungen zur rhetorischen Texttheorie. In: Schanze, H. [Hrsg.]: Rhetorik. Beiträge zu ihrer Geschichte und Wirkung in Deutschland vom 16. bis zum 20. Jahrhundert. Frankfurt: Athenäum [erscheint 1974].

begrenzter Anwendungsbereich ist allerdings kein Alibi dafür, in Unkenntnis des rhetorisch-pragmatischen Forschungsstandes sich mit syntaktischen und semantischen Analysekategorien zu behelfen, wie es vielfach in der derzeit betriebenen Textlinguistik versucht wird.[7] Demgegenüber ist zunächst einmal die Ausgangsposition der rhetorischen Texttheorie festzuhalten: der Versuch, persuasive Textherstellung zu operationalisieren.

Die Möglichkeit dazu bot das Modell des Redners, der im Hinblick auf ein bestimmtes Publikum einen Redetext verfertigt und vorträgt. Die rhetorischen Kategorien sind an diesem Modell zu studieren, um auf diese Weise auch die überlieferten Kategorien auf ihre Verwendbarkeit hin überprüfen zu können. Keineswegs soll die alte Rhetorik als direkt anwendbares Analyseverfahren restauriert werden, wie es etwa H. Lausbergs weitverbreitete Arbeiten nahelegen.[8]

Vielmehr geht es darum, das Verfahren der Rhetorik in seinem Modellcharakter zu erkennen und nach Art der Modellmethode für die Bildung pragmatischer Kategorien zu benutzen.[9]

Zudem ist eine Beschäftigung mit den angeblich so veralteten Rhetoriklehrbüchern, etwa des 18. und 19. Jahrhunderts, sehr geeignet, die Historizität gegenwärtiger Theoriebildung vor allem in der Textlinguistik zu erkennen.[10] Im übrigen hat Hermeneutik als Verstehens-

---

[7] Vgl. die Übersicht bei *Brinker, K.:* Aufgaben und Methoden der Textlinguistik. Kritischer Überblick über den Forschungsstand einer neuen linguistischen Teildisziplin. In: Wirkendes Wort 21 (1971). S. 217–237.

[8] *Lausberg, H.:* Handbuch der literarischen Rhetorik. Eine Grundlegung der Literaturwissenschaft. Bd. 1–2. München: Hueber 1960; *derselbe:* Elemente der literarischen Rhetorik. 2. Aufl. München: Hueber 1963; *derselbe:* Rhetorik und Dichtung. In: Der Deutschunterricht 18 (1966). H. 6. S. 47–93.

[9] Zur Modellmethode und ihren Konsequenzen siehe oben S. 115 f.

[10] Bisher ist dies leider nicht der Fall. Ausdrücklich gegen eine Orientierung am rhetorischen Textproduktionsmodell wendet sich *Glinz, H.:* Textanalyse und Verstehenstheorie I. Methodenbegründung – soziale Dimension – Wahrheitsfrage – acht ausgeführte Beispiele. Frankfurt a. M.: Athenäum 1973 [= Studienbücher zur Linguistik und Literaturwissenschaft 5] S. 69 f. Er übersieht u. a. den Modellcharakter eines solchen Rückgriffs auf die rhetorische Theorie. Ähnlich *Nierlich, E.:* Pragmatik in die [sic] Literaturwissenschaft. In: Lili 3 (1973). H. 9/10. S. 9–32, der, vom hermeneutischen Problem unberührt, gegenüber einer heuristischen Orientierung am rhetorischen Modell ein weiteres "exaktes" Verfahren postuliert.

lehre zur Lösung jeweiliger Verstehensprobleme stets auf rhetorische Kategorien zurückgegriffen.[10a]

3.2 Zur Gewinnung pragmatischer Kategorien am rhetorischen Modell

3.2.0 Vorbemerkung

Ein heuristisches Modell für den Bereich der Pragmatik ist das Verhalten des Redners, genauer: des Anwalts vor Gericht, der eine Rede verfertigt, um das Gerichtsverfahren im Sinne seiner Partei zu beeinflussen. Die traditionelle Rhetorik hat ihre Kategorien zur Analyse von Konstitution und Wirkungsbedingungen von Redetexten an diesem Modell gewonnen. Sie hat jedoch die Anwendbarkeit des Modells, unter dem Eindruck des philosophisch-ästhetischen Gegenmodells vom Poeta vates bzw. Geniepoeten, mehr und mehr begrenzt auf Redetexte im engeren Sinne, was zu einer Stagnation der rhetorisch-pragmatischen Theoriebildung führte. Zu einer solchen Einengung des Gegenstandsbereichs auf eine bestimmte Textsorte besteht aber, wie bereits gezeigt wurde, keine Veranlassung. Der Prozeß der Redekonstitution ist als heuristisches Modell grundsätzlich auf alle Textsorten anwendbar, sofern es um ihre pragmatische Analyse geht, und die mit Hilfe des Modells gewonnenen Kategorien ermöglichen eine pragmatische Analyse nicht nur der Textsorte "Rede", sondern aller Textsorten. Dabei ist allerdings darauf zu achten, daß sowohl das Modell wie die mit seiner Hilfe gewonnenen Kategorien ständig daraufhin überprüft werden müssen, ob sie den Gegenstand adäquat abbilden bzw. wo die Grenzen des Modells liegen und durch welches bessere es evtl. ersetzt werden kann.

Im folgenden soll nun kurz dargestellt werden, welche Kategorien zur Beschreibung pragmatischer Sachverhalte mit Hilfe des Modells des Redners gewonnen werden können.

[10a] Vgl. dazu *Dockhorn, K.:* Rez. zu Gadamer, Wahrheit und Methode. In: Göttingische Gelehrte Anzeigen 218 (1966). H. 3/4. S. 169–206, der mit einer Vielzahl von Belegen Gadamers vorsichtigere Ausführungen bekräftigt. – *Gadamer, H. G.:* Rhetorik, Hermeneutik und Ideologiekritik. In: Ders.: Kleine Schriften I. Philosophie, Hermeneutik. Tübingen: Mohr 1967. S. 113–130. Hier S. 117 (auf Dockhorn eingehend): "Woran sonst sollte sich auch die theoretische Besinnung auf das Verstehen anschließen als an die Rhe-

3.2.1 Bedingungen der Textherstellung

3.2.1.1 Affektenlehre

Der "Redner" steht vor der Frage: Mit welchen Mitteln kann ich den evtl. skeptischen Zuhörer von der Richtigkeit (genauer: Glaubwürdigkeit) meiner Sache überzeugen? Wie können im Zuhörer Emotionen, Affekte erregt werden, die ihn meiner Sache zustimmen lassen und ihn in der angestrebten Richtung aktivieren?

Eine solche Intention setzt voraus, daß der "Redner" die möglichen emotionalen Verhaltensweisen seiner Zielgruppe überblickt, d. h. ihr Normensystem kennt und zweckentsprechend reproduzieren kann. F. Chr. Baumeister, ein Rhetoriker des 18. Jahrhunderts, faßt diesen Sachverhalt in folgende Regel:

> Der Zweck der Beredsamkeit ist die Gemüther zu gewinnen. [...] Sollen die Bewegungsgründe ihre Wirkung thun, so müssen sie die Begierden in den Gemüthern der Zuhörer erregen. [...] Hierzu wird erfordert, daß ein Redner das menschliche Herz wohl kenne, und aus der Lehre von der Seele wisse, wie ein jedweder Affect entstehe, und durch was für Vorstellungen er könne gedämpft werden.[11]

Mit Hilfe dieser Modellbeobachtung kann als erstes Ergebnis festgehalten werden, daß die jeweils geltenden Verhaltensnormen der

---

torik, die von ältester Tradition her der einzige Anwalt eines Wahrheitsanspruches ist, der das Wahrscheinliche, das ΕΙΚΟΣ (verisimile), und das der gemeinsamen Vernunft Einleuchtende gegen den Beweis- und Gewißheitsanspruch der Wissenschaft verteidigt? Überzeugen und Einleuchten, ohne eines Beweises fähig zu sein, ist offenbar ebensosehr das Ziel und Maß des Verstehens und Auslegens wie der Rede- und Überredungskunst – und dieses ganze weite Reich der einleuchtenden Überzeugungen und der allgemein herrschenden Ansichten wird nicht etwa durch den Fortschritt der Wissenschaft allmählich eingeengt, so groß der auch sei, sondern dehnt sich vielmehr auf jede neue Erkenntnis der Forschung aus, um sie für sich in Anspruch zu nehmen und sie sich anzupassen. Die Ubiquität der Rhetorik ist eine unbeschränkte. Erst durch sie wird Wissenschaft zu einem gesellschaftlichen Faktor des Lebens."
Vgl. auch *Gadamer, H. G.:* Replik. In: Hermeneutik und Ideologiekritik. Mit Beiträgen von K. O. Apel u. a. Frankfurt a. M.: Suhrkamp 1971 [= Theorie]. S. 283–317. Hier S. 314 ff.

[11] *Baumeister, F. Chr.:* Anfangsgründe der Redekunst in kurzen Sätzen abgefaßt, und mit Exempeln erläutert. Nebst einem Anhange der neuesten politischen Reden und Schreiben aus den Zeitungen gesammelt. 4. Auflage. Leipzig u. Budißin: Deinzer 1780. §§ 6, 59, 61.

Bezugsrahmen für eine pragmatische Analyse sein müssen. Die rhetorische Theorie hat sich deshalb seit der Antike (vgl. die Rhetorik-Vorlesung des Aristoteles) um die Beschreibung und Systematisierung herrschender verhaltenspsychologischer Muster bemüht und als "Affektenlehre", d. h. als jeweilige Verhaltenspsychologie, in ihren Lehrbüchern tradiert (wobei allerdings – unter dem Druck der antiken Autoren – sehr oft die Historizität einer solchen Affektenlehre übersehen wurde).

Diese Überlegungen berühren sich übrigens sehr eng mit der Begriffsbestimmung von Poetik. Die Herstellungsbedingung "Beachtung der jeweiligen Verhaltensnormiertheit" macht nämlich einen Teilbereich der jeweiligen Poetik bzw. Poetologie aus, wobei diese Begriffe gleichfalls pragmatisch zu definieren sind: Poetik als die Theorie der jeweils herrschenden Bedingungen (Normierungen) für die Herstellung von Texten deckt sich in einem Teilbereich mit der jeweiligen Affektenlehre, insofern, als die geltenden verhaltenspsychologischen Muster Bedingungen für die Wirksamkeit von kommunikativen Prozessen (Texten) darstellen.

3.2.1.2 Stiltheorie

Der "Redner" muß aber nicht nur die Verhaltensnormen kennen, denen seine Zielgruppe unterliegt, also den Stand der Verhaltenspsychologie, sondern auch die sprachlichen Muster, die diesen Normen entsprechen: die sprachlichen Realisierungen der jeweiligen Verhaltensnormen (Sprachverhalten, Stil). Er muß im einzelnen wissen, welche sprachlichen Zeichenreihen seine Zielgruppe als syntaktisch korrekt, semantisch richtig und schön (wohlgeformt) empfindet. Die rhetorische Theorie hat aus diesen Überlegungen heraus die Lehre vom Stil entwickelt. Gegenstand der Stiltheorie ist die Analyse des jeweiligen Sprachverhaltens in seiner historisch-sozialen Bedingtheit, mit dem Ziel, das zweckentsprechende Sprachverhalten des "Redners" bestimmen zu können. Bezugsgröße für die rhetorische Analyse des Sprachverhaltens ist der Begriff des "Aptum", seit dem 18. Jahrhundert in der deutschen rhetorischen Theorie auch mit "Geschmack" übersetzt. Die folgende Definition dieses Begriffs durch Chr. W. Snell, einen Rhetoriker des 18. Jahrhunderts, zeigt, daß dieser Begriff sich deckt mit dem der herrschenden Poetologie (Normensystem) einer Zeit:

Das Vermögen und die Fertigkeit, nicht nur in der Natur, sondern auch in den Künsten, das Schöne, Passende und Schikliche zu empfinden, ist der *Geschmak*. [...]

Der Geschmak der aufgeklärtesten und ausgebildetsten Klassen eines Volkes bestimmt in iedem Zeitraum den Werth der bei demselben erzeugten Kunstprodukte; und dieienigen Schriftwerke, welche dieser ausgebildetste Nationalgeschmak in iedem Zeitalter für die schönsten und besten erklärt, heissen *klaßische Werke*.

So lang aber die Kultur eines Volkes und seiner Sprache noch zu- oder abnimmt, und also auch der darauf beruhende Geschmak noch veränderlich ist (und dieses ist der Fall bei ieder lebenden Nation); so lang ist auch der hiervon abhängende klassische Werth seiner Schriftwerke noch nicht auf immer fixirt. [...]

Der Inbegriff aller Grundsäze und Kunstregeln, nach welchen der Geschmak, oft ohne sich derselben bewußt zu seyn, empfindet und urtheilet, machen die *Kritik* aus, welche, wenn sie sich über alle schöne Künste und Wissenschaften erstrekt, sonst den Nahmen der *Aesthetik* führet. – Auch die *Grundsätze der Wohlredenheit* sind ein Theil der Kritik, so wie auch die *Rhetorik* oder *Redekunst*, die sich blos auf die eigentliche Beredsamkeit einschränkt, und die *Poetik*, welche allein die Dichtkunst zu ihrem Gegenstande hat.

Diese Kunstregeln können zwar, ohne natürliche Anlagen und ohne Bekanntschaft mit den aufgeklärtesten und kultivirtesten Ständen und mit den besten Werken eines Zeitalters, den guten Geschmak nicht hervorbringen: aber sie sind es doch, die ihm Bildung, Festigkeit und Gewißheit ertheilen und ihn vor Verwirrungen bewahren. Zu *eignen Ausarbeitungen* und zur Beurtheilung und Verbesserung derselben sind sie vollends unentbehrlich. Uebrigens verwandeln sich oft gedachte Kunstregeln mit der Zeit in blose Empfindungsideen, die man endlich befolget, ohne sich derselben immer deutlich bewußt zu seyn.[12]

Snell definiert also (übrigens im Anschluß an den Sprach- und Literaturwissenschaftler J. Chr. Adelung) den Begriff "Geschmack" als eine funktionale Größe. Die einzelnen Aspekte dieses Definitionsversuchs sind gerade im Hinblick auf eine pragmatische Theoriebildung genauer Beachtung wert:

1) "Geschmack" ist die geltende Norm des Sprachverhaltens.
2) Diese Norm ist die Norm der sozial privilegierten ("ausgebildetsten") "Klasse".

---

[12] *Snell, Chr. W.*: Lehrbuch der Deutschen Schreibart für die obern Klassen der Gymnasien. Frankfurt a. M.: Verlag der Hermannischen Buchhandlung 1788. S. XXVI–XXIX.

3) Die solchermaßen eingegrenzte Norm ist keine überzeitliche Konstante, sondern Funktionswert: sie verändert sich in dem Maße, wie sich die historisch-sozialen Bedingungen ("Kultur") ändern.
4) Aufgabe entsprechender wissenschaftlicher Disziplinen (Ästhetik, Rhetorik, Poetik) ist es, die der jeweils geltenden Norm zugrunde liegenden Gesetzmäßigkeiten bewußt zu machen, um dadurch Maßstäbe für die Herstellung und Kritik von "Kunstprodukten" zu gewinnen.
5) Die postulierten Gesetzmäßigkeiten ("Kunstregeln") können, internalisiert, zu Normen des Sprachverhaltens werden.

Das Problem der Entstehung bzw. der Veränderung von Normen ist damit freilich noch nicht ausreichend geklärt, doch ist dies auch kein Problem der rhetorischen Theoriebildung, sondern ein poetologisches; für die rhetorische Theorie ist nur von Interesse, daß das jeweils herrschende Normensystem des Sprachverhaltens, d. h. die jeweilige gesellschaftlich sanktionierte Poetologie ("Aptum", "Geschmack") bei der Herstellung wirksamer Texte beachtet werden muß.

Im Rahmen der rhetorischen Stiltheorie ist nun versucht worden, diese entscheidende Wirkungsbedingung so zu formalisieren, daß sie im konkreten Fall kalkulierbar wird. Dazu haben z. B. die Kategorien "Puritas", "Perspicuitas" und "Ornatus" gedient: Kategorien, die verdeutlichen, in welcher Weise syntaktische und semantisch-sigmatische Untersuchungen in die pragmatische Analyse einzubeziehen sind.[13]

1) "Puritas"

Die rhetorische Puritas-Lehre befaßt sich mit der jeweiligen syntaktischen Normierung des Sprachverhaltens und formuliert die geltenden

---

[13] Die kategoriale Einteilung in "Puritas", "Perspicuitas" und "Ornatus" ist in der Geschichte der rhetorischen Theoriebildung keineswegs einheitlich. Darauf macht z. B. Adelung in seiner Stiltheorie ausdrücklich aufmerksam: "Die ältern und neuern Lehrer des Styles kommen in der Anzahl und Angabe der allgemeinen Eigenschaften desselben nicht mit einander überein, und vielleicht wird man glauben, daß noch keiner derselben deren so viel angegeben habe, als von mir geschehen ist. *Quintilian* und die meisten ältern Rhetoriker haben nur drey; denn jener will bloß 'vt oratio sit emendata, dilucida et ornata'. Allein es hängt diese Verschiedenheit theils von dem Bedürfnisse der Zeit, theils von der Art des Vortrages ab." (*Adelung, J. Chr.:* Ueber den Deutschen Styl. Bd. 1. 4. verm. u. verb. Auflage. Berlin: Vossische Buchhandlung 1800. S. 32.)

grammatischen Korrektheitsvorschriften. Der Texthersteller hat im einzelnen bei der Verwendung von sprachlichen Zeichen auf "Sprachreinheit" (korrekte Zeichenverwendung, adäquater Soziolekt) und "Sprachrichtigkeit" (korrekte Verknüpfung von Zeichen) zu achten, denn wirksame Kommunikation ist nur gegeben bei Benutzung gemeinsamer syntaktischer Muster. Der neuere linguistische Terminus für diesen Bereich ist "Grammatikalität".

2) "Perspicuitas"

Unter dem Begriff "Perspicuitas" (Klarheit, Deutlichkeit, Verständlichkeit) ist die jeweilige semantische Normierung des Sprachverhaltens zu verstehen. Textherstellung erfordert also die Verwendung sanktionierter semantischer und sigmatischer Zeichenrelationen. Zur Bezeichnung dieses Sachverhaltes bietet sich der linguistische Terminus "Akzeptabilität" (Chomsky) an. Übrigens ist dieser Bereich auch Gegenstand der werblichen Persuasionsforschung, soweit sie sich um Verfahren zur Verständlichkeitsanalyse bemüht.[14]

3) "Ornatus"

Die Forderung des "Ornatus" besagt, daß bei der Herstellung wirksamer Texte nur solche sprachlichen Mittel verwendet werden sollen, die – über die Verständlichkeit hinaus – den sanktionierten Schönheitsvorstellungen entsprechen, d. h. einem bestimmten (historisch fixierbaren) Qualitätsanspruch genügen. In diese Richtung weisen die linguistischen Begriffe "Wohlgeformtheit" und "angemessener Gebrauch" (Isenberg). Kategorien des "Ornatus" sind z. B. "Würde" (Stilhöhe), "Lebhaftigkeit", "Wohlklang", "Neuheit", "Mannigfaltigkeit", "Einheitlichkeit": historisch zu relativierende Kategorien also, deren Bedeutung der jeweiligen Norm entsprechend fixiert ist.

Besondere Beachtung hat die rhetorische Theorie der Kategorie "Würde" (Stilhöhe) gewidmet, da sie sich als weiter formalisierbar erwies. Auf diese Weise konnten "Ornatus"-Vorschriften in Form einer kalkulierbaren Größe in den Prozeß der Textherstellung bzw. in entsprechende Analyseverfahren einbezogen werden.

Die Stilkategorie "Würde" wird gewöhnlich von ihrem sozialen Bezug her definiert, ausdrücklich z. B. bei J. Chr. Adelung (1732–1806). Adelung geht von der Beobachtung aus, "daß jede Spra-

---

[14] Vgl. dazu *Teigeler, P.*: Verständlichkeit und Wirksamkeit von Sprache und Text. Stuttgart: Nadolski 1968 [= Effektive Werbung 1].

che einer mannigfaltigen Modification fähig ist, je nachdem die gesellschaftlichen Verhältnisse jeder Classe von Einwohnern, und der darauf gegründete Grad der Kenntniß und des Geschmackes, beschaffen sind". Er folgert:

> Hierauf beruhet nun unter andern auch *die Würde des Audruckes*, d. i. dessen Verhältniß gegen die eigenthümliche Denkungs- und Empfindungsart jeder Classe von Einwohnern. Ist der Ausdruck der eigenthümlichen Denkungs- und Empfindungsart der niedern Classen angemessen, so ist er niedrig oder *unedel*, hingegen *edel*, wenn er der eigenthümlichen Denkungs- und Empfindungsart der obern Classen gemäß ist. Da Schriftsteller in den gewöhnlichsten Fällen zu den obern Classen gehören, und für diese schreiben und sprechen, so muß auch ihr Ausdruck der eigenthümlichen Denkungs- und Empfindungsart derselben angemessen, folglich *edel* seyn. Dieß ist ein Grundsatz der *absoluten Würde*, welcher folglich alles Unedle von der schönen Schreibart ausschließt, das Niedrigkomische ausgenommen [...].[15]

Innerhalb des jeweils "würdigen", d. h. gesellschaftlich sanktionierten Sprachverhaltens können nun verschiedene Grade (Ebenen) des Sprachverhaltens unterschieden werden, die von den speziellen Kommunikationsbedingungen abhängen:

> Aber auch der edle Styl ist wieder verschiedener Grade fähig, welche wiederum theils von den Personen, zu welchen man spricht, oft auch von dem Stande derjenigen Person, welche spricht, theils von dem Gegenstande, von welchem man spricht, theils aber auch und vornehmlich von der Absicht, in welcher man spricht, abhängen. Freunde von Geschmack drucken sich im vertraulichen Umgange anders aus, als sie sich ausdrucken würden, wenn sie mit Empfindungen der Hochachtung und Würde zu höhern Personen sprechen. Ist die Rede an Unmündige sowohl den Jahren als dem Verstande nach gerichtet, und der Sprechende verbindet damit zugleich die Absicht, sich das Vertrauen dieser Personen zu erwerben, so ist der Ausdruck in vielen Stükken anders modificiret, als wenn er in dem gewöhnlichen Gemüthsstande von gewöhnlichen Gegenständen ohne alle Nebenabsicht spricht. Hieraus ergeben sich nun die Unterarten des edlen Styles, der *vertrauliche, mittlere* und *höhere*. Den vertraulichen hat man oft den *niedern* genannt; allein mit Unrecht, weil der niedere allemahl ein Fehler ist, daher er wegen seiner fehlerhaften Niedrigkeit auch als eine Figur des Niedrigkomischen gebraucht wird.[16]

---

[15] *Adelung, J. Chr.:* Ueber den Deutschen Styl. Bd. 2. S. 7 f.
[16] Ebd. S. 8.

Die rhetorische Theorie hat aus diesen oder ähnlichen Überlegungen eine differenzierte Stilebenentheorie entwickelt. Diese Stilebenen liegen inhaltlich nicht ein für allemal fest (wenn auch die meisten Rhetoriker das zu ihrer Zeit herrschende Sprachverhalten fälschlicherweise verallgemeinern), sondern beziehen sich – per definitionem – auf die jeweils herrschende Sozialordnung oder genauer: hängen ab vom Sozialstatus von Kommunikanten und Kommunikator, von der normentsprechenden "Wertigkeit" des Gegenstandes und von den speziellen Wirkabsichten.

Wie eine solche Systematik der Stilebenen aussieht, kann der folgende Abschnitt aus einem verbreiteten Rhetorik-Schulbuch des 19. Jahrhunderts veranschaulichen; dieses Buch vermittelt die um 1867 geltenden Normen des Sprachverhaltens zur Reproduktion:[17]

III. Von der niedern, mittleren und höhern Schreibart.

1) Im Allgemeinen.

Da sich jede sprachliche Darstellung nach dem äußeren und inneren Stande des Redenden und Vernehmenden, des Schreibers und Lesers, nach der Entwickelungs- und Bildungsstufe desjenigen, für welche sie bestimmt ist, zu richten und hiernach ihren Ton und Ausdruck zu schattiren hat, so gibt es 3 verschiedene Schreibarten: die niedere, mittlere und höhere, und es muß daher jedes stylistische Erzeugniß zu einer dieser Schreibarten gehören. Obgleich der Grund dieser Schreibarten auch in den verschiedenen Gegenständen liegt, welche dargestellt werden, indem der eine nur in der höheren, der andere nur in der mittleren, ein dritter bloß in der niederen Schreibart auf eine seiner Natur angemessenen Weise behandelt werden kann: so gibt es doch auch wieder Gegenstände, welche sich in den 3 verschiedenen Schreibarten gleich gut und passend darstellen lassen. [...]

---

[17] *Heinisch*, G. F. u. *Ludwig*, J. L.: Die Sprache der Prosa, Poesie und Beredsamkeit, theoretisch erläutert und mit vielen Beispielen aus den Schriften der besten deutschen Klassiker versehen. Für höhere Lehranstalten bearbeitet. 2. sehr verm. u. verb. Auflage. (Zum Gebrauche höchst genehmigt). Bamberg: Buchner 1867. S. 42–48.

2) Im Besondern.

a) Die niedere Schreibart.

Das Haupterforderniß der niedern Schreibart ist die größte Einfachheit, und die ruhige, zusammenhängende Durchführung bis zum Schluß. Alle überflüssige rednerische Ausschmückung wird in derselben vermieden. Auch sie hat das Kindische, Läppische, Wässerige und Unrichtige der Sprache und das Niedrige und Gemeine zu vermeiden und die Eigenschaften der Deutlichkeit, Klarheit, Bestimmtheit und Faßlichkeit an sich darzustellen, um dem in ihr dargestellten Gegenstand nach allen seinen Merkmalen Anschaulichkeit zu geben. Sie thut es nur auf populäre, gemeinfaßliche Weise, ohne höheren Redeschwung. Wir haben auch herrliche Muster der niedern Schreibart, z. B. v. Gellert, Weiße, Campe, Salzmann, Knigge.

Beispiele:

a) in der Prosa:

Ueber den Umgang mit Menschen.

(Bruchstück.)

— Von deinen Grundsätzen gehe nie ab, so lange du sie als richtig anerkennest. Ausnahmen machen ist sehr gefährlich und führt immer weiter vom Kleinen zum Großen. Sei fest; aber hüte dich, so leicht etwas zum Grundsatze zu machen, bevor du alle möglichen Fälle überlegt hast, oder eigensinnig auf Kleinigkeiten zu bestehen. Vor allen Dingen mache dir einen Lebensplan, und weiche nicht von demselben. Die Menschen werden eine Zeitlang die Köpfe darüber zusammenstecken, und am Ende schweigen, dich in Ruhe lassen und dir ihre Achtung nicht versagen. Man gewinnt immer durch Ausdauern und planmäßige weise Festigkeit. Es ist mit Grundsätzen wie mit jeden andern Stoffen, woraus etwas gemacht wird, daß der beste Beweis für ihre Güte der ist, wenn sie lange halten. Was aber noch heiliger, als jene Vorschrift ist: — habe immer ein gutes Gewissen! Bei keinem deiner Schritte müsse dir dein Herz über Absicht und Mittel Vorwürfe machen dürfen! Gehe nie schiefe Wege; und baue dann sicher auf gute Folgen, auf Gottes Beistand und auf Menschenhilfe in der Noth! Und verfolgt dich auch eine Zeitlang ein widriges Geschick, so wird doch die selige Ueberzeugung von der Unschuld deines Herzens und von der Redlichkeit deiner Absichten dir ungewöhnliche Kraft und Heiterkeit geben. (Knigge.)

b) In der Sprache der Dichtkunst:

An den Schlaf.

Komm, süßer Schlaf, erquicke mich!
Mein müdes Aug' sehnet sich
Der Ruhe zu genießen,
Komm, sanft es zuzuschließen.

Wie aber, Freund, o schließest du
Von nun an es auf ewig zu,
Und diese Augenlider
Säh'n nie den Morgen wieder?

So weiß ich, daß ein schöner' Licht
Einst meinen Schlummer unterbricht,
Das ewig, ewig glänzet
Und keine Nacht begrenzet.

(Chr. Felix Weiße.)

---

b) Die mittlere Schreibart.

Zu der mittleren Schreibart gehört ein stärkerer, lebhafterer, geschmückterer Ausdruck, als ihn die niedere Schreibart verlangt; doch muß auch hier vollkommene Uebereinstimmung des Stoffes und der Form und große Mäßigkeit bei der Wahl dieser Mittel vorherrschen, indem jede Uebertreibung die Erreichung des Zwecks hindern würde. Zu ihrer Durchführung wird das Gleichgewicht der drei geistigen Vermögen in ihren Thätigkeiten, mithin die gleichmäßige Entwickelung und Ausbildung des Vorstellungs-, Gefühls- und Willensvermögens erfordert. Sie setzt einen hellen Verstand, eine selbstthätige Vernunft und Einbildungskraft, ein tiefes, geläutertes Gefühlsvermögen und ein unter der Herrschaft der Vernunft stehendes Bestrebungsvermögen voraus. Zwar versinnlicht sie den Stoff durch einzelne bildliche Ausdrücke; nie aber verwandelt sie den Gegenstand selbst in ein Bild, wie die höhere. Sie bleibt vielmehr zu der letzten in dem Verhältnisse, wie der Schmuck zum Glanze, wie die Wärme zur Gluth. Sie hält daher die Mitte zwischen der niedern und höhern Schreibart. Die mittlere Schreibart wurde in der Prosa von Jerusalem, Engel, Heydenreich, Heeren, Eichhorn, Schlözer, Ancillon, Fr. H. Jakobi, G. Forster, Spittler, Woltmann, Manso, Fr. Schlosser und manchen andern Schriftstellern — in der Dichtkunst v. Herder, v. Schiller, v. Göthe, v. Thümmel, Chamisso, Eichendorf, Platen, Seume, Uhland — und in der Beredsamkeit v. Zollikofer, Reinhard, Löffler, v. Ammon, Schleiermacher, Tzschirner, Bretschneider, Schott, Röhr, Harleß, J. M. Sailer, M. v. Tierenbrock, P. L. Kaiser, H. Förster, J. E. Veith und vielen Andern besonders gut angebaut.

Beispiel:

In Prosa:

1) Ueber Glauben und Wissen in der Philosophie.

Die Philosophie geht von der Menschheit aus, so wie sie sich an die ganze Menschheit wendet und richtet. Dieses thut sie, indem sie ihr Gebäude auf die menschliche Natur errichtet und begründet. Allein es wäre ein Irrthum, zu glauben, die menschliche Natur, zumal in ihren feinsten Verzweigungen, oder in den Tiefen ihres Wesens und in ihrer reichhaltigen Fülle erfaßt zu haben, indem man sich an das hält, was die Masse des Menschengeschlechtes, oder die gewöhnlichen gemeinen Menschen darbieten und offenbaren. Die Menschheit erscheint uns in ihrem ganzen Umfange und in ihrer Vollendung in den auserwählten Naturen, die sich durch eine seltene Harmonie des Geistes, des Gemüths und des Charakters über die Menge erheben, und in jeder Hinsicht die Zierde und der Stolz ihres Geschlechts sind. Die menschliche Natur, in den Meisten gebunden, verstümmelt, oder mindestens in schwachen Ausdrücken erscheinend, entfaltet sich nur vielseitig und in voller Pracht in den Heroen des Denkens, Empfindens und Handelns. Was in allen Menschen sich vorfindet und Allen gemein ist, findet sich auch in diesen; aber was diese auszeichnet, ist den Andern fremd, obgleich es zur menschlichen Natur gehört. Die erstern offenbaren uns die menschliche Natur weit besser, als es Tausende und abermals Tausende gewöhnlicher Menschen thun würden. In dem Verfahren, dem Gange, dem Charakter des Genies, in der Betrachtung seines Wirkens gehet uns die Größe des Menschen auf, und sonderbar wäre es, wenn er in seiner höchsten Entwickelung und Vollendung uns weniger über uns selbst belehren sollte, als in seiner Unvollkommenheit. Sind denn die glänzenden Zeichen und die Strahlen des geistigen Feuers und Lichtes, durch welches das Genie sich beglaubigt, nicht in der menschlichen Natur? Gibt es nicht ein Genie für Wahrheit, ein Genie für die Tugend, wie eins für das Schöne? Gott ist ein großer Künstler, der seine Geheimnisse nur in auserkornen und auserwählten Männern offenbart. In ihnen muß das Höchste der menschlichen Natur sich kund thun; dort muß man es suchen, so wie man das Höchste der Bildhauerkunst in den Werken des Phidias, und nicht in den Werken der gewöhnlichen Bildhauer, finden kann. (Ancillon.)

2) Der Abend.

Der heiterste Sonnenuntergang vollendete den heitersten Tag. Ruhig wallend leuchtete das Meer im dunkelrothen Feuer. Fischerbarken ruderten längs der Küste. Schiffe schwebten am Saume des Horizonts, wie zweifelhafte Luftbilder. Klösterliche Betglocken aus der Ferne unterbrachen das feierliche Schweigen der Nähe, wo nur leise Westhauche in den Orangenwipfeln muthwillig ihr Spiel trieben. Der brennende Purpur, worin die gegen Osten hinstreichende Bergkette getaucht war, begann allmählich zu verbleichen. Schwärmende Glühkäfer woben ihre wundersamen Tänze.

(Matthisson.)

In der Sprache der Beredsamkeit:

Ueber die Unvergänglichkeit des menschlichen Wesens.

Auf das Unendliche, das fühlt Jeder, der sich selbst verstehet, auf das Unendliche ist Alles bei uns gerichtet. Jede Einschränkung ist uns verhaßt, jede Grenze widrig; und mit Abscheu, mit Zittern denken wir daran, daß es ein letztes Ziel für uns, daß es ein Ende unserer Wirksamkeit, daß es eine Vernichtung unsers Wesens geben könnte. Dagegen werden wir nie müde, zu lernen, zu genießen und fortzuschreiten; jeder Zuwachs ermuntert uns zu neuen Versuchen; jeder Gewinn erweckt die Begierde nach einem größern; wir erweitern uns immer mehr, je freier unser Wirkungskreis wird. Und, was mehr ist, als dies Alles: in unserm Innern erhebt sich eine Stimme, die sich nie ganz betäuben läßt; eine Stimme, die uns auffordert, unablässig nach höherer Tugend zu streben; die uns die Pflicht auflegt, uns eine vollendete Heiligkeit zum Ziele zu wählen. Nein, ein Wesen mit diesem Berufe, mit dieser klaren unläugbaren Bestimmung, kann nicht vergänglich sein; es bedarf einer Ewigkeit, wenn es werden soll, was es werden muß; es verachtet das Geräusch der Zerstörung, das in der Körperwelt herrscht; es schwingt sich siegreich zu einer höheren Laufbahn empor, sobald es den irdischen Gefährten verliert, der es an diese niedrige Gegend heftet. Dabei wollen wir uns an dem Beispiele aller Derer erwärmen, die in der Kraft und mit dem Feuer dieses Gefühls ihrer Unvergänglichkeit gelebt und gehandelt haben. Denn ohne dieses Gefühl ist nichts Edles und Großes auf Erden geschehen; es war die heilige Flamme, welche in den besten Menschen aller Zeiten deren Eifer zu den erhabensten Thaten entzündet hat. Mit dem Gefühle ihrer Unvergänglichkeit haben so viele Weise, so viele Lehrer des menschlichen Geschlechtes der Untersuchung und Verbreitung der Wahrheit ihre Zeit, ihre Kraft, ihr Vergnügen, ihr Leben aufgeopfert. Mit dem Gefühle ihrer Unvergänglichkeit haben so viele Helden der Tugend, im Dienste der Pflicht und aus reiner Achtung gegen das heilige Gebot derselben, mit allen Schwierigkeiten gerungen, mit allen Mühseligkeiten gekämpft, und allen Gefahren getrotzt. Mit dem Gefühle ihrer Unvergänglichkeit haben so viele Vertheidiger und Retter unsers Geschlechts zur Wohlfahrt ihrer Brüder Alles gewagt, Alles gethan, Alles geduldet, und ihr Blut vergossen. Betrachtet edle Menschen genauer; fasset sie schärfer ins Auge; etwas Hohes und Ueberirdisches werdet ihr an allen merken; ihr werdet sie alle mit dem Vertrauen handeln sehen, daß sie mehr sind, als niedriger Staub; die Hinsicht auf eine höhere Welt, und das Gefühl, für sie bestimmt zu sein, werdet ihr mehr oder weniger deutlich bei Allen antreffen. Ein solches Gefühl kann nicht täuschen; es ist zu edel, zu allgemein, zu fruchtbar, zu reich an Segnungen aller Art, als daß es Schwärmerei und Täuschung sein könnte. Ueberlegt es fleißig, wie es bei allen Edlen und Guten wirkt, und es wird sich auch bei euch entzünden; es wird auch in euch zu einer Flamme werden, die Leben und Wärme in euch verbreitet.

(Reinhard.)

c) Die höhere Schreibart.

Zu den hervorstechendsten Eigenschaften der höhern Schreibart gehören: Adel, Tiefe und Schärfe der Gedanken, edle Würde und Kraft des Ausdruckes, reicher Schmuck und edle Anmuth der Darstellung, deren höchste Steigerung sie erlaubt. Sie spricht oft in Bildern; in ihr finden daher die Tropen und Figuren ihre Anwendung. Sie ist weder für das gemeine Leben, noch für den gewöhnlichen Gebrauch in der Büchersprache geeignet; nur einzelne dichterische Ergüsse, nie aber ganze große Erzeugnisse oder ganze geistliche und weltliche Reden, geschweige ganze Bücher dürfen in derselben gehalten werden; in die niedere Schreibart darf in ihr kein unmittelbarer Uebergang stattfinden, sondern nur in die mittlere, und eben so kann zu derselben kein unmittelbarer Uebergang aus der niederen, sondern bloß aus der mittleren geschehen. Muster höherer Schreibart in Prosa finden wir bei Lessing, Herder, Fichte u. A., in der Poesie bei Klopstock, Fr. Leop. Graf zu Stolberg, Kosegarten, Schiller, Göthe, Jean Paul, F. Rückert, H. Heine, Uhland u. A., in der Beredsamkeit bei Herder, Lavater, J. E. Veith und vielen Anderen.

Beispiele der höheren Schreibart.

a) In Prosa:

Apostrophe an Gott.

Nein! Du hast dich deinen Geschöpfen nicht unbezeugt gelassen, du ewige Quelle alles Lebens, aller Wesen und Formen! Das gebückte Thier empfindet dunkel deine Macht und Güte; — ihm ist der Mensch die sichtbare Gottheit der Erde. Aber den Menschen erhobst du, daß er selbst, ohne daß er's weiß und will, Ursachen der Dinge nachspähe, ihren Zusammenhang errathe und dich also finde, du großer Zusammenhang aller Dinge, Wesen der Wesen! Das Innere deiner Natur kennt er nicht; — ja, wenn er dich gestalten wollte, hat er geirrt und muß irren; denn du bist gestaltlos, obwohl die erste, einzige Ursache aller Gestalten. Indessen ist auch jeder falsche Schimmer von dir dennoch Licht, und jeder trügliche Altar, den er dir baute, ein untrügliches Denkmal nicht nur deines Daseins, sondern auch der Macht des Menschen, dich zu erkennen und anzubeten.

(Herder.)

Schilderung des Gewitters.

Die Sonne verbirgt sich hinter den schwarzen Wolkengebirgen; die Nacht überwältigt den Tag. Die Lüfte heulen; die Wälder rauschen; die wirbelnden Stürme, die Vorboten des nahen Donners, treiben Laub und Staub und Blätter mit einem bangen Getöse umher. Die Wellen der Flüsse empören sich, brausen und wälzen sich ungestümer fort, die scheuen Thiere fliehen den Felsenhöhlen zu; mit ängstlichem Geschwirre flattern die Vögel unter Dächer und Bäume; der Landmann kriecht nach seiner Hütte; Felder und Gärten werden verlassen; das Herz kämpft mit verschiedenen Leidenschaften, will seine Furcht verbergen, die in allen Gebeinen zittert, und arbeitet, sich mit Standhaftigkeit und Ruhe zu waffnen. Indessen wird die über die Erde ausgebreitete Nacht immer fürchterlicher, und aus der Ferne murmelt schon eine dumpfe Stimme die Drohungen des kommenden Donners her, dem Ohr immer hörbarer. Auf einmal scheint sich das ganze

Gewölbe des Himmels zu zerreißen; ein schreckliches Krachen füllt den weiten Luftraum; die Erde bebt, und alle Echo in den Gebirgen werden erregt. Mit jedem Schlage des Donners fahren die flammenden Blitze, Strahl auf Strahl, aus, durchkreuzen die schweflichten Lüfte, schlängeln sich an den Spitzen der Berge herab, und werfen ihr Feuer in die ödesten Abgründe. Die Schleusen des Himmels lösen sich von ihrer Last, und stürzen ganze Fluthen herab, und indem die Wolken unter dem Kampfe der Winde von einer Gegend in die andere sich fortjagen, so tobet das wilde Geplätscher auf den dürren Erdboden herunter.

(Hirschfeld.)

Ueber das Fortbestehen des Menschen nach dem Tode.

Vom gestaltlosen Erdwurme bis zum strahlenden Menschenangesichte, vom chaotischen Volke des ersten Tages bis zum jetzigen Weltalter, von der ersten Krümmung des unsichtbaren Herzens bis zu seinem willkürlichen Schlage im Jünglinge geht eine pflegende Gotteshand, die den innern Menschen führt und nährt, ihn gehen und sprechen lehrt, und ihn erzieht und verschönert. Und warum? Damit, wenn er als ein schöner Halbgott, sogar mitten in den Ruinen seines veralteten Körpertempels aufrecht und erhaben steht, die Keule des Todes den Halbgott auf ewig zerschlage? — Und auf dem unendlichen Meere, worin der kleinste Tropfenfall unermeßliche Kreise wirft, auf diesem hat ein lebenslanges Steigen des Geistes und ein lebenslanges Fallen desselben einerlei Folge, nämlich das Ende der Folgen: die Vernichtung? — Und da mit unserm Geiste, nach demselben Grunde, auch die Geister aller andern Welten fallen und sterben müssen, und nichts auf der von dem Leichenschleier überhüllten Unendlichkeit übrig bleibt, als der ewig säende und niemals erntende einsame Weltgeist, der eine Ewigkeit die andere betrauern siehet: so ist im ganzen geistigen All kein Ziel und Zweck. Und alle diese Widersprüche und Räthsel, wodurch nicht bloß alle Wohllaute, sondern alle Saiten der Schöpfung zerrissen werden, müssen wir annehmen, wenn wir uns an eine ewige Vernichtung im Tode dahingeben. O Freund, in diese Harmonie der Sphären willst du den ewig schreienden Mißton bringen? Sieh, wie sanft und gerührt der Tag gebet, wie erhaben die Nacht kommt; o dachtest du nicht daran, daß unser Geist glänzend einmal eben so aus der Grube voll Asche steigen werde? —

(Jean Paul.)

Ueber das Sonnensystem.

Ich stehe in der stillen Mitternacht auf, wo die Aufmerksamkeit meines Geistes weder durch das Geräusche der Eitelkeit außer mir, noch durch die Unruhe der Arbeit, der Sorge und der Leidenschaft in mir gestört wird, und verliere mich in dem Anblicke des gestirnten Himmels, wo nun, statt einer Sonne am Tage, zehn tausend und noch mehr Sonnen in einer unermeßlichen Entfernung von mir angezündet sind. Ein ruhiges, aber fast ein allmächtiges Erstaunen überfällt mich! Welch eine herrliche Offenbarung

Gottes! Welch ein Schauplatz seiner Größe! Welches Auge kann ihn fassen! Welch eine Höhe, wenn ich hinaufschaue! Welch eine Tiefe, worin ich mich selbst kaum gewahr werde, wenn mein Auge aus der Höhe zurückkommt! Kreise über Kreise, von einem Umfange, den vielleicht der erste Engel kaum ausmessen kann! Ohne Ende Sonnen über Sonnen, und ohne Zweifel um sie her Welten, die größer sind, als das Sandkorn von Erde, auf der ich wohne! Was für ungeheure Massen von Licht müssen das sein, daß noch ein Schimmer von ihnen bis zu meinem Auge dringen kann! — Das ist groß, unaussprechlich groß; das ist der Verwunderung und des Erstaunens würdig! Aber wie viel größer ist der, welcher sagen kann: Der Himmel ist mein Stuhl, und die Erde meiner Füße Bank, u. s. w. (Cramer.)

b) In der Sprache der Dichtkunst:

Hymne an die Sonne.

Sonne, dir jauchzet bei deinem Erwachen der Erdkreis entgegen,
Dir das Wogengeräusch des Erd umgürtenden Meeres!
Fliehend rollet der Wagen der Nacht, in nichtige Wolken
Eingehüllt, und schwindet hinab in die schauernde Tiefe.
Segnend strahlst du herauf, und bräutlich kränzet die Erde
Dir die flammenden Schläfe mit thauendem Purpurgewölke.
Alles freuet sich dein! In schimmernde Feiergewande
Kleidest du den Himmel, die Erd' und die Fluthen des Meeres!
Siehe, du leitest am rosigen Gängelbande
Den jungen freundlichen Tag; er hüllt sich in deine Saffrangewande.
Aber wie wachsen so schnell die Kräfte des himmlischen Jünglings!
Feuriger blickt er, er greift nach deinem strahlenden Köcher!
Und schon schnellt er vom goldenen Bogen flammende Pfeile!
Zürne, Himmlischer, nicht! und soll dein Bogen ertönen,
O so richte dein furchtbares Geschoß auf des Oceans Fluthen,
Auf der schneeichten Alpen herunter schmelzende Gipfel,
Und auf sandige Wüsten, die Löwen und Tiger durchirren!
Zürne, Himmlischer, nicht! Dir flehn der Vögel Gesänge,
Dir der säuselnde Wald, und dir die duftende Blume.
Wollest nicht des wehenden Zephyrs Flügel versengen!
Wollest nicht austrinken das Labsal kühlender Quellen!
Wollest vom zarten Gräschen den krümmenden Tropfen nicht nehmen!
Sonne, lächle der Erd', und geuß aus strahlender Urne
Leben auf die Natur! Du hast die Fülle des Lebens!
Schöpfest, näher dem Himmel, aus himmlischen Quellen, und dürstest
Selber nimmer! — Als Gott mit seiner Allmacht umgürtet,
Wie mit gürtendem Schlauch ein Sämann, Sonnen dahinwarf,
Millionen auf einmal, jede mit Erden bekränzet,
Rief er, Sonnen, euch zu: Verbreitet Leben und Wärme
Auf die dürftigen Erden! Erbarmt euch der Dürstenden, daß ich

Mich am großen Abend des Himmels euer erbarme!
Also rief er. Gedenk deß, o Strahlende! Früher
Oder später kommt der große Abend des Himmels,
Da ihr alle, zahlloses Heer von mächtigen Sonnen,
Werdet, wie Mücken am Sommerabend in Teiche sich stürzen,
Mit erbleichenden Strahlen herunterfallen vom Himmel!
Euer harren Gottes Gerichte! Gottes Erbarmung!
Wähne nicht zu vergehn! Der große Geber des Lebens
Wird gefallne Mücken, gefallne Sonnen, in neues
Leben rufen. Wie du auf schwärmende Mücken herabschaust,
Schaut er ewig herab auf alle kreisende Himmel!

(Fr. Leop. Graf zu Stolberg.)

Der heuristische Wert der rhetorischen Stilebenentheorie für die pragmatische Kategorienbildung ergibt sich bereits aus der Adelungschen Definition der rhetorischen Stilkategorie "Würde", woraus zunächst einmal erhellt, daß Stilvorschriften Vorschriften über gesellschaftliches Wohlverhalten sind. Da es sich stets nur um historische Verhaltensvorschriften handeln kann, setzt eine pragmatische Theorie der Stilebenen eine Beschreibung des jeweils herrschenden Sprachverhaltens, also soziolinguistische Untersuchungen voraus. Durch die Zuordnung von Texten (kommunikativen Prozessen) zu den Kategorien der Stilhöhe kann sodann eine erste Funktionsbestimmung von Texten versucht werden.

In ähnlicher Weise sind auch die übrigen rhetorischen Stilkategorien zu modifizieren. Um sie als pragmatische Kategorien benutzen zu können, muß man sie, wie gesagt, als historisch variable Größen sehen, die inhaltlich entsprechend der jeweils herrschenden Poetologie zu füllen sind.

3.2.1.3 Statuslehre

Zur Herstellung einer wirksamen Rede gehört neben der Beachtung der geltenden Verhaltensnormen mit Einschluß der Normen des Sprachverhaltens, daß der "Redner" seine spezielle, momentane Situation richtig einschätzt; er muß den Stand des Verfahrens kennen, d. h. beurteilen können, wie sich das Verfahren in der Sicht der Zielgruppe darstellt, und den Grad der Abweichung des von ihm vertretenen Standpunkts von der Position seiner Zielgruppe (Richter, Anwalt der Gegenpartei, Zuhörer) bestimmen. Nur so kann er den geeigneten Ansatzpunkt seiner Argumentation (Thema) finden, d. h. wirksam *reagieren: Textherstellung ist Reaktion auf hergestellte Texte.*

Die rhetorische Theorie hat von diesen Überlegungen aus die sogenannte Statuslehre entwickelt, eine Systematik zur Bestimmung der jeweiligen Redesituation. Die Redesituation wird bestimmt durch Analyse der momentanen Sachlage, wobei der Grad der Abweichung der Standpunkte (Glaubwürdigkeitsgrad) zu beachten ist. Dazu folgende Übersicht:[18]

genus honestum (Sachverhalt mit hohem Überzeugungsgrad),
genus dubium (mittlerer Grad durch ungewissen Ausgang der Sache),
genus admirabile (Sachverhalt widerstreitet dem Wahrheitsempfinden der Zuhörer),
genus turpe (erlogener Sachverhalt),
genus humile (Bagatellsache),
genus obscurum (komplizierter, z. B. wissenschaftlicher Sachverhalt).

Auch diese Beobachtungen am Modell müssen nach ihrem heuristischen Wert für die pragmatische Kategorienbildung befragt werden. Da zeigt sich nun, daß nicht "Dauerhaftigkeit"[19] oder Zeitlosigkeit primäres Merkmal eines pragmatischen Textbegriffs sein können, sondern Situationsbezogenheit. *"Gemachter Text" ist die Funktion einer konkreten kommunikativen Situation.* Situation kann begrifflich gefaßt werden als die Abweichung der Position (Einstellung) des Textherstellers von der Position (Einstellung) der Zielgruppe bzw. Zielperson in bezug auf einen bestimmten Sachverhalt zu einem bestimmten Zeitpunkt. Mit dieser Bestimmung der Situationsbezogenheit ist zumindest angedeutet, wie die speziellen Herstellungsbedingungen von Zeichenreihen erfaßt werden können. Eine genauere Auswertung der rhetorischen Statuslehre könnte hier noch weiterführen; dabei wäre der sozialwissenschaftliche Begriff der "Einstellung" mitzudiskutieren.[20]

---

[18] Nach *Lausberg, H.:* Handbuch der literarischen Rhetorik. Bd. 1. S. 52–60.
[19] So *Glinz, H.:* Linguistische Grundbegriffe und Methodenüberblick. Bad Homburg: Athenäum 1970 [= Studienbücher zur Linguistik und Literaturwissenschaft 1]. S. 122.
[20] Vgl. *Siegrist, J.:* Das Consensus-Modell. Studien zur Interaktionstheorie und zur kognitiven Sozialisation. Stuttgart: Enke 1970 [= Soziologische Gegenwartsfragen. N. F. Nr. 32].

3.2.2 Phasen der Textherstellung

3.2.2.0 Übersicht

Die pragmatischen Kategorien, die aus "Affektenlehre", "Stiltheorie" und "Statuslehre" ableitbar sind, ermöglichen vor allem die Erfassung der historisch-sozialen Vermitteltheit von kommunikativen Prozessen (Texten). Mit ihrer Hilfe kann also der Bezugsrahmen für den speziellen Textherstellungsprozeß ermittelt werden. Der Prozeß selbst wird im rhetorischen Modell aufgrund seiner definierten Phasenstruktur operationalisiert: Die genannten Bedingungen kalkulierend bzw. in ihnen fungierend, arbeitet der "Redner" seine Rede aus; dies geschieht in fünf Phasen:

1) *Invention*: Auffinden der zum situationsbedingten Redeanlaß (Thema) passenden Gedanken und Materialien (Stoffsammlung).
2) *Disposition*: Ordnen des Stoffes zu einem wirkungsbezogenen Redeganzen nach vorgegebenen Ordnungsschemata (u. a. durch Wahl der entsprechenden Gattung).
3) *Elokution*: Ausgestaltung des gewählten Argumentationsschemas mit sprachlichen Mitteln, die der Redeintention entsprechen ("stilistische" Bearbeitung).
4) *Memorieren*: Auswendiglernen der konzipierten Rede.
5) *Aktion:* Vortrag nach Einüben von wirkungsbezogener Mimik, Gestik, Stimmführung, ggf. nach Herstellung einer wirkungsbezogenen Kulisse.

Diese Phasen sind in der traditionellen rhetorischen Theorie zu systematischen Teilen einer umfassenden Redelehre ausgearbeitet worden, den sogenannten "Partes". Die Vorarbeiten der Rhetoriker insbesondere zu Invention, Disposition, Elokution und Aktion gilt es im folgenden für die pragmatische Kategorienbildung zu nutzen.[21]

3.2.2.1 Invention

Die Suche nach Gedanken (res), die zur Bewältigung der speziellen Situation im Hinblick auf die intendierte Wirkung geeignet sind, geschieht nicht im freien Spiel der Phantasie oder in visionären Zuständen, sondern planvoll durch Erinnerung an Gelerntes. Aufgefunden werden kann nur – und mehr ist auch nicht nötig – was im

---

[21] Der hier interessierende Aspekt der "Memoria"-Lehre (Lerntheorie, Theorie der Datenspeicherung) wird im Abschnitt "Invention" mitbehandelt.

Gedankenspeicher des Gedächtnisses schon vorhanden ist. Dies setzt voraus, daß der "Redner" aufgrund einer entsprechenden Vorbildung (exercitationes) über eine ausreichende Menge von Gedanken (Copia rerum) verfügen kann.

Invention heißt also "Finden durch Erinnerung" mit Hilfe einer optimalen Erinnerungstechnik.[22] Dem liegt eine bestimmte – technisch längst realisierte – Vorstellung vom Gedächtnis zugrunde: das Gedächtnis als ein räumliches Ganzes, in dessen einzelnen Raumteilen (Örter, Topoi, Loci) die einzelnen Gedanken gespeichert sind. Die Topoi insgesamt enthalten somit die Copia rerum, sie sind die "Sedes argumentorum" (Sitze der Gedanken bzw. Argumente), nicht die konkreten Argumente selbst. Von dieser Auffassung ausgehend, hat die rhetorische Theorie die Raumteile mit Namen (Adressen) versehen: Topoi in diesem engeren Sinne des Begriffs sind die Adressen für Teilmengen von gespeicherten Gedanken. Der Begriff "Topik" bezeichnet dann die Summe der Adressen (Abrufschemata) für die jeweilige Grundmenge der gespeicherten Gedanken (Argumente).

Diese (auf Aristoteles zurückgehende) Auffassung sei an der Topik des Rhetorikers Quintilian (40–118) illustriert. Quintilian unterscheidet Abrufschemata "von der Person her" (a persona) und "von der Sache her" (a re). Die "persönliche" Argumentation umfaßt die Topoi
    genus (Abkunft),
    natio (Stammeszugehörigkeit, z. B. Rheinländer, Bayer),
    patria (Staatsangehörigkeit),
    sexus (Geschlecht),
    aetas (Lebensalter),
    educatio et disciplina (Erziehung, Ausbildung),
    habitus corporis (körperliche Verfassung),
    fortuna (Lebensumstände),
    conditionis distantia (Stellung innerhalb der Gesellschaft),
    studia (Beruf),
    ante acta dictaque (Vorleben).
Der "sachlichen" Argumentation dienen die Topoi
    a causa (Tatmotiv, Ursache-Wirkung-Verhältnis),
    a loco (Ort des in Frage stehenden Geschehens),
    a modo (Durchführung der Tat),

---

[22] *Lausberg, H.:* Rhetorik und Dichtung. S. 61.

a facultate (hilfreiche Umstände, Hilfsmittel),
a finitione (parteiische Umschreibung des Tatbestandes),
a simili (Vergleich mit Parallelfällen),
a comparatione (Vergleich aus anderen Gegenstandsbereichen),
a contrario (Vergleich mit dem Gegenteil),
a ficitione (Erfindung eines Beispielfalles),
a circumstantia (noch nicht deutlich erfaßte Begleitumstände).

Hinzu kommt eine besondere Topik des Redebeginns (Exordialtopik), mit deren Hilfe der Redner der speziellen Situation Rechnung tragen soll:

1) Erregung von Aufmerksamkeit (attentum parare) durch Betonung der Wichtigkeit des zu behandelnden Gegenstandes; Betonung der Neuheit des Auszuführenden bzw. Distanzierung von sattsam bekannter Argumentation; Ausdruck des Staunens; Versprechen, sich kurz zu fassen; wörtliche Bitte um Aufmerksamkeit; Aufrüttelungsversuch mit Hilfe des "Tua res agitur"; Anrede nicht an den erwartbaren Adressaten; Zitatgeschichte oder Exempel; ungewöhnlicher Vergleich oder Metapher; Witz; Interjektion.

2) Weckung von Gelehrigkeit (docilem parare) bei kompliziertem Sachverhalt etwa durch kurze Aufzählung der zu behandelnden Punkte.

3) Erregung des Wohlwollens (benevolum parare, captatio benevolentiae) durch Lob der eigenen Sache (Hinweis auf die eigenen edlen Motive und die in Kauf genommenen Nachteile); Bescheidenheitstopos (Entschuldigung für angebliche Unbeholfenheit); Erweckung von Mitleid durch Hinweis auf ungerechte Behandlung; Lob des Publikums und seiner angeblich bekannten Urteilskraft; Schilderungen erfreulichen Inhalts; Hinweis auf die glücklicherweise günstigen Umstände in Bezug auf die eigene Sache.

Diesem Toposbegriff steht schon seit den Anfängen der rhetorischen Theorie eine andere Auffassung gegenüber, der zufolge die Topoi die fungiblen inhaltlichen Elemente (res) selbst sind, die in Handbüchern systematisch gesammelt werden können. Solche Handbücher, die nichts anderes sind als "externe" Speicher, sind die sogenannten Exempelsammlungen (Sammlung von Gedankenmaterial, das der Beglaubigung der Argumentation dienen soll). Dabei wird näherhin unterschieden zwischen

Historiensammlungen (historische Episoden, Rechtsfälle)
Sammlungen von Fabulae und Fabella (Episoden aus sanktionierten poeti-

schen Texten; Fabeln, Märchen, Schwänke),
Parabelsammlungen (Gleichnisse auf der Grundlage von gruppenspezifischen Lebenserfahrungen),
Sentenzenbüchern (Aussprüche von Autoritäten),
Spruch- und Sachregister zur Bibel,
Adagiensammlungen (Sprichwörter und Redensarten),
Konversationslexika und fachspezifische Sachwörterbüchern, Gesetzbüchern u. a.

Die neuere Literaturwissenschaft hat erst spät, etwa seit den Veröffentlichungen des Romanisten Ernst Robert Curtius,[23] den heuristischen Wert der rhetorischen Toposbegriffe erkannt. Seither gibt es zahlreiche Versuche, zunächst einmal den "richtigen" Toposbegriff zu ermitteln.[24] Doch haben solche Versuche bestenfalls weiteres Belegmaterial für die Historizität der Begriffsbildung erbracht. Wichtiger ist die den Begriffen zugrunde liegende Vorstellung von der Fungibilität aller stofflich-inhaltlichen Elemente oder genauer: aller semantischen Einheiten.

Textherstellung wäre somit – in einem Teilbereich – vorläufig zu bestimmen als Auswahl zweckentsprechender semantischer Einheiten aus der jeweils verfügbaren "Copia rerum" mit Hilfe von bewußt oder unbewußt verwendeten Abrufschemata (Adressen). Dabei ist es unerheblich, ob der Zugriff auf das Gedächtnis (interner Speicher) oder auf Handbücher (externer Speicher) erfolgt. Es kann hier nur angedeutet werden, daß die rhetorische Topik in ihrer Begrifflichkeit – wiederum heuristisch – auf die Theorie der Datenspeicherung ("information retrieval") verweist.

Stoff- und Motivforschung werden schon seit längerem betrieben; vor allem die vergleichende Literaturwissenschaft (Komparatistik) hat darin ein Aufgabengebiet gesehen.[25] Ein Hemmnis gerade der

---

[23] *Curtius, E. R.*: Europäische Literatur und lateinisches Mittelalter. 1. Auflage. Bern: Francke 1948. Vgl. dazu aber auch *Dockhorn, K.*: Rhetorik und germanistische Literaturwissenschaft in Deutschland. In: Jahrbuch f. Internationale Germanistik 3 (1971) H. 1. S. 168–185.

[24] Vgl. die Übersicht bei *Dyck, J.*: Ticht-Kunst. Deutsche Barockpoetik und rhetorische Tradition. 2. verb. Auflage. Bad Homburg: Gehlen 1969 [= Ars poetica 1]. S. 174–176: Exkurs I.

[25] Vgl. *Baldensperger, F.* und *Friedrich, W. P.*: Bibliography of Comparative Literature. Chapel Hill: Univ. of North Carolina Press 1950. – *Fren-*

deutschen Literaturwissenschaft ist dabei allerdings die – poetologisch bedingte – Originalitätsfixiertheit und im Gefolge davon das Fahnden nach stofflichen und formalen Abhängigkeitsverhältnissen der Poeten untereinander gewesen. Der rhetorischen Topik näher sind die Verfahrensweisen der sogenannten Volkserzählforschung. Aufbauend auf den Vorarbeiten der "Finnischen Schule" (Antti Aarne und Kaarle Krohn), hat Stith Thompson einen Index erstellt, in dem mehr als 40 000 Erzählmotive unter 10 Kategorien inhaltlicher Art katalogisiert sind.[26]

Es spricht nicht gegen die Volkserzählforschung, wenn ihre vergleichsweise rationalen Verfahren der Textanalyse von einer Literaturwissenschaft, die sich als Kunstwissenschaft versteht, abgelehnt werden; handelt es sich doch um "eine Methode, die auf die Kunstliteratur nicht übertragbar sein dürfte und von einer um Interpretation und Wesenserkenntnis bemühten Literaturwissenschaft wohl kaum übernommen werden wird".[27] So urteilt die Stoff- und Motivforscherin E. Frenzel noch 1966, und sie hat damit nicht einmal unrecht.

Die Annahme der prinzipiellen Fungibilität der inhaltlichen (semantischen) Elemente eines Textes (Zeichenreihe) ist auch die Voraussetzung für die Entwicklung der verschiedenen Verfahren der Aussagenanalyse (Content Analysis) im Bereich der empirischen Sozialforschung gewesen. Es sprechen auch noch andere Gründe dafür, daß die (angloamerikanischen) Forschungen zur Content Analysis die rhetorische Theoriebildung in einem engeren Bereich fortsetzen. Sie setzen ziemlich genau zu dem Zeitpunkt ein, als die rhetorische Theorie von der philosophischen Ästhetik als der offiziellen Literaturtheorie gänzlich verdrängt ist, nämlich um 1900; im deutschsprachigen Raum wird die Content Analysis erst ab 1964 rezipiert. Inzwischen gibt es auch

---

zel, E.: Stoff- und Motivgeschichte. Berlin: Schmidt 1966 [= Grundlagen der Germanistik 3].

[26] *Thompson, St.:* Motif-Index of Folk-Literature. A Classification of Narrative Elements in Folktales, Ballads, Myths, Fables, Mediaeval Romances, Exempla, Fabliaux, Jest Books and Local Legends. Bd. 1–6. 2. Auflage. Kopenhagen: Rosenkilde & Bagger 1955–1958. – Eine Vorstufe dazu, von deutschsprachigem Textmaterial ausgehend, ist das Werk von *Bolte, J.* und *Polivka, G.:* Anmerkungen zu den Kinder- und Hausmärchen der Brüder Grimm. Bd. 1–5. 2. Auflage. Hildesheim: Olms 1969.

[27] *Frenzel, E.:* Stoff- und Motivgeschichte. S. 18.

Ansätze zur Anwendung dieser Methode im Bereich der Literaturwissenschaft.[28]

Die Zielsetzung der Aussagenanalyse ist der Definition von B. Berelson zu entnehmen: "Content analysis is a research technique for the objective, systematic, and quantitative description of the manifest content of communication."[29] Unter "manifest content" wird gewöhnlich die Semantik eines "manifesten" Textes (im Sinne des statischen Textbegriffs) verstanden. Methodisch gesehen geht es um die Zuordnung einer bestimmten Menge von besonders präparierten Aussagen zu bestimmten Aussagenkategorien; aus der Häufigkeitsverteilung wird sodann auf die Semantik der Textmenge geschlossen. Diese Analyse der inhaltlichen Charakteristika (Aussagen) eines Textcorpus erfolgt auf dem Hintergrund eines kommunikationstheoretischen Konzepts: Ziel der Aussagenanalyse ist es, Aufschluß über die Einstellung des jeweiligen Kommunikators zu erhalten. Jedoch wird – aus Gründen der Meßgenauigkeit – von der Aussagenentstehung und der Aussagenwirkung abstrahiert. Die Auswertung der Ergebnisse im Hinblick auf den jeweiligen Kommunikationsprozeß wird einem zweiten Arbeitsschritt vorbehalten.

Damit ist einsichtig, daß die Aussagenanalyse kein pragmatisches, sondern ein semantisches Analyseverfahren ist. Wie man nun aber von den semantischen Befunden zu pragmatischen gelangen soll, wenn man nicht von vornherein mit pragmatischen Kategorien gearbeitet hat, ist schon weniger einsichtig, ja logisch nicht nachvollziehbar. Wenn man zuerst die "Textaussage" analysiert, dann ihre "Entstehungsbedingungen", schließlich ihre "Wirkung", so ergibt die Summe der drei Untersuchungsbereiche noch keine pragmatische

---

[28] Über die zur Zeit verwendeten Verfahren der Aussagenanalyse unterrichtet im einzelnen: *Bessler, H.:* Aussagenanalyse. Die Messung von Einstellungen im Text der Aussagen von Massenmedien. Gütersloh: Bertelsmann Universitätsverlag 1970 [= Gesellschaft und Kommunikation 4]. Eine erste Anwendung von aussagenanalytischen Verfahrensweisen auf historisches Textmaterial stellt die Arbeit von Burkhard Rieger dar: *Rieger, B.:* Poetae studiosi. Analysen studentischer Lyrik des 19. und 20. Jahrhunderts. Ein Beitrag zur exaktwissenschaftlichen Erforschung literarischer Massenphänomene. Frankfurt: Thesen-Verlag 1970.

[29] *Berelson, B.:* Content Analysis in Communication Research. Glencoe 1962. S. 489. Zit. nach *Bessler, H.:* Aussagenanalyse. S. 37.

Analyse, weil bei der Detailanalyse gerade die Funktionalität des Gesamtvorgangs außer acht geblieben ist.

Hier führt eine genauere Orientierung am rhetorischen Modell weiter. Zunächst einmal muß klargestellt werden, daß die rhetorische Topik nicht der Auffindung von semantischen Einheiten dient, sondern von Argumenten. Argumente sind funktionalisierte Aussagen, d. h. Aussagen, die vom Redner (Textersteller) in einer bestimmten Situation im Hinblick auf eine Zielgruppe (Zielperson, Rezipienten) zu einem persuasiven Zweck verwendet werden. Textherstellung ist folglich, in Verbesserung des ersten Definitionsversuchs, die Auswahl zweckentsprechender Argumente aus dem jeweils verfügbaren gespeicherten Vorrat mit Hilfe von Abrufschemata. Umgekehrt muß ein entsprechendes Analyseverfahren auf die Argumentationsstruktur eines Textes (Zeichenreihe) gerichtet sein. Inwieweit die Kategorien der rhetorischen Topik diesem Aspekt der pragmatischen Analyse genügen können, bleibt zu überprüfen.

3.2.2.2 Disposition

Disposition, die zweite Phase im Arbeitsprozeß des "Redners" (Textherstellers), ist die Auswahl und Anordnung der im (ersten) Inventionsvorgang aufgefundenen Gedanken (Argumente) im Hinblick auf die beabsichtigte Wirkung. Dies betrifft (1.) den zweckmäßigen Umfang der einzelnen Argumente ("amplificatio"), (2.) die zweckmäßige Anordnung der Argumentation ("ordo"), (3.) die Auswahl eines zweckmäßigen Argumentationsmusters (Gattung).

1) Umfang des Arguments

Der aufgefundene argumentative Gedanke kann "breit" oder "knapp" ausgeführt werden, je nach Wirkabsicht, die ja auf Persuasion zielt. Dabei werden in der traditionellen rhetorischen Theorie folgende Möglichkeiten unterschieden:

Incrementum: in sich gesteigerte Darbietung derjenigen Synonyme, die den Sachverhalt – je nach Bedarf – parteigünstig verstärken oder abschwächen;

Comparatio: Überbietung eines Exempels durch den zu behandelnden Sachverhalt;

Ratiocinatio: "breite" Darstellung der Begleitumstände des zu behandelnden Sachverhalts, um den Zuhörern dessen Wichtigkeit zu suggerieren;

Congeries: Ausweitung des Arguments durch Häufung von Synonymen, um das Gewicht des Arguments zu unterstreichen.

2) Anordnung der Argumentation

Bezüglich der Argumentationsstruktur eines Textes unterscheidet die rhetorische Theorie zwischen dem "Ordo naturalis" und dem "Ordo artificialis". "Ordo naturalis" ist die an der jeweiligen Norm des Sprachverhaltens orientierte Anordnung der Argumente. "Ordo artificialis" ist die bewußte Normabweichung in Bezug auf die Argumentationsstruktur.

Für den "Ordo naturalis" (normentsprechende Argumentationsstruktur) hat die rhetorische Theorie als allgemeine Regeln den "Modus per tempora" (zeitlich geordnete Reihenfolge) und den "Modus per incrementa" (Reihenfolge nach dem Prinzip der Steigerung: Endstellung des wirksamsten Arguments bzw. Argumentteils) aufgestellt. Hinzu kommen Gesetzmäßigkeiten über die wirksame Argumentationsstruktur einer ganzen "Rede" ("Partes orationis"):

Exordium
Herstellung des Publikums- bzw. Leserbezugs durch geeignete Exordialtopoi;
Transitus (Überleitung).

Narratio
Detaillierte (parteigünstige bzw. interessenbezogene) Darstellung des Sachverhalts;
Propositio: Zusammenfassung des gedanklichen "Kerns" der Narratio, zugleich als Überleitung zur Argumentation.

Argumentatio
Beweisführung durch mehrere Argumente (zentraler Redeteil).

Refutatio
Widerlegung entgegenstehender Argumente.

Peroratio
Zusammenfassung: Memorieren des Beweisverfahrens;
Affizierung des Publikums: Affekterregung (Emotionalisierung) als letzte Möglichkeit, das Publikum für das angestrebte Redeziel zu gewinnen.

Selbstverständlich können die Regeln zur normentsprechenden Argumentationsstruktur nicht ahistorisch verallgemeinert werden, da sie sich ja auf bestimmte historische Normen beziehen. Doch darf man nicht übersehen, daß die (jeweils poetologisch bedingten) Argumentationsstrukturen sich bis ins 19. Jahrhundert hinein relativ konstant erhalten haben. Argumentationsstrukturen können also bis zu diesem Zeitpunkt mit Hilfe der genannten dispositionalen Kategorien erfaßt werden, behalten darüber hinaus aber ihren heuristischen Wert für die pragmatische Analyse, vorausgesetzt, daß sie an der jeweiligen Norm des Sprachverhaltens überprüft werden. Hierin sieht die gegenwärtige Persuasionsforschung eine ihrer Aufgaben.[30]

Der "ordo artificialis" (bewußte Normabweichung zum Zwecke der Wirksamkeitssteigerung) funktioniert nur auf der Voraussetzung, daß es – im jeweiligen historisch-sozialen Bezugsrahmen – normierte, allgemein akzeptierte (erwartbare) Argumentationsstrukturen gibt, die nur partiell übertreten, nicht grundsätzlich in Frage gestellt werden. So kann der "Modus per tempora" verändert werden (z. B. bei Medias-in-res-Beginn mit nachgeholter Vorgeschichte in der "Narratio"). Der "Modus per incrementa" kann in Bezug auf die Redeteile etwa dadurch verändert werden, daß einzelne Redeteile ausgelassen oder umgestellt werden, um der gegebenen Situation wirksamer gerecht werden zu können.

3) Auswahl des zweckentsprechenden Argumentationsmusters

Die Wirkung eines Textes (kommunikativer Prozeß) ist, wie gezeigt wurde, stets an seinen Bezugsrahmen, an das jeweilige historisch-soziale Normensystem gebunden. Dieses Normensystem umfaßt u. a. einen bestimmten Vorrat von syntaktischen Mustern höherer Komplexität, die als Argumentationsmuster (Formen, Gattungen) bestimmte, jeweils definierte kommunikative Funktionen haben. Der Texthersteller steht vor der Aufgabe, aus dem Vorrat von gesellschaftlich-sanktionierten Argumentationsmustern im Hinblick auf Zielgruppe, Gegenstand und Situation das wirksamste Muster auszuwählen.

---

[30] Ich verweise auf den Überblick bei Janis und bei Teigeler: *Janis, I. L.:* Kommunikation und Meinungswechsel. In: Haseloff, O. W. [Hrsg.]: Kommunikation. Berlin: Colloquium 1969 [= Forschung und Information 3]. S. 126–138. *Teigeler, P.:* Verständlichkeit und Wirksamkeit von Sprache und Text. Vgl. oben S. 67 ff.

Die Argumentationsmuster (Formen, Gattungen) sind im Rahmen der geltenden Norm aufgrund der emotionalen Wirkungen, die ihnen zugebilligt werden, definiert, – erkennbar etwa am Index "Stilhöhe" oder an der unterschiedlichen (emotionalen) Wertigkeit bestimmter an sie gebundener Gegenstandsbereiche. Die dabei auftretenden graduellen Unterschiede boten die Möglichkeit, Argumentationsmuster zu beschreiben und zu systematisieren: in einer Gattungslehre zusammenzufassen. Gattungslehren dieser Art finden sich vorwiegend in rhetorisch orientierten Poetik-Lehrbüchern, sind aber keineswegs auf die Sorte "poetischer Text" beschränkt. Erfaßt werden in den Rhetoriken oder Poetiken jedoch immer nur solche Gattungen, die innerhalb der geltenden Norm des Sprachverhaltens von Interesse sind, d. h. wirksam funktionieren. Insofern handelt es sich stets um eine "offene Systematik". Dies ist der Fall bei den Gattungslehren von Opitz, Gottsched und Lessing, um nur die für die deutsche Literatur historisch bedeutsamsten Beispiele zu nennen.

Opitz entwickelt im "Buch von der Deutschen Poeterey" (1624)[31] seine Gattungslehre ausdrücklich am rhetorischen Beschreibungsmodell:

Das V. Capitel.

[E4ᵃ] Von der zuegehör der Deutschen Poesie / vnd erstlich von der invention oder erfindung / vnd Disposition oder abtheilung der dinge von denen wir schreiben wollen.

WEil die Poesie / wie auch die Rednerkunst / in dinge vnd worte abgetheilet wird; als wollen wir erstlich von erfindung vnd eintheilung der dinge / nachmals von der zuebereitung vnd zierh der worte / vnnd endtlich vom maße der sylben / Verse / reimen / vnnd vnterschiedener art der carminum vnd getichte reden.

Die erfindung der dinge ist nichts anders als eine sinnreiche faßung aller sachen die wir vns einbilden können / der Himlischen vnd Jrrdischen / die Leben haben vnd nicht haben / welche ein Poete jhm zue beschreiben

---

[31] *Opitz, Martin:* Buch von der Deutschen Poeterey (1624). Nach der Edition von W. Braune neu hrsg. v. R. Alewyn. 2. Auflage. Tübingen: Niemeyer 1966. Nachstehender Auszug ebd. S. 17.

vnd herfür zue bringen vornimpt: darvon in seiner Idea Scaliger außfürlich berichtet. An dieser erfindung henget stracks die abtheilung / welche bestehet in einer füglichen vnd artigen ordnung der erfundenen sachen. Hier mußen wir vns besinnen / in was für einem genere carminis vnd art der getichte (weil ein jegliches seine besondere zuegehör hat) wir zue schreiben willens sein.

An Argumentationsmustern, die in derzeitigen poetischen Kommunikationsprozessen funktionieren, behandelt er im einzelnen:

1. "Heroisches getichte",
2. "Tragedie",
3. "Comedie",
4. "Satyra",
5. "Epigramma",
6. "Eclogen oder Hirtenlieder",
7. "Elegien",
8. "Echo oder Wiederruff",
9. "Hymni oder Lobgesänge",
10. "Sylven oder wälder",
11. "Lyrica oder getichte zur Music".[32]

Gottscheds Gattungslehre – im 2. Teil seiner "Critischen Dichtkunst" (1730) – hat gleichfalls den Charakter einer "offenen Liste":[33]

Des zweyten Theiles
erster Abschnitt.

Von den Gedichten, die von den Alten erfunden worden.

I. Hauptstück. Von Oden oder Liedern

II. Von äsopischen und sybaritischen Fabeln, imgleichen von Erzählungen

III. Von scherzhaften Heldengedichten

IV. Von der Epopee, oder dem Heldengedichte

---

[32] Ebd. S. 17–23.
[33] *Gottsched, Johann Christoph:* Versuch einer Critischen Dichtkunst. Unveränderter photomechan. Nachdruck der 4. verm. Auflage. Leipzig 1751. Darmstadt: Wiss. Buchgesellschaft 1962. S. XV f. (Inhaltsverzeichnis).

V. Von milesischen Fabeln, Ritterbüchern u. Romanen
VI. Von heroischen Lobgedichten
VII. Von Satiren und Strafgedichten
VIII. Von dogmatischen Gedichten
IX. Von Idyllen und Schäfergedichten
X. Von Tragödien oder Trauerspielen
XI. Von Komödien oder Lustspielen
XII. Von Elegien oder Klagliedern und verliebten Gedichten
XIII. Von poetischen Sendschreiben oder Briefen
XIV. Von Sinngedichten, Grab- und Ueberschriften

Des zweyten Theiles

zweyter Abschnitt.

Von Gedichten, die in neuern Zeiten erfunden worden.

I. Hauptstück. Von allerley kleinen Liedern, als Madrigalen, Sonnetten und Rondeaux, oder Kling= und Ringelgedichten
II. Von allerley neuern Arten größerer Lieder, als Ringeloden, Sechsstinnen und Gesängen
III. Von Cantaten, Serenaten und Kirchenstücken oder Oratorien
IV. Von Opern oder Singspielen, Operetten und Zwischenspielen
V. Von Wirthschaften, Mummereyen und Balletten
VI. Von Schäferspielen, Vorspielen und Nachspielen
VII. Von politischen Fabeln und andern dergleichen Erdichtungen
VIII. Von allerhand Arten von Scherzgedichten
IX. Von Wahlsprüchen, Sinnbildern und ihren Ueberschriften

Als Argumentationsmuster werden diese Gattungen – im Sinne der rhetorischen Theorie – aufgrund ihrer spezifischen Wirksamkeit bestimmt:[34]

> 12. §. Zum andern will man den Grund dieser Abtheilung wissen: und weil es diesen tiefsinnigen Kunstrichtern so schwer fällt, denselben zu finden; so will ich ihn hieher setzen. Ein Redner oder Dichter will seine Zuhörer entweder schlechterdings unterrichten und lehren, oder er will sie belustigen, oder er will sie endlich bewegen. Mehr Absichten kann er bey der Schreibart nicht haben. Ist das erste, so bedienet er sich des natürlichen oder niedrigen Ausdruckes, da man sich der gewöhnlichsten Redensarten und Ausdrückungen gebrauchet. Dieses thun also die Historienschreiber, wenn sie von rechter Art sind, und die dogmatischen Scribenten: auch wohl die Redner in ihren Eingängen, Erklärungen und Beweisen. Ist das andere die Absicht des Scribenten; so muß er allerley sinnreiche Gedanken auf eine eben so sinnreiche Art vortragen; und das thun insgemein Redner, wenn sie hier und da Erläuterungen, gute Einfälle, Lehrsprüche, u. d. gl. in ihren Reden einmengen; sonderlich aber die Poeten, wenn sie bittere Lehren oder Wahrheiten angenehm machen wollen. Will aber ein Schriftsteller endlich das letzte: so muß er die Gemüthsbewegung, die er in andern erwecken will, selbst annehmen, und so feurig und heftig, oder affectuös und pathetisch, als welches einerley ist, reden, daß sein Leser oder Zuhörer auch entzündet wird; wie solches Horaz in seiner Dichtkunst gelehret hat: Si vis me flere &c. Da hat man nun den Grund meiner Eintheilung; die ich doch nicht einmal für meine Erfindung ausgebe, indem sie schon von so vielen geschickten Kunstrichtern, gebrauchet worden, mit denen ich lieber irren, als mit andern recht haben will. *

---

[34] Ebd. S. 356. – In den folgenden Teilen des Kapitels (I, 9, §§ 13–31) trifft Gottsched dann eine erste Zuordnung von poetischen Gattungen zu diesen pragmatischen Kategorien, für Einzelheiten verweist er auf die Gattungslehre im zweiten Teil. Übrigens bietet Gottsched neben dieser pragmatisch orientierten Systematik der Gattungen auch eine semantische (philosophisch-ästhetisch begründete) Systematik an (I, 4: "Von den drei Gattungen der poetischen Nachahmung und insonderheit von der Fabel").

Lessing versucht, ausgehend von der derzeit modernen Verhaltenspsychologie (Moses Mendelssohns Theorie der "vermischten Empfindungen"), die Gesetzmäßigkeiten der literarischen Gattungen aus
ihren Wirkungen zu ermitteln. Das Argumentationsmuster "Tragödie" z. B. ist nach Lessing[35] dadurch definiert, daß es eine ganz
bestimmte Wirkung auf die Zielgruppe ausüben muß, nämlich, nach
der "Regel des Contrasts", ein Gleichgewicht der gegensätzlichen
Empfindungen "Bewunderung" und "Mitleid":[36]

Ein Dichter kann viel gethan, und doch noch nichts damit ver=
than haben. Nicht genug, daß sein Werk Wirkungen auf uns hat:
es muß auch die haben, die ihm, vermöge der Gattung, zukommen;
es muß diese vornehmlich haben, und alle andere können den Mangel
derselben auf keine Weise ersetzen; besonders wenn die Gattung von
der Wichtigkeit und Schwierigkeit, und Kostbarkeit ist, daß alle Mühe
und aller Aufwand vergebens wäre, wenn sie weiter nichts als solche
Wirkungen hervorbringen wollte, die durch eine leichtere und weniger
Anstalten erfordernde Gattung eben sowohl zu erhalten wären. Ein
Bund Stroh aufzuheben, muß man keine Maschinen in Bewegung
setzen; was ich mit dem Fuße umstoßen kann, muß ich nicht mit
einer Mine sprengen wollen; ich muß keinen Scheiterhaufen an=
zünden, um eine Mücke zu verbrennen.

Wozu die sauere Arbeit der dramatischen Form? wozu ein
Theater erbauet, Männer und Weiber verkleidet, Gedächtnisse gemartert,
die ganze Stadt auf einen Platz geladen? wenn ich mit meinem Werke,
und mit der Aufführung desselben, weiter nichts hervorbringen will,

---

[35] *Lessing, Gotthold Ephraim:* Hamburgische Dramaturgie. 79. und
80. Stück (1767/68). In: Sämtliche Schriften. Hrsg. v. K. Lachmann. 3. auf's
neue durchges. u. verm. Auflage besorgt durch F. Muncker. Bd. 10. Stuttgart:
Göschen 1894. Unveränderter photomechan. Nachdruck. Berlin: de Gruyter
1968. Die nachstehenden Auszüge ebd. S. 122 f.
[36] Vgl. hierzu *Scherpe, K. R.:* Gattungspoetik im 18. Jahrhundert. Historische Entwicklung von Gottsched bis Herder. Stuttgart: Metzler 1968 [= Studien zur Allgem. u. Vergl. Literaturwissenschaft 2]. S. 113–134.

als einige von den Regungen, die eine gute Erzehlung, von jedem zu Hause in seinem Winkel gelesen, ungefehr auch hervorbringen würde.

Die dramatische Form ist die einzige, in welcher sich Mitleid und Furcht erregen läßt; wenigstens können in keiner andern Form diese Leidenschaften auf einen so hohen Grad erreget werden: und gleichwohl will man lieber alle andere darinn erregen, als diese; gleichwohl will man sie lieber zu allem andern brauchen, als zu dem, wozu sie so vorzüglich geschickt ist.

Die Gattungslehre aus dem Schulbuch von Heinisch und Ludwig veranschaulicht das um die Mitte des 19. Jahrhunderts geltende Gattungskontinuum, von dem die sogenannten poetischen Gattungen eben nur ein Teil sind; letztere werden allerdings – bei grundsätzlich pragmatischen Verfahren – mit Hilfe der traditionellen semantischen Kategorien vorstrukturiert:[37]

I. Prosagattungen

1. Der didaktische oder lehrende Styl:
   Abhandlungen, Aufsätze
2. Der Dialog oder das Gespräch
3. Der historische Styl
   a) Die Beschreibung
   b) Die historische Erzählung
4. Der Briefstyl
5. Der Geschäftsstyl
   a) Höherer Geschäftsstyl:
      Offizielle Erklärungen,
      Gesuche,
      Bitte eines Studierenden um ein Stipendium
   b) Niederer oder Privatgeschäftsstyl:
      Schuldschein
      Quittung
      Zinsschein
      Bürgschaftsschein
      Tilgungsschein
      Empfangsschein, Lieferschein

---

[37] *Heinisch*, G. F. und *Ludwig*, J. L.: Die Sprache der Prosa, Poesie und Beredsamkeit. S. XV–XXVI.

Depositenschein
Abtretungsschein
Verzichtschein
Zeugniß (Attest)
Vertrag
Vollmacht
Anzeigen oder Bekanntmachung gewisser Ereignisse an das Publikum
Anweisung
Wechselbrief

II. Poetische Gattungen

1. Lyrik
   - a) Das Lied
     - weltliches Lied
     - religiöses Lied
   - b) Die Ode
   - c) Die Hymne
   - d) Die Dithyrambe
   - e) Die Rhapsodie
   - f) Die Elegie
   - g) Die Heroide
   - h) Die Cantate
   - i) Das Sonett
   - k) Das Madrigal
   - l) Das Triolet
   - m) Das Rondeau
   - n) Die Glosse
   - o) Das Ghasel
   - p) Das Ritornell
   - q) Die Sestine
   - r) Die Stanze
   - s) Die Canzone
   - t) Die Terzine
   - u) Das Epigramm oder Sinngedicht
   - v) Die poetische Epistel

2. Epik
   - a) Das höhere Epos oder ernste Heldengedicht
   - b) Das romantische Epos
   - c) Das idyllische Epos
   - d) Das komische Epos
   - e) Die Romanze und Ballade
   - f) Die Legende
   - g) Der Roman und die Novelle
   - h) Das Märchen
   - i) Die poetische Schilderung oder das beschreibende Gedicht
   - k) Das Rätsel, die Charade, der Logograph und das Anagramm
   - l) Das eigentliche Lehrgedicht
   - m) Gnomen oder Denksprüche
   - n) Die Satyre
   - o) Die Parodie und Travestie
   - p) Die poetische Erzählung
   - q) Die Fabel
   - r) Die Parabel, Allegorie und Paramythie

3. Drama
   a) Das Trauerspiel
   b) Das Lustspiel
   c) Das Schauspiel
   d) Das Singspiel

    III. Gattungen der Beredsamkeit

1. Die religiöse Rede

2. Die politische Rede

3. Die gerichtliche Rede

4. Die Convenienzrede

Welche Argumentationsmuster zur heute geltenden Norm des Sprachverhaltens gehören, ist systematisch noch nicht erforscht. Ein Versuch auf diesem Gebiet von literaturwissenschaftlicher Seite sind Fr. Sengles Vorschläge zu einer literarischen Formenlehre. Sengle versucht – in ständiger Auseinandersetzung mit dem Anspruch der herrschenden philosophisch-ästhetischen Betrachtungsweise – an dem Verfahren der rhetorisch orientierten Poetiken des 18. und 19. Jahrhunderts anzuknüpfen und das Gattungskontinuum für einen begrenzten Zeitraum zu rekonstruieren.[38]

Die konkrete Arbeit an einer Liste gegenwärtig geltender Argumentationsmuster ist noch erst zu leisten. Sie berührt sich z.T. mit der werblichen Media-Forschung[39] und kann die Ansätze zu einer Texttypologie, wie sie von linguistischer Seite entwickelt worden sind, nutzen.[40]

3.2.2.3 Elokution

Die Phase "Elokution" stellt sich im Modell folgendermaßen dar: Nachdem der "Redner" zweckdienliche Argumente gefunden und

---

[38] *Sengle, Fr.:* Die literarische Formenlehre. Vorschläge zu ihrer Reform. Stuttgart 1967 [= Dichtung u. Erkenntnis 1]. S. 5–20.

[39] Vgl. dazu *Steinmann, M. F.:* Das Werbefernsehen im Konkurrenzkampf der Werbemittel und Werbeträger. Zürich: Rombach 1967. – *Seiffert, R.:* Die Beurteilung der Werbeträger auf ihre Werbeeignung. Wiesbaden: Gabler 1960.

[40] Vgl. *Deutrich, K. H.:* Aufnahme und Archivierung gesprochener Hochsprache. In: Texte gesprochener deutscher Standardsprache. Hrsg. v. Institut für deutsche Sprache in Mannheim. Bd. 1. München u. Düsseldorf: Hueber und Schwann 1971. S. 18–32.

diese unter Verwendung eines situationsbezogenen Argumentationsmusters in die wirksame Reihenfolge gebracht hat, begibt er sich an die sprachliche detailarbeit; er versucht, sein gedankliches Konzept im einzelnen wirksam zu formulieren. Dazu greift er, in einem dritten inventiven Akt, auf einen gespeicherten Vorrat sprachlicher Zeichen von der Größenordnung "Wort", "Ausdruck", "Phrase", "Syntagma" (= sprachliche Wirkmittel im engeren Sinne) zurück, auf die ihm zur Verfügung stehende "Copia verborum".[41] Diese sprachlichen Zeichen sind als Wirkmittel über bestimmte Abrufschemata (Adressen) verfügbar. Sowohl Zeichenvorrat als auch die verfügbare Menge der Abrufschemata sind durch die jeweils geltende Norm des Sprachverhaltens begrenzt bzw. festgelegt.

Das Problem steckt in der Definition solcher Abrufschemata. Die rhetorische Theorie hat sie als "Figuren" bestimmt; so definiert K. Reinhard, ein Rhetoriker der Adelungschen Richtung:

> Diejenigen Modifikationen oder Hülfsmittel des Ausdrucks in einzelnen Fällen, welche Mittel sind, auf Eine oder die andere Kraft unserer Seele, oder auf mehrere zugleich, jedoch auf Eine in vorzüglichem Grade zu wirken, heissen *Figuren* [...].
> Figuren sind also nichts anders, als einzelne Redewendungen; Gestalten des Ausdrucks, geschickt auf eine oder die andere Seelenkraft allein, oder auf mehrere zugleich, jedoch auf Eine in vorzüglichem Grade zu wirken.[42]

Genau genommen handelt es sich jedoch bei einer Figur nicht um die konkrete wirksame Redewendung, sondern um deren Struktur und insofern um ein Abrufschema für eine Menge konkreter Redewendungen eines bestimmten Wirkungsgrades. Die rhetorische Figurenlehre ist somit eine *Topik der sprachlichen Wirkmittel*, analog zur Topik der Argumente und zur Topik der Argumentationsmuster.

Ausgehend von der emotionalen Funktion bestimmter Ausdrucksstrukturen, hat die rhetorische Theorie versucht, diese Ausdrucksstrukturen zu definieren und damit – als formalisierte – fungibel (bewußt einsetzbar) zu machen. Der Rhetoriker Gottsched z. B. umschreibt diese Aufgabe der rhetorischen Theoriebildung wie folgt:

---

[41] Den Begriff "Copia verborum" verwende ich hier also nicht in der Bedeutung "Wortkörperlexikon", wie es in der computerunterstützten Literaturwissenschaft versucht worden ist.

[42] *Reinhard, K.:* Erste Linien eines Entwurfs der Theorie und Literatur des Deutschen Styles. Göttingen: Vandenhök u. Ruprecht 1796. S. 148 f.

Nun lehret zwar die Natur einen jeden, der in Leidenschaften steht, solche lebhafte Redensarten zu finden, womit er seine Empfindung zu verstehen geben kann: aber die Namen, und den rechten Gebrauch derselben in der Beredsamkeit, muß man doch lernen.[43]

Wenn nun die Figuren im einzelnen aufgrund ihrer kommunikativen Funktion definiert werden, so bilden dazu Untersuchungen der syntaktischen oder semantischen Struktur jeweils die Voraussetzung. Zu ihrer systematischen Erfassung sind zwei verschiedene Verfahren angewendet worden:

1) Systematik mit Hilfe von syntaktischen Kriterien ("Wortfiguren" und "Satzfiguren"). Figuren, die auf solche Weise erfaßt werden können, sind die Figuren im engeren Sinne. Figuren, die nicht mit Hilfe von syntaktischen, sondern nur mit Hilfe von semantischen Operationen erfaßt werden können, werden in dieser Systematik "Tropen" genannt. Der Wirkungsgrad bleibt dabei unberücksichtigt. Das Verfahren ist von den antiken Rhetorikern (insbesondere von Quintilian) entwickelt und in der Folgezeit immer wieder überarbeitet worden, im deutschsprachigen Raum u. a. von Gottsched, zuletzt von Lausberg.

2) Systematik nach verhaltenspsychologischen Kriterien: Zuordnung von Figuren zu Emotionen, die durch sie (die Figuren) ausgelöst werden können. Die Zuordnung erfolgt im Rahmen der jeweiligen verhaltenspsychologischen Norm und ermöglicht dadurch eine genaue Bestimmung des Wirkungsgrades einer Figur. Das Verfahren, das auf den Vorarbeiten des erstgenannten aufbaut und bewußt den pragmatischen Aspekt kalkuliert, ist mit Konsequenz erstmals von J. Chr. Adelung durchgeführt worden.[44]

---

[43] *Gottsched, J. Chr.:* Vorübungen der Beredsamkeit zum Gebrauche der Gymnasien und größern Schulen aufgesetzet. 2. verb. Auflage. Leipzig: Breitkopf 1755. S. 36.

[44] Wichtigster Vertreter der verhaltenspsychologisch orientierten historischen Rhetorik-Forschung und gleichsam Antipode Lausbergs ist gegenwärtig *K. Dockhorn.* Seine seit 1944 publizierten Arbeiten, die inzwischen eine Wende in der deutschen Rhetorik-Forschung bewirkt haben, liegen gesammelt vor in: *Dockhorn, K.:* Macht und Wirkung der Rhetorik. Vier Aufsätze zur Ideengeschichte der Vormoderne. Bad Homburg, Berlin, Zürich: Gehlen 1968 [= Republica literaria 2]. Vgl. hier besonders S. 46–68.

Zur Veranschaulichung der beiden Verfahrensweisen führe ich die Figurenkataloge von Gottsched[45] (Typ 1) und von Beck[46] (Typ 2, allerdings mit aus Traditionsgründen bedingter gesonderter Behandlung der Tropen) an. Die Kataloge enthalten neben den Definitionen auch genügend Anwendungsbeispiele.

1) Gottsched (1755)

V. Hauptstück.
Von den Figuren, als Zierrathen der Perioden.

1. §.

Eine Periode bleibt nicht allezeit bey der schlechten Bejahung, oder Verneinung der Nebensache von der Hauptsache; sondern wird zuweilen durch ganz andre Schwünge der Gedanken belebet.

Z. E. im 9ten Pf.: Ach! daß die Gottlosen müßten zur Höllen gekehret werden. Und bald hernach: Herr! stehe auf, daß Menschen nicht die Ueberhand kriegen. Oder im 10ten: Herr, warum trittst du so ferne, und verbirgst dich zur Zeit der Noth?

2. §. Dieses geschieht sonderlich, wenn man in einer Gemüthsbewegung steht, und seine Unruhe über etwas ausdrücken will. Und alsdann hat eine Rede voller Figuren eine große Gewalt über die Zuhörer: denn ein Feuer entzündet das andre.

Z. E. Im 6ten Hiobs: O! daß meine Bitte geschähe, und Gott gäbe mir, was ich hoffe ꝛc. Was ist meine

---

[45] *Gottsched, J. Chr.*: Vorübungen der Beredsamkeit. S. 35–46.
[46] *Beck, Fr.*: Lehrbuch des Deutschen Prosastiles für höhere Unterrichts-Anstalten, wie auch zum Privatgebrauche. Mit einer Sammlung von Uebungsaufgaben, Hinweisung auf Musterbeispiele und einem Anhang über Titulatur der Briefe. 2. verb. u. verm. Auflage. München: E. A. Fleischmanns Buchhandlung (A. Rohsold) 1864. S. 50–61.

Kraft, daß ich beharren möge? Und welches ist mein Ende, daß meine Seele geduldig seyn sollte? Ist doch meine Kraft nicht steinern, und mein Fleisch nicht ehern ꝛc. Habe ich auch gesaget: Bringet her! und von eurem Vermögen, schenket mir! ꝛc. Lehret mich, ich will schweigen; und was ich nicht weis, das unterweiset mich ꝛc. Warum tadelt ihr die rechte Rede? Wer ist unter euch, der sie strafen könnte? Was gilts, ob meine Zunge unrecht habe, und mein Mund Böses vorgebe!

3. §. Nun lehret zwar die Natur einen jeden, der in Leidenschaften steht, solche lebhafte Redensarten finden, womit er seine Empfindung zu verstehen geben kann: aber die Namen, und den rechten Gebrauch derselben in der Beredsamkeit, muß man doch lernen.

* Denn es laufen auch zuweilen Fehler mit unter: wie ein unbebauter Acker auch Unkraut trägt. Ja gewisse falsche Lehrer der Redekunst haben wohl gar manche Dinge für Figuren ausgegeben, die kein Ausdruck der Gemüthsbewegung sind. Vor diesen muß man Anfänger warnen.

4. §. Es giebt aber zweyerley Figuren. Die erste Art besteht in bloßen Worten und ihrer Wiederholung, (Figuræ dictionis). Die zweyte im Schwunge ganzer Sätze, (Figuræ sententiarum). Zu beyden müssen wir zureichende Anleitung geben.

* Ich werde aber bey beyden, vor denen falsch also benannten Figuren warnen, die entweder bloße Wortspiele sind, oder sonst den Namen der Figuren mit Unrecht führen.

I. Wortfiguren.

5. §. Anadiplosis, die Verdoppelung, ist die Art zu reden, wenn das Wort, das den Schluß des einen Satzes machet, gleich im Anfange des folgenden wiederholet wird.

Z. E. Im 21ten Jes. Und siehe! da kömmt einer, der fährt auf einem Wagen, der antwortet und spricht: Babel ist gefallen! Sie ist gefallen! und alle Bilder ihrer Götter sind zu Boden geschlagen.

6. §. **Anaphora**, oder die Wiederholung des Anfangswortes, in etlichen auf einander folgenden Sätzen; oder auch gleich hintereinander.

Z. E. Im 5ten Matth. Selig sind, die da geistlich arm sind! denn das Himmelreich ist ihr. Selig sind, die da Leid tragen ꝛc. Selig sind die Sanftmüthigen ꝛc. u. s. w. Imgleichen im 150sten Psalm: Lobet den Herrn ꝛc.

7. §. **Asyndeton**, der Mangel der Bindewörter, die eigentlich zwischen verschiedenen Gliedern einer Rede stehen sollten; aber im Affecte gleichsam vergessen worden.

Z. E. O Weh des sündigen Volkes! des Volkes von großer Missethat, des boshaften Samens, (und) der schädlichen Kinder! die den Herrn verlassen, den Heiligen in Israel lästern, (und) zurück weichen.

8. §. **Ellipsis**, das Auslassen irgend eines Wortes, das ordentlicher Weise dahin gehörete; aber in der Hitze der Leidenschaft überhüpfet wird.

Z. E. Im 3ten Hiobs: War ich nicht glückselig? War ich nicht fein still? Hatte ich nicht gute Ruhe? Und (itzo) kömmt solche Unruhe! Oder auch Cicerons bekanntes: O tempora! o mores! O Zeiten! o Sitten! d. i. In was für Zeiten leben wir! was für Sitten gehen im Schwange!

9. §. **Epanalepsis**, die Wiederholung des Anfangswortes am Ende desselben Satzes; oder doch kurz darauf, beym Schlusse der ganzen Rede.

Z. E. im 150sten Psalme heißt es: Halleluja! Lobet den Herrn in seinem Heiligthume ꝛc. Und der 6te V. schließt: Alles was Odem hat, lobe den Herrn: Halleluja! Imgleichen beym Matthäus das Freudengeschrey des Volkes: Hosianna, dem Sohne David ꝛc. ꝛc. Hosianna in der Höhe.

10. §. **Epanodos,** wenn man zwey Wörter hintereinander besonders wiederholet; entweder in der rechten Ordnung, oder das letzte zuerst, und das erste zuletzt.

Z. E. Im 40sten Jes. Alles Fleisch ist **Hän,** und alle seine Güte ist wie eine **Blume** auf dem Felde. Das **Hän** verdorret, die **Blume** verwelket; denn des Herrn Geist bläst drein. Hier hätte man auch die **Blume** zuerst, und das **Hän** hernach wiederholen können.

11. §. **Epiphora,** oder die Wiederholung des Endes von einem Absatze, welche etlichemal nach einander geschieht.

Z. E. Im 8ten Jes. Seyd böse, ihr Völker! und **gebet doch die Flucht.** Höret es, ihr alle, die ihr in fernen Landen seyd! Rüstet euch, und **gebet doch die Flucht.** Lieber! rüstet euch, und **gebet doch die Flucht.** Und bald hernach: Ihr sollt nicht sagen **Bund!** Dieß Volk redet von nichts, denn von **Bund.**

12. §. **Epizeuxis,** die Wiederholung desselben Wortes im Anfange eines Satzes, gleich hintereinander.

Z. E. im 6ten Jesaiä: Heilig, heilig, heilig, ist der Herr Zebaoth: alle Lande sind seiner Ehren voll. Imgleichen bey einem andern Propheten: Land, Land, Land! höre des Herrn Wort. Oder wie Christus saget: Jerusalem! Jerusalem! wie oft habe ich ꝛc.

13. §. **Exergasia,** wenn man einerley Sache mit etlichen veränderten Redensarten einschärfet.

Z. E. **Hiob** im 7ten Cap. saget: Ich will reden von der Angst meines Herzens, und will heraussagen, von der Betrübniß meiner Seelen. Imgl. David im Psalme: Wie er spricht, so geschiehts; wie er gebeut, so steht es da.

14. §. Gradatio, die Leiter, darauf man stufenweise sich erhebt; und allmählich vom Geringern zum Höhern hinan steigt.

Z. E. So reichet dar, in eurem Glauben Tugend, in der Tugend Bescheidenheit, in der Bescheidenheit Mäßigkeit, in der Mäßigkeit Geduld, in der Geduld Gottseligkeit, in der Gottseligkeit die brüderliche Liebe, in der brüderlichen Liebe die gemeine Liebe.

15. §. Pleonasmus, der Ueberfluß, wenn man mehr saget, als wohl nöthig wäre; weil man in der Hitze nicht Worte genug finden kann, seine Meynung auszudrücken.

Z. E. Hiob im 6ten Capitel: Ihr erdenket Worte, daß ihr nur strafet; und daß ihr nur Worte paußet, die mich verzagt machen sollen. Imgl. Joel II. im 3. v. Vor ihm her geht ein verzehrend Feuer, und nach ihm eine brennende Flamme.

16. §. Polysyndeton, die Häufung der Bindewörter, die ohne Noth zwischen alle Haupt- oder Zeitwörter eingeschaltet werden: weil der Redende im Affecte ist, und nicht weis, welches das letzte seyn wird.

Z E. im 109ten Pf. Es müße der Wucherer aussaugen alles, was er hat; and Fremde müssen seine Güter rauben; und niemand müsse ihm Gutes thun; und niemand erbarme sich seiner Weysen.

17. §. Hieran mag es genug seyn. Denn wer diese an bequemen Orten gut anzubringen weis, der wird schon ziemlich lebhaft schreiben und reden.

18. §. Will man nun wissen, welche vormals im Schwange gewesene Wortfiguren verwerflich sind; so sind es folgende: Antanaclasis, Ploce, Polyptoton, Paronomasia, Parechesis, Homœoteleuton, Homœoptoton, und Paregmenon. Denn sie sind

kein Ausdruck der Leidenschaften, sondern läppische Wortspiele, deren sich verständige Leute zu unsern erleuchteten Zeiten schämen.

* Exempel davon anzuführen ist überflüßig. Man kann sie häufig bey denen finden, die sonst zum arguten Inscriptions-stilo Anweisung gegeben haben; es sey nun lateinisch, oder deutsch geschehen. Es ist besser, daß junge Leute sie nicht einmal kennen, als daß man sie ihnen weitläuftig vorlege.

II. Figuren in Sprüchen.

19. §. Von ganz andrer Kraft und Beschaffenheit sind die Figuren in ganzen Sätzen. Diese führen ein merkliches Feuer bey sich, und drücken den Affect des Redenden recht tief ins Herz des Zuhörers. Wir wollen sie nach alphabetischer Ordnung erläutern.

20. §. Admiratio, die **Verwunderung**, über eine außerordentliche, große, oder unvermuthete Sache,

Z. E. im 14ten Jes. 12 v. Wie bist du vom Himmel gefallen, du schöner Morgenstern! Wie bist du zur Erden gefället, der du die Heyden schwächetest!

21. §. Antitheton, der **Gegensatz**: wenn man etliche widrige Dinge einander entgegen setzet, sie destomehr zu heben.

Z. E. im 54sten Jes. Ich habe dich einen kleinen Augenblick verlassen; aber mit großer Barmherzigkeit will ich dich sammlen. Ich habe mein Angesicht im Augenblicke des Zornes ein wenig vor dir verborgen: aber mit ewiger Gnade will ich mich dein erbarmen.

22. §. Apostrophe, die **Anrede**: wenn man abwesende, und verstorbene Personen, oder gar leblose Dinge anredet.

Z. E. Höret ihr Himmel! und du, Erde, nimm zu Ohren! denn der Herr redet. Im 1sten Jes. Imgl. Höret des Herrn Wort, ihr Fürsten von Sodom! Nimm zu Ohren unsers Gottes Gesetz, du Volk von Gomorrha! Ebendas.

23. §. Concessio, das **Einräumen**: wann man seinem Gegner etwas zugestehet, doch aber eine Einschränkung beyfüget.

Z. E. Hiob saget im 9ten Cap. Ich weis zwar wohl, daß es also ist: daß ein Mensch nicht rechtfertig bestehen mag gegen Gott. Hat er Lust mit ihm zu hadern, so kann er ihm auf tausend nicht eins antworten.

24. §. Confessio, das **Bekenntniß**: darinn man etwas gestehet, das einem selbst zuwider zu seyn scheint.

Z. E. Hiob im 39sten saget: Siehe, ich bin zu leichtfertig gewesen: was soll ich antworten? ich will meine Hand auf meinen Mund legen.

25. §. Communicatio, die **Befragung**: wann man seine Zuhörer selbst um ihr Gutachten ersuchet.

Z. E. Jes. im 44sten Cap. Habe ich's nicht dazumal dich hören lassen und verkündiget? denn ihr seyd meine Zeugen! Ist auch ein Gott außer mir?

26. §. Cumulus, die **Aufhäufung**: wann man mit wenig Worten eine Menge von Sachen zusammennimmt.

Z. E. 2 Kor. im 6ten Cap. In allen Dingen lasset uns beweisen als die Diener Gottes, in großer Geduld, in Trübsalen, in Nöthen, in Aengsten, in Schlägen, in Gefängnissen, in Aufrühren, in Arbeiten, in Wachen und

Fasten, in Keuschheit, in Erkenntniß, in Langmuth, in Freundlichkeit, im heil. Geiste u. s. w.

27. §. Dialogismus, die **Streitrede**: worinn man seinen Gegner redend einführet, und ihm plötzlich antwortet.

Z. E. Zion spricht: der **Herr hat mich verlassen**! der **Herr hat mein vergessen**! Kann auch ein Weib ihres Kindes vergessen? Und ob sie gleich seiner vergäße: so will ich doch dein nicht vergessen.

28. §. Descriptio, die **Beschreibung**: wann man eine Sache lebhaft beschreibt, und fast vor Augen malet.

Z. E. Hiob im 24sten werden die Gottlosen so beschrieben: Sie treiben die Gränzen zurück, sie rauben die Heerde, und weiden sie. Sie treiben der Weysen Esel weg, und nehmen der Wittwen Ochsen zu Pfande. Die Armen müssen ihnen welchen, und die Dürftigen im Lande müssen sich verkriechen. Sie ärnten auf dem Acker alles, was er trägt; und lesen den Weinberg, den sie mit unrecht haben. Den Nackten lassen sie, und lassen dem keine Decke im Frost, dem sie die Kleider genommen haben.

29. §. Distributio, die **Zergliederung**: wann man der Deutlichkeit halber, eine Sache in alle ihre Theile zerleget.

Z. E. Paulus saget 2. Kor. 11. Ich bin oft gereiset, ich bin in Gefährlichkeit gewesen zu Wasser, in Gefährlichkeit unter den Mördern, in Gefährlichkeit unter den Juden, in Gefährlichkeit unter den Heyden, in Gefährlichkeit in Städten, in Gefährlichkeit in der Wüsten, in Gefährlichkeit auf dem Meere ꝛc.

30. §. Dubitatio, der **Zweifel**: wenn man nicht weis, was man von einer Sache halten, oder sagen soll.

Z. E. Hoſ. im 11. Was ſoll ich aus dir machen, Ephraim? Soll ich dich ſchützen, Iſrael? Soll ich nicht billig ein Adama aus dir machen, und dich wie Zeboim zurichten? Aber meine Barmherzigkeit iſt zu brünſtig ꝛc.

31. §. Epanorthoſis, die **Verbeſſerung**: wann man das verbeſſert, was man aus Uebereilung heraus geſtoßen hat.

Z. E. Paulus in der 2ten a. d. Kor. im 11. ſaget: Sie ſind Hebräer, ich auch; ſie ſind Iſraeliter, ich auch; ſie ſind Abrahams Samen, ich auch; ſie ſind Diener Chriſti ‒ ‒ ‒ ich rede thörlich! ich bin wohl mehr.

32. §. Exclamatio, der **Ausruf**: wann man ihn aus einer ſtarken Gemüthsbewegung etliche mal heraus ſtößt.

Z. E. Jeſ. 1. im 4. v. O weh des ſündigen Volks! des Volkes von großer Miſſethat! des boshaften Samens! der ſchädlichen Kinder! ꝛc. Imgl. O Tod! wie bitter biſt du, wenn an dich denket ein Menſch, der gute Tage hat.

33. §. Hypotypoſis, die **Abſchilderung**: wenn man etwas ſo lebhaft abbildet, als ob es vor Augen ſtünde.

Z. E. Im 39ſten Hiobs, vom Pferde: Es ſpottet der Furcht, und erſchrickt nicht, und fleucht vor dem Schwerte nicht; wenn gleich der Köcher wider es klingt, und beyde Spieß und Lanzen glänzen. Es zittert und tobet, und ſcharret in die Erde, und achtet nicht der Trompeten Hall. Wenn die Trompete ſehr klinget, ſpricht es: Huy! und reucht den Streit von ferne.

34. §. Interrogatio, die **Frage**: wann man vielmals hinter einander auf die Zuhörer mit Fragen losſtürmet, und in ſie dringt.

Z. E. Sprüche Sal. 23. Wo iſt Weh? wo iſt Leid? wo iſt Zank? wo ſind Klagen? wo ſind Wunden ohne Urſachen? wo ſind rothe Augen? Nämlich da, wo man beym Weine liegt, und auszuſaufen kömmt, was eingeſchenkt iſt.

35. §. Jusjurandum, der **Eidschwur**: wodurch der Redner in voller Gemüthsbewegung betheuret, daß er die Wahrheit sage.

3. E. Paulus in der 2. a. d. Kor. im 11. Cap. saget: Gott und der Vater unsers Herrn Jesu Christi, welcher in Ewigkeit gelobet sey! weis, daß ich nicht lüge. Oder Hiob im 27sten: So wahr Gott lebet! der mir mein Recht nicht gehen läßt ꝛc.

36. §. Occupatio, das **Zuvorkommen**: wenn man einem Einwurfe, den man vorher sieht, beyzeiten begegnet.

3. E. Röm. im 6. Was wollen wir hiezu sagen? Sollen wir in der Sünde beharren, auf daß die Gnade desto mächtiger werde? das sey ferne! Wie sollten wir in der Sünde leben wollen, der wir abgestorben sind?

37. §. Parrhesia, die **Kühnheit**: womit man eine verhaßte Sache zwar herausstößt, doch ein wenig zu lindern suchet.

3. E. Hiob im 13 Cap. Höret meine Rede, und meine Auslegung vor euren Ohren: Siehe, ich habe das Urtheil schon gefället: ich weis, daß ich werde gerecht seyn! Wer ist, der mit mir rechten will? Aber, nun muß ich *schweigen*, und verderben.

38. §. Præteritio, das **Uebergehen**: wenn man von einer Sache gar nichts sagen will; aber eben damit soviel als nöthig ist, davon erwähnet.

3. E. Hebr. 11, 32. Und was soll ich mehr sagen? die Zeit würde mir zu kurz, wenn ich sollte erzählen von Gideon und Barack, und Samson, und Jephtah, u. s. w.

39. §. Prosopopœia, die **Personendichtung**: wenn man leblosen Dingen die Eigenschaften lebendiger Personen beyleget.

3. E. Jes. 24. im 23sten V. Der Mond wird sich schämen, und die Sonne mit Schanden bestehen: wann der Herr Zebaoth König seyn wird, auf dem Berge Zion.

40. §. Sermocinatio, die **Belebung**: wann man verstorbene oder leblose Dinge gleichsam auferwecket, und sie redend einführet.

Z. E. Hiob im 28sten: Der Abgrund spricht: Sie (die Weisheit) ist nicht bey mir; und das Meer spricht: in mir ist sie nicht. Und die Verdammniß und der Tod sprechen: wir haben mit unsern Ohren ihr Gerücht gehöret.

41. §. Synonymia, die **Einschärfung**: wann man etliche gleichviel bedeutende Redensarten, mehrers Nachdrucks wegen, brauchet.

Z. E. Jes. 1. v. 16. 17. Waschet euch, reiniget euch, thut euer böses Wesen von meinen Augen! Lasset ab vom Bösen; lernet Gutes thun; helfet den Unterdrückten schaffet den Wäysen Recht, und helfet der Wittwen Sachen ꝛc.

42. §. Votum, ein **herzlicher Wunsch**: wann man aus innigem Verlangen nach einer Sache, einen brünstigen Seufzer ausstößt.

Z. E. Hiob 25. im 2. v. O! daß ich wäre, wie in den vorigen Monden, da mich Gott behütete! Und Jes. im 64 Cap. Ach! daß du den Himmel zerrissest, und herabführest; daß die Berge vor dir zerflößen!

43. §. Wann nun andre, noch mehrere Figuren, z. E. Gnome, Noema, Chria, Aetiologia, Imago, Paradigma, Comparatio, Collatio, Dissimilitudo, Paradiastole, und Antimetabole, u. d. gl. zählen: so sind selbige theils kein Ausdruck des Affects, theils schon unter andern Namen da gewesen.

2) Beck (1864)

II. Vom bildlichen Ausdrucke in der Prosa.

Wichtigkeit desselben.

§ 43. Die Lebhaftigkeit des Ausdruckes wurde oben (§ 41) als ein wesentliches Merkmal seiner Schönheit, und der bild= liche Vortrag als die malerische Seite derselben bezeichnet. Nun ist es zwar keinem Zweifel unterworfen, daß die Elemente der Sprache schon an und für sich voll Leben sind. Alle Wort= formen, als Träger von Begriffen, sind ja ursprünglich aus sinnlichen Wahrnehmungen hervorgegangen und haben darum einen sinnlich lebhaften Bestandtheil in sich. Aber im Laufe der Zeit ging die Erinnerung an diesen ihren Ursprung verloren, und es wird uns z. B. bei Wörtern wie: „auffallend, hart= näckig — begreifen, hinterbringen" — u. dgl., die sinnliche Vor= stellung, welche ihrer Bildung zu Grunde lag, kaum mehr vor Augen schweben. Die Ursache dieser Abschwächung des Sinn= lichen in den meisten Wörtern ist darin zu suchen, daß ein großer Theil von ihnen, welcher etwas Sichtbares, Hörbares, Greifbares bezeichnet, bei der zunehmenden Vermehrung der Ideen und dem Mangel an Ausdrücken für dieselben, noch in einem andern, übertragenen, geistigen Sinne gebraucht wurde und dieser zuletzt die ursprünglich sinnliche Bedeutung verdrängte.

Dieß ist die Art der Entstehung der wissenschaft= lichen Prosa. Denn im Allgemeinen gehört es im Gegensatze zur Poesie zu ihrem Wesen, daß sie den vieldeutigen, bildlichen Ausdruck möglichst vermeidet und für jeden Begriff die bestimm= teste Bezeichnung, d. h. das für ihn üblich gewordene Wort erwählt. Gleichwohl kann und darf die Prosa sich von dem Bestreben, durch sinnliche Anschaulichkeit der Diction Lebhaftig= keit zu verleihen, nicht gänzlich entfernen; sie würde sonst in den Fehler der Trockenheit und einer bloß verstandesmäßigen Nüchternheit verfallen. Wenn der bildliche Ausdruck daher auch nicht, wie es bei der Poesie der Fall ist, allen Gattungen der Prosa eigen ist, vielmehr einige, wie der didaktische und der Geschäftsstil, ihn gar nicht oder nur mit großer Einschränkung zulassen, so gebraucht sie denselben doch in so vielen Fällen, daß er in der Theorie nicht übergangen werden darf.

So wenig freilich Jemand durch die Regeln der Poetik ein Dichter wird, und so wenig ein wirklicher Dichter im Momente des Schaffens an diese Regeln denkt, eben so wenig wird der Stilist beim Schreiben jedesmal an die Vorschriften denken, wie ein Begriff in ein Bild umzusetzen sei. Dennoch bleibt es für ihn nützlich, die schon von den Alten behandelte Lehre vom bildlichen Ausdrucke in der Prosa, oder von den sogenannten Tropen und Figuren in ihren Grundzügen kennen zu lernen. Sie wird ihm dazu dienen, die Gränzen um so eher einzuhalten, innerhalb derer er sich zu bewegen hat, um nicht — wozu jüngere Stilisten besonders geneigt sind — durch falsche und übertriebene Anwendung des bildlichen Ausdruckes das Maß zu überschreiten. Der richtige Gebrauch der Bilder wird sich dann immer wie von selbst ergeben, sobald nur einmal der Schreibende sich mit vollkommener Hingebung in seinen Gegenstand versenkt und eine lebhafte Anschauung von ihm gewonnen haben wird.

A. Die Tropen.

§ 44. Der Tropus (τρόπος) bezeichnet die Umwendung eines Wortes von seiner eigentlichen Bedeutung zu einer uneigentlichen, bildlichen, um statt der unsinnlichen Bezeichnung eines Begriffes eine sinnlich anschauliche zu gewinnen. Wenn man z. B. anstatt „Jugend" sagt: „die Blüthe des Lebens", — so hat man dem Wort „Blüthe" eine uneigentliche, tropische Bedeutung beigelegt, welche den Begriff „Jugend" versinnlicht.

Man unterscheidet aber drei Arten von Tropen: a) die Metonymie, b) die Synekdoche, c) die Metapher.

a) Metonymie.

§ 45. Die **Metonymie** (*μετωνυμία*, Wortvertauschung) vertauscht das eigentliche Wort mit einem andern, welches sich auf irgend ein qualitatives oder wesentliches Verhältniß des betreffenden Gegenstandes bezieht. So setzt man statt der Ursache die Wirkung, statt des Vorhergehenden das Nachfolgende, statt der Materie das Product, statt des Bezeichneten das Zeichen, statt der Bewohner des Ortes den Ort, statt derer, die in einer Zeit gelebt, die Zeit, und umgekehrt; z. B. für Getreide oder Brod — die Gabe der Ceres; für Trennung — das Lebewohl; für Schwert — Eisen; für Herrschaft — Scepter; für Friede — Oelzweig; für Sieg — Palme; für das Haus des Nachbars — der Nachbar; (der Nachbar ist abgebrannt); für Alterthum — die Alten u. s. w. Bisweilen bedient man sich eines milderen Ausdruckes (**Euphemismus**), um eine desto stärkere Wirkung hervorzubringen, z. B. entschlummern, hinscheiden für "sterben".

b) Synekdoche.

§ 46. Die **Synekdoche** (*συνεκδοχή*, das Mitverstehen) nennt den Theil, die Einheit, das Besondere statt des Ganzen und Allgemeinen, was dabei nur **mitverstanden** wird; eben so auch umgekehrt das Ganze statt des Theiles und beruht demnach im Gegensatz zur Metonymie nicht auf einem qualitativen, vielmehr auf einem quantitativen Verhältnisse; z. B. Brod für Nahrung überhaupt, Schwert statt Waffe, der Phönizier statt die Phönizier, Cicero statt Redner, Tausende (das lateinische sexcenti) statt Viele.

Eine Steigerung der Synekdoche ist die **Hyperbel** (*ὑπερβολή*, das Uebermäßige), welche dazu dient, durch Uebertreibung etwas Großes oder etwas Kleines nachdrücklich hervorzuheben, in welch letzterem Falle sie auch **Litotes** genannt wird, z. B. Er ist die Güte und Bescheidenheit selbst (sehr gut und bescheiden). Dem Ehrgeize des Eroberers ist eine Welt (sind viele Länder) zu eng. — Ein gebrochener Eid gilt ihm nicht mehr als ein hingeworfenes Scherzwort (gilt ihm wenig). — Die Stunde wurde mir zu einer Ewigkeit u. s. f. Die Hyperbel ist nur da gerechtfertigt, wo schon in der Sache selbst etwas liegt, was zu einer solchen Ueberbietung des gewöhnlichen Maßes auffordert.

c) Metapher.

§ 47. Der wichtigste und am häufigsten gebrauchte Tropus ist die **Metapher** (μεταφορά, Uebertragung), welche an die Stelle des eigentlichen Ausdruckes einen **bildlichen** setzt. Die Metapher kann in Substantiven, Adjectiven (schmückendes Beiwort, epitheton ornans), Verben und ganzen Sätzen (ausgeführte Metapher) erscheinen, z. B. der Glanz des Thrones; der heulende Sturm; die Schönheit verwelkt, die Erde dürstet nach Regen, die Eisdecke seines Herzens schmolz, die Jugend verblüht. — Er lenkte das Steuerruder des Staatsschiffes mit kräftiger Hand durch die tobenden Wogen der Empörung. — Die verzehrende Flamme fraß immer weiter um sich und verschlang die letzte Habe des Armen. —

Die Metapher muß für den Gegenstand **angemessen** und **schicklich, leicht verständlich**, also nicht zu gelehrt, und **üblich** sein, d. h. nicht gegen den Sprachgebrauch verstoßen. Jede Sprache hat **eigenthümliche** Metaphern; der Römer z. B. sagte radices montis, wir sagen: der Fuß des Berges; der Engländer nennt strokes of genius (Geniestreiche), was der Franzose aperçus heißt, und wir Gedankenblitze, auch Genieblicke nennen. — Die Metapher soll nicht bloß **zufällige Aehnlichkeiten** darbieten, und darf auch nicht **Uebertreibungen** enthalten, weil sie sonst leicht ins Lächerliche streift. Bei der **ausgeführten** Metapher hüte man sich besonders davor, unvereinbare Bilder miteinander zu vermengen, ein Fehler (κατάχϱῆσις, Mißbrauch), welchen sich Anfänger gerne zu Schulden kommen lassen. So würde es z. B. fehlerhaft sein zu sagen: „Dem Gewichte seiner Gründe konnte die Nacht des Irrthums, die ihn umfangen hielt, nicht widerstehen."

Wird das Bild, welches die Metapher enthält, nicht bloß in einem Satze ausgeführt, sondern noch in einzelnen kleinen Zügen weiter ausgemalt, so entsteht die **Allegorie**, welche, am rechten Orte angewendet, sehr wirkungsvoll sein kann. So stellt z. B. Schiller das Schöne und das Erhabene allegorisch als zwei Genien dar, welche uns die Natur zu Begleitern durch das Leben gab. „Der Eine, gesellig und hold, verkürzt uns durch sein munteres Spiel die mühevolle Reise, macht uns die Fesseln der Nothwendigkeit leicht, und führt uns unter Freude und Scherz bis an die gefährlichen Stellen, wo wir als reine Geister handeln und alles Körperliche ablegen müssen, bis zur Erkenntniß der Wahrheit und der Ausübung der Pflicht. Hier verläßt er uns, denn nur die Sinnenwelt ist sein Gebiet; über diese hinaus kann sein irdischer Flügel nicht tragen. Aber jetzt tritt der Andere hinzu, ernst und schweigend, und mit starkem Arm trägt er uns über die schwindliche Tiefe." — Ein schönes Beispiel der Allegorie enthält Platon's Phädros, wo die Seele des Menschen einem Zweigespann verglichen wird, in welchem ein edles, lenksames Roß (die edleren Triebe) mit einem wilden und störrischen (den niedern Begierden) zusammengeschirrt ist.

Aus der Metapher geht endlich auch noch das **Gleichniß** hervor, welches die Aehnlichkeit eines Gegenstandes mit einem andern in einer bestimmten Beziehung (das tertium comparationis) hervorhebt, um ihn zu veranschaulichen, z. B. Er war groß und schlank gewachsen wie eine Tanne, frisch und blühend wie eine Rose, fühlte sich so frei wie der Vogel in den Lüften. Sie kämpften wie Löwen u. s. f.

Verwandt mit dem Gleichnisse ist die **Anspielung (Allusion)**, die auf bekannte Dinge, Aussprüche oder Ereignisse hindeutet, um einen Begriff der Anschauung nahe zu bringen,

z. B. Mancher möchte ein Cäsar sein, aber er scheut sich den Rubico zu überschreiten. — Da stand ich, ein Herkules am Scheideweg! — Drei Tage lang hing das Damoklesschwert über ihm. —

B. Die Figuren.

§ 48. Die Lebhaftigkeit und Anschaulichkeit des Stiles wird außer den Tropen auch durch die **rednerischen Figuren** bewirkt. Sie beruhen nicht gleich jenen bloß auf dem bildlichen Gebrauche einzelner Wörter, sondern auf der Beschaffenheit des ganzen Satzes, welcher dazu dient, theils die Aufmerksamkeit und Fantasie in besonderem Grade zu beleben, theils Affecte und Stimmungen zu erregen. Darum sind sie auch nur dann zulässig, wenn der Inhalt eine solche, dem poetischen Ausdrucke sich nähernde Steigerung des Vortrages verlangt. Am unrechten Platze angewendete Figuren verfehlen ihre Wirkung, ebenso der häufige Gebrauch der nämlichen Figur, welchen sich Anfänger bisweilen zu Schulden kommen lassen. Je natürlicher und ungesuchter sich die Figuren darbieten, desto mehr Nachdruck werden sie besitzen.

a) **Figuren zur Erregung der Aufmerksamkeit.**

§ 49. Zur Erregung der Aufmerksamkeit und des Nachdenkens dienen:

1) die scheinbare **Uebergehung** (praeteritio) z. B. Davon will ich schweigen, daß u. s. w. Nicht von seiner Vergangenheit will ich reden; die Schuld derselben spricht zu laut, als daß ich nöthig hätte ihrer zu gedenken;

2) die scheinbare **Unschlüssigkeit und Bedenklichkeit** (dubitatio), z. B. Wo soll ich beginnen, wo enden?

3) die **Frage** (interrogatio), auf welche man bisweilen auch die Antwort folgen läßt, z. B.: Warum ihn aus seinem Wahne reißen, der ihn glücklich macht? — Wer war es, der ihn

rettete? Nicht jener Schmeichler, an den er seine Gunst verschwendete, die hilfreiche Hand seines einzigen, aber verkannten Freundes hat ihn vom schweren Falle aufgerichtet;

4) der selbstgemachte **Einwurf** (praesumptio) — (Doch — so könnte man einwenden — wenn er auf keine Vorstellungen hören will, wie dann?);

5) die **Selbstberichtigung** (correctio) (Der Arme! ich nannte ihn einen Betrüger; er war es nicht, er war das Opfer eines Betruges!);

6) das Zugeständniß (confessio) — (Es ist wahr, er hat eine Unbesonnenheit begangen; ich will sie nicht leugnen, auch nicht gutheißen, nur entschuldigen. Er hat gefehlt, aber sein Fehltritt entsprang nicht aus bösem Herzen;

7) das sich dem Sinne nach scheinbar Widersprechende (das Paradoxe, $\pi\alpha\varrho\acute{\alpha}\delta o\xi o\nu$), z. B. Nur das Gute ist nützlich. Er hatte das Unglück, reich und vornehm zu sein. Die Sprache ist dem Menschen gegeben, seine Gedanken zu verbergen;

8) der Gegensatz (die Antithese, $\mathring{\alpha}\nu\tau\acute{\iota}\vartheta\varepsilon\sigma\iota\varsigma$, contrarium), z. B. Er redet, wenn er schweigen sollte, und schweigt, wenn man ihn reden heißt. Wer Friede will, muß sich zum Kriege rüsten. — In einem schwachen Körper wohnt oft eine starke Seele. — Bisweilen wird der Hauptbegriff dadurch hervorgehoben, daß ihm sein Gegensatz als Verneinung vorangeschickt oder beigefügt wird, z. B. Dieß war nicht redlich, das war schlecht gehandelt. — Nicht der Vortheil des Vaterlandes, nur der Eigennutz hat ihn geleitet. — Man kann uns niedrig behandeln, aber nicht erniedrigen. — Enthalten unmittelbar mit einander verbundene Begriffe einen scheinbaren Widerspruch, so entsteht das Oxymoron ($\overset{,}{o}\xi\acute{v}\mu\omega\varrho o\nu$), z. B. Das Gemälde ist ein stummes Gedicht, das Gedicht ein redendes Gemälde. — Eine leichte Bürde. — Ein süßer Schmerz. —

b) Figuren zur Erregung des Affectes.

§ 50. Die Erregung der Empfindungen wird bewirkt:

1) durch das plötzliche Abbrechen (reticentia) und die Ellipse (Auslassung einzelner, aus dem Zusammenhang leicht zu ergänzender Worte) — Wenn es wahr wäre, daß —; doch nein, ich will einem so furchtbaren Argwohne nicht Raum geben! — Wer mir Bürge wäre — Alles so finster — verworrene Labyrinthe — kein Ausgang — kein leitendes Gestirn! — Aus meinen Augen, Nichtswürdiger! Hinweg von diesem Ort!

2) durch die Ausrufung (exclamatio) und den Wunsch — (O Zeiten, o Sitten! — Welcher Undank, welche Härte! — O gewaltige Macht der Wahrheit! — O hätte ich seinem wohlmeinenden Rathe Folge gegeben! —)

3) die Anrufung ($\mathit{\dot{\alpha}\pi o\sigma\varrho o\varphi\acute{\eta}}$) lebloser Gegenstände, abwesender Personen und der Gottheit selbst (Bitte, Betheuerung, Schwur, Verwünschung), z. B. Euch, ihr Hügel und Haine von Alba, euch rufe ich an! — So wahr ein Gott im Himmel lebt, diese That soll nicht unbestraft bleiben! — Fluch der Hand, die mir den Sohn erschlug! —,

4) die Häufung ähnlicher Begriffe oder der scheinbare Pleonasmus zum Zwecke des Nachdruckes, z. B. Dich, den Wortbrüchigen, den Verräther, den Meineidigen sollte ich beschützen? — Menschenbeifall, ein glänzender Name, Ehrenstellen, Ruhm und äußere Auszeichnung können den nicht wahrhaft beglücken, welchem die innere Freudigkeit, die Ruhe des Herzens und der Friede eines guten Gewissens fehlt.

5) die Auslassung der Verbindungswörter ($\mathit{\dot{\alpha}\sigma\acute{v}\nu\delta\varepsilon\tau o\nu}$), z. B. Er kam, sah, siegte. — Der Kahn schlug um, der Unglückliche stürzte in den Fluß, sank unter, war verloren.

6) ihre Wiederholung ($\mathit{\pi o\lambda v\sigma\acute{v}\nu\delta\varepsilon\tau o\nu}$), z. B. der Lenz ist da, und Freude und Wonne und neues, sprossendes Leben füllet die Natur.

7) die Steigerung (*κλίμαξ*, gradatio) ist entweder **aufsteigend**, z. B. Welche Thorheit, welche Verkehrtheit, ich sage noch mehr, welche Vermessenheit, welcher Wahnsinn ist es, Gottes Dasein zu läugnen! oder **absteigend**, z. B. Wenn wir gut und bei vorzüglichen Kräften groß sind, so sind wir es überall, auf dem Throne, im Palaste, in der Hütte.

8) die Veränderung der gewöhnlichen Wortstellung (Inversion), z. B. Ihm, der niemals Treue gehalten, sollte man vertrauen?

9) die nachdrückliche Wiederholung des gleichen Wortes (*ἐπίζευξις*) z. B. Es gibt, es gibt eine solche Kraft! — Dank, Dank für so viele Güte! — Bisweilen wird das gleiche Wort am Anfang oder am Ende mehrerer Sätze wiederholt (*ἀναφορά, ἐπιφορά*), z. B. Wagst du es zu sprechen? Wagst du dich zu vertheidigen? Wagst du es, in unserer Mitte dich zu zeigen? — Welches Gesetz galt in dieser Sache? Die Gewalt. Wer saß zu Gericht? Die Gewalt. Wer vollstreckte das Urtheil? Die Gewalt!

c) Figuren des Witzes.

§ 51. Alle bisher behandelten Tropen und Figuren können auch dem Zwecke des Witzes dienen, sobald die Stimmung des Schreibenden aus dem Ernste in den Scherz und Spott übergeht. Der Witz darf aber nicht gesucht und erkünstelt sein, wenn er seine Wirkung nicht verfehlen soll. Er ist die besondere Gabe, unter verschiedenen Dingen mit Leichtigkeit Aehnlichkeiten zu bemerken, welche den Eindruck des Lächerlichen machen. Auch pflegt sich mit ihm der Scharfsinn zu verbinden, der die Verschiedenheit unter ähnlichen Dingen schnell entdeckt. Der Witz bedient sich entweder des Spieles mit Worten (Wortspiel, Wortwitz), oder er bringt Begriffe nach ihrem Inhalt in einen lächerlichen Gegensatz (Sachwitz). So wird man es als einen Wortwitz zu bezeichnen haben, wenn Jean Paul sagt: „Es ist ein böser Umstand, daß ein Mann in seinen Umständen viel Umstände macht", als einen Sachwitz dagegen, und zwar hier mit der Figur der Litotes (§ 46), wenn Lichtenberg den hochgepriesenen Rheinfall im Vergleiche mit dem Anblicke der Meereswogen, ihrem Leuchten und dem Rollen ihres Donners einen bloßen „Waschbeckentumult" nennt. Beschränkt sich der Witz darauf, lediglich die Wirkung des Lächerlichen hervorzubringen, so entsteht das rein Komische. Will er aber zugleich auch Verkehrtes, Thörichtes oder Verwerfliches mit seinem Spotte geißeln, so nimmt das rein Komische die Färbung des Satirischen an. Eine der satirischen Gattung des Witzes vorzugsweise eigene Figur ist die Jronie ($\varepsilon i \varrho \omega \nu \varepsilon i \alpha$, Verstellung). Ihr Wesen besteht darin, daß der Schreibende oder Sprechende mit verstellter Unwissenheit, scheinbarer Gutmüthigkeit und schalkhaftem Ernste seine eigentliche Meinung unter ganz entgegengesetzten Aeußerungen verbirgt, aber doch gerade hiedurch den in denselben liegenden Spott fühlbar macht. So könnte z. B. ein schlechter Maler ironisch ein Rafael, ein Stümper in der Beredtsamkeit, ein Demosthenes genannt werden. Diese gewöhnlichste, aber niedrigste Stufe der Jronie heißt die directe, während die indirecte Jronie den eigentlichen Sinn nur so weit durchschimmern läßt, daß er von einem scharfen Beobachter bemerkt werden kann. Ein Beispiel hiefür gibt Jean Paul, wenn er den Gedanken, daß es Recensenten gebe, welche bei ihrem Urtheile über Dichtungen bloß von persönlicher Gunst oder Mißgunst geleitet werden, in folgender Art ausführt. „Es ist angenehm zu bemerken, wie viel eine gewisse parteilose ruhige Kälte gegen die Poesie, welche man unsern Kunstrichtern nicht absprechen darf, dazu beiträgt, sie aufmerksamer auf die Dichter selber zu machen, so daß sie ihre Freunde und Feinde unbefangen schätzen und herausfinden, ohne die geringste Einmischung poetischer Nebenrücksicht." Er vergleicht sie dann noch mit Hunden, welche, gegen Wohlgerüche und ihr Gegentheil unempfindlich, einen desto feineren Sinn für Bekannte und für Feinde, überhaupt mehr für Personen als für Sachen zeigen. — Oft gibt der ironische Ton, besonders in der Charakterzeichnung, ganzen Partieen des Vortrages ein eigenthümliches Gepräge, so in den Charakterbildern von dem Stoiker Cato und von dem Rechtsgelehrten Sulpicius, wie Cicero sie in der Rede für Murena entwirft. Einen mehr subjectiven und eben darum harmloseren Charakter trägt die **Laune** an sich, und der mit ihr verwandte, doch sich zu einem höheren Standpunkte erhebende **Humor** der auf dem Widerstreite der realen mit der idealen Welt beruht. Beispiele für die humoristische Schreibart bieten sich ganz besonders in den komischen Romanen von Jean Paul dar.

Endlich kann auch der Gegensatz der unverdorbenen Natur zu der Weltklugheit und conventionellen Sitte eine komische Wirkung üben. Man pflegt dieß das **Naive** (von nativus, angeboren, natürlich) oder das **naiv Komische** zu nennen.

Als Beispiel für die launichte, zugleich auch theilweise für die naiv-komische Schreibart kann folgende Subscriptionsanzeige von Claudius zu dem ersten Theile seiner sämmtlichen Werke dienen:

„Ich will meine Werke auch sammeln und herausgeben. Es hat mich zwar, wie sonst wohl zu geschehen pflegt, kein Mensch darum gebeten, und ich weiß besser als irgend ein geneigter Leser, wie wenig daran verloren wäre, wenn meine Werke so unbekannt blieben, als ich selbst bin; aber es ist doch so artig mit dem Subscribiren und Herausgeben, und so eine Ehre und Freude für mich und meine alte Muhme; ist ja auch des Menschen sein freier Wille, ob er subscribiren will oder nicht. Will sie also herausgeben, unter dem Titel: „Asmus, omnia sua secum portans, oder **sämmtliche Werke des Wandsbecker Boten.**" Dieser secum portans wird bestehen aus Gedichten, einigen Briefen und andern prosaischen Stücken, welche letztere zum Theil mein einfältiges Urtheil über ein und anderes Buch enthalten; er wird in Allem zwischen 15 und 20 Bogen betragen, auf feinem schönen Papier in klein Octav gedruckt und mit wenigstens einem schönen Kupfer ausgeschmückt sein. Der Preis ist 2 Mark schwer Geld, und für die Herren

Kritiker und Journalisten ꝛc. 3 Mark. Man kann pränumeriren oder subscribiren, wie einer will, bis Weihnachten; und zu Ostern soll das Buch kommen. Da ich nicht absehen kann, zu was Nutzen die Namen der Herren Subscribenten vor so einem Buch wie meines vorgedruckt werden sollten, so werde ich sie hübsch in petto behalten, es sei denn, daß Jemand ausdrücklich anders begehrt. Ich war erst Willens, alle Herren Subscribenten voran in Kupfer stechen zu lassen; man hat mir aber gesagt, daß dergleichen seine Unbequemlichkeiten hat, und so habe ich's wieder aufgegeben. Da ich nicht dreist genug bin, die Herren Subscribenten mit Annehmung der Subscription zu incommodiren, so ersuche ich alle Boten, weß Alters, Statur und Religion sie sein mögen, und sonst Jeden, der Lust hat, Subscription anzunehmen und zu Neujahr gerade nach Wandsbeck an mich einzusenden, mit der Clausel seitwärts auf dem Briefe: „abzugeben in Hamburg bei Herrn Bode am Holzdamm". Ich bin Ihnen zu Allem, was Sitte im Lande ist, gerne erbötig. Ich selbst nehme auch Subscription an, und in Hamburg nimmt Herr Bode am Holzdamm an. Schließlich wissen die geneigten Leser aus dem Göttinger Musenalmanach, wo ich mir manchmal auch einen andern Namen gebe, und sonderlich aus dem Wandsbecker Boten, was sie zu erwarten haben, und ich bin unschuldig, wenn einer subscribirte und hernach nicht zufrieden ist. — Den 8. Nov. 1774. Asmus, pro tempore Bote in Wandsbeck."

d) Phonetische Figuren.

§ 52. Die phonetischen Figuren, die auf dem Klang ($\varphi\omega\nu\acute{\eta}$) beruhen, gehören vorzugsweise der Dichtkunst an. Doch können die Assonanz oder der Gleichklang der Vocale, und die Alliteration, der Gleichklang der Anfangsconsonanten, auch in der Prosa zuweilen eine gute Wirkung üben, z. B. rollende Donner; fort ging's über Stock und Stein, bergauf, bergab; von Haus und Hof vertreiben; durch Nacht und Nebel; weit wallende Gewande; stille Stunden; Wittwen und Waisen; Land und Leute; und Aehnliches.

Daß auch ein nach syntaktischen Kriterien geordneter Figurenkatalog als eine Auswahl der herrschenden Norm des Sprachverhaltens unterliegt, daß die aufgeführten Figuren also nur innerhalb einer bestimmten Norm funktionieren können, – das geht aus Gottscheds Figurenkatalog (§ 18) deutlich hervor:

> Will man nun wissen, welche vormals im Schwange gewesene Wortfiguren verwerflich sind; so sind es folgende: Antanaclásis, Ploce, Polyptoton, Paronomasia, Parechesis, Homaeotelevton, Homaeoptoton, und Paregmenon. Denn sie sind kein Ausdruck der Leidenschaften, sondern läppische Wortspiele, deren sich verständige Leute zu unsern erleuchteten Zeiten schämen. Exempel davon anzuführen ist überflüßig. Man kann sie häufig bey denen finden, die sonst zum arguten Inscriptions-stilo Anweisung gegeben haben [...]. Es ist besser, daß junge Leute sie nicht einmal kennen, als daß man sie ihnen weitläuftig vorlege.[47]

Immerhin ändert diese Polemik gegen die argute ("manieristische") Poetik (die herrschende Norm um die Wende vom 17. zum 18. Jahrhundert) nichts an dem Faktum, daß auch die kritisierten Figuren genau definiert sind; sie sind nur in dem Normensystem, in dem Gottsched sich bewegt, nicht sanktioniert.

Als besonders schwierig hat sich die Definition der Tropen erwiesen; sie ist, als Metapherntheorie, heute ein zentrales linguistisches Problem.[48] Tropen sind Redewendungen (Figuren), die innerhalb eines kommunikativen Prozesses (Text) auf Grund ihrer besonderen *semantischen Struktur* zur emotionalen Steuerung verwendet werden können. (Die emotionalen Wirkmöglichkeiten sind innerhalb des jeweiligen Normensystems fixierbar.)

Im Vordergrund des Interesses hat stets die Analyse der besonderen semantischen Struktur gestanden. Die traditionelle Auffassung ist der Definition bei Beck (§ 44) zu entnehmen:

> Der *Tropus* [...] bezeichnet die Umwendung eines Wortes von seiner eigentlichen Bedeutung zu einer uneigentlichen, bildlichen, um statt der unsinnlichen Bezeichnung eines Begriffes eine sinnlich anschauliche zu gewinnen.[49]

Demnach handelt es sich um einen Ersatzmechanismus auf der semantischen Ebene einer Zeichenreihe: innerhalb einer Zeichenreihe wird

---

[47] *Gottsched, J. Chr.:* Vorübungen zur Beredsamkeit. S. 40.
[48] Vgl. dazu z. B. *Baumgärtner, K.:* Der methodische Stand einer linguistischen Poetik. In: Jahrbuch für Internationale Germanistik 1 (1969). H. 1. S. 15–43.
[49] *Beck, Fr.:* Lehrbuch des Deutschen Prosastiles. S. 51.

ein Zeichen (Ausdruck) gesetzt, das sich nicht auf der semantischen Ebene der Zeichenreihe befindet. (Nur in diesem Sinne scheint eine Verwendung der Begriffe "eigentlich" und "uneigentlich" sinnvoll zu sein.) Wichtig ist nun, daß das semantische Verhältnis von Zeichenreihe und "Ersatz"-Zeichen für den Kommunikanten einsichtig ist. Dies ist freilich erst der grobe Umriß einer möglichen Definition der Tropen.

Im Hinblick auf eine pragmatische Kategorienbildung können auch die traditionellen Bestimmungen zur Funktion der Tropen im kommunikativen Prozeß nur von heuristischem Wert sein. Snell gibt folgende Möglichkeiten an:

Der Gebrauch uneigentlicher Ausdrükke hat seinen Grund theils in dem Mangel an eigentlichen und in der Armuth der Sprachen, weswegen z. B. die meisten geistigen Ideen durch uneigentliche Ausdrükke bezeichnet werden, als, *fassen, begreifen, Gemüthsbewegung* u. d. gl.; theils in der Liebe zum Sinnlichen und Anschaulichen, wie auch zum Neuen und Abwechselnden; theils in einer erhizten Einbildungskraft und Empfindung; theils endlich überhaupt in den Gesezen der Ideenverknüpfung. Durch langen Gebrauch werden uneigentliche Ausdrükke zu eigentlichen [...].[50]

Der Hinweis auf die historische Bedingtheit des tropischen Sprechens sollte nicht überlesen werden. Nur im Hinblick auf die Historizität der Tropen kann man ihnen eine erkenntnistheoretische Funktion zusprechen oder – was hier interessiert – eine besondere persuasive Funktion: Tropen als "Figuren für die Einbildungskraft".

Grundtropus ist die *Metapher*. Hier kommt zum Ersatzschema als weitere Bedingung hinzu, daß das Verhältnis von Zeichenreihe und "Ersatz"-Zeichen ein Ähnlichkeitsverhältnis ist. Damit ergibt sich von der Struktur her eine Übereinstimmung mit dem oben definierten Modellbegriff, doch kann das hier nur angedeutet werden.[50a]

Umfaßt der Ersatz im Ähnlichkeitsverhältnis nicht nur ein Zeichen (von der Größenordnung eines Ausdrucks), sondern eine ganze Zeichenreihe (Folge von Ausdrücken, Gedankengang), so spricht man von einer *Allegorie: allegoriam facit continua metaphora* (= eine fortgeführte Metapher ergibt eine Allegorie; – Quintilian). Systematisch werden hier folgende Möglichkeiten unterschieden:

1) tota allegoria: geschlossene Allegorie durch vollständigen Ersatz, kein direkter Hinweis auf die Ausgangsebene (Aenigma = Rätsel, Hieroglyphe, Symbolum),

---

[50] *Snell, Chr. W.:* Lehrbuch der Deutschen Schreibart. S. 114.
[50a] Siehe dazu oben S. 131 ff.

2) permixta apertis allegoria: Allegorie mit "Öffnungen", d. h. mit sprachlich realisierten Hinweisen auf die Ausgangsebene (allegorische Definition, Parabel bzw. Gleichnis),
3) fictio personae: Personifizierung konkreter Dinge oder abstrakter Begriffe ("allegorische Figuren").

Allzu leicht wird über derartigen Untersuchungen zur Struktur einer Figur oder einer Klasse von Figuren vergessen, die Funktion dieser Struktur zu bestimmen: die Figur entsprechend dem pragmatischen Ansatz als Wirkmittel zu sehen. Das erfordert zunächst einmal, die jeweilige Norm des Sprachverhaltens in die Definition einzubeziehen. In dieser funktionalen Sicht ist z. B. die Figur mit der Struktur "Allegorie" definierbar als Allegorese (bezogen auf ein mittelalterliches Normensystem), als Emblem (bezogen auf ein Normensystem des 16. und 17. Jahrhunderts), als Symbol (bezogen auf ein Normensystem des 19. Jahrhunderts). Dazu folgende Beispiele:

1) Die *Allegorese* funktioniert in kommunikativen Prozessen, die dem mittelalterlich-christlichen Normensystem unterliegen. Die Analogieverhältnisse zwischen Zeichenreihe und "Ersatz"-Zeichen sind dabei jeweils im Sinne der christlichen Heilsgeschichte festgelegt, so z. B. im folgenden Abschnitt aus dem althochdeutschen Schulbuch "Physiologus" (um 1070):

DE HYDRO. In demo uuázzere Nilo ist éinero slahta nátera, díu heizzit idris un ist fíent démo kórcodrillo. dénne so beuuillet síh díu ídris in horuue unde sprinet imo in den múnt unde slíuffet ín ín. só bízzet síun ínnan, unzin er stírbit, únde vérit síu gesunt úz. Ter corcodrillus bezeichenet tôt unde hella. Tú idrís bézeichenet únsirin tróhtin, dér an síh nam den menische lihhamin, zédiu dáz ér unsirin tôt feruuórfe úner hélla rôuboti under sigehaf hêimchámé.[51]

---

[51] *Braune, W.* [Hrsg.]: Althochdeutsches Lesebuch. 13. Auflage bearb. v. K. Helm. Tübingen: Niemeyer 1958. S. 76. — Die mittelalterliche Literaturwissenschaft (Bibelexegese) unterscheidet neben dem "Literalsinn" einer Zeichenreihe (z. B. "Jerusalem" in der Bedeutung "palestinensische Stadt") zwischen der allegorischen Analogie im engeren Sinne (christologisch-ekklesiologischer Sinn, z. B. "Jerusalem" in der Bedeutung "Kirche Christi"), der tropologischen Analogie (moralischer Sinn, z. B. "Jerusalem" in der Bedeutung "fromme Seele") und der anagogischen Analogie (eschatologischer Sinn, z. B. "Jerusalem" in der Bedeutung "Gottestadt"). Vgl. dazu *Ohly, Fr.:* Vom geistigen Sinn des Wortes im Mittelalter. Darmstadt: Wiss. Buchgesellschaft 1966. — *Lausberg, H.:* Handbuch der literarischen Rhetorik. Bd. 1. S. 444–446.

2) Das *Emblem* erfüllt kommunikative Funktionen innerhalb des (säkularisierten) Normensystems des 16. und 17. Jahrhunderts. Formal unterscheidet es sich von der Allegorese durch die graphische Darstellung des "Ersatz"-Zeichens (= Pictura), die durch die Entwicklungen auf dem Gebiete des Buchdrucks ermöglicht wurde. Ein weiterer Unterschied ist die Ausformulierung der semantischen Ausgangsebene in normentsprechenden Argumentationsmustern (= Subscriptio). In dieser Strukturierung – hinzu kommt meist noch als dritter Bestandteil eine prägnante Überschrift (Inscriptio, Motto) – sind die Embleme von humanistischen Gelehrten ausgearbeitet und zu umfangreichen Sammlungen zusammengestellt worden, die die neue lebenspraktisch orientierte Moral vermittelten. Zur Veranschaulichung füge ich ein Emblem aus dem "Emblematum Libellus" (1531) des Andreas Alciatus an:[52]

52 AND. ALC. EMBLEM. LIB.

Virtuti fortuna comes XVIII.

Das buechle der verschroten werck. 53

Gluck ein geferdt der frombkeyt.
XVIII.
Der stab des Gots Mercurius
Sambt seinen schlangen, federn, huet,
Zwischen den horn des vberfluß,
Vnns offenlich bedeuten thuet,
Das glerte, bredte leut, vil guet
Vnd gelt sollen vor andern han:
Dan die hant ye den rechten muet,
Der landt vnd leut erhalten kan.

D iij

Anguibus implicitis geminis caduceus alis,
Inter Amaltheae cornua rectus adest.
Pollentes sic mente uiros, fandiq; peritos
Indicat, ut rerum copia multa beet.

---

[52] *Alciatus, A.*: Emblematum Libellus. Reprograph. Nachdruck der Ausgabe Paris 1542. Darmstadt: Wiss. Buchgesellschaft 1967. S. 52 f. – Zur

3) Das *Symbol* erfüllt wirksame kommunikative Funktionen zunächst innerhalb des philosophisch-ästhetischen Normensystems im Zeitalter der französischen Revolution; hier wird dieser Figur (von der Struktur "Allegorie", Typ "tota allegoria") die Funktion "individuelle Wesenserkenntnis unmittelbar über die Sinne" zugeordnet. In dieser semantisch-sigmatischen Funktion wird die Figur "Symbol" polemisch gegen eine pragmatische Bestimmung abgegrenzt und, vor allem durch den alten Goethe, ideologisiert:

> Die Symbolik verwandelt die Erscheinung in Idee, die Idee in ein Bild, und so, daß die Idee im Bild immer unendlich wirksam und unerreichbar bleibt und, selbst in allen Sprachen ausgesprochen, doch unaussprechlich bliebe. [...] Es ist ein großer Unterschied, ob der Dichter zum Allgemeinen das Besondere sucht oder im Besondern das Allgemeine schaut. Aus jener Art entsteht Allegorie, wo das Besondere nur als Beispiel, als Exempel des Allgemeinen gilt, die letztere aber ist eigentlich die Natur der Poesie, sie spricht ein Besonderes aus, ohne ans Allgemeine zu denken oder darauf hinzuweisen. Wer nun dieses Besondere lebendig faßt, erhält zugleich das Allgemeine mit, ohne es gewahr zu werden, oder erst spät.
>
> Das ist die wahre Symbolik, wo das Besondere das Allgemeinere repräsentiert, nicht als Traum und Schatten, sondern als lebendig-augenblickliche Offenbarung des Unerforschlichen.[53]

Auf solche Weise, nämlich durch Bestimmung der jeweiligen historisch-sozialen Funktionalität, ist auch die psychische Valenz (erwartbarer emotionaler Wirkungsgrad) einer Figur faßbar. Darauf aufbauend, kann sodann die Funktion der Figur im konkreten Text (kommunikativer Prozeß) ermittelt werden. In der rhetorischen Theorie ist dies (implizit) über die Ermittlung von Häufigkeitsverteilungen versucht worden. Mit Hilfe der Häufigkeitsverteilung von Figuren einer bestimmten emotionalen Wertigkeit kann dann der Text bestimmten Stilebenen und Argumentationsmustern zugeordnet werden.

Emblematik vgl. das Handbuch von *Henkel, A.* und *Schöne, A.:* Emblemata. Handbuch zur Sinnbildkunst des 16. und 17. Jahrhunderts. Stuttgart: Metzler 1967.
[53] *Goethe, J. W.:* Maximen und Reflexionen. In: Goethes Werke. Hamburger Ausgabe in 14 Bänden. Bd. 12. 4. Auflage. Hamburg: Wegner 1960. S. 470 f.

Ein solches Verfahren wäre bereits der mögliche Ansatz für ein pragmatisches Analyseverfahren (für einen Teilbereich von Text). Dieser Ansatz bedarf freilich noch einer gründlichen Reflexion. Zudem sind mit den genannten Abrufschemata (Figuren) alle diejenigen sprachlichen Wirkmittel noch nicht erfaßt, die sich auf die phonomorphe Seite von Textprozessen beziehen. Sie werden in der rhetorischen Theorie unter der Kategorie "Wohlklang" zusammengefaßt, so z. B. bei K. Reinhard:

> Die Rede ist ursprünglich dazu bestimmt, durch das Gehör vernommen zu werden. Sie hat also einen *Klang*. Dieser Klang kann dem Ohre und der Seele entweder Wohlgefallen oder Missfallen verursachen. Da nun ein denkendes und empfindendes Wesen, für welches die Rede bestimmt ist, nicht nur verstehen, sondern auch mit Wohlgefallen, wenigstens ohne Missfallen verstehen will, so folgt, dass die Rede wohl klingend, wenigstens nicht übel klingend seyn müsse. Mit den Mitteln, wie der Rede diese Eigenschaft beigelegt werden könne, beschäftigt sich die Lehre von dem Wohlklange.[54]

Welche phonomorphen Muster im einzelnen positive emotionale Wirkungen auslösen können, ist wiederum von der jeweiligen historisch-sozialen Norm des Sprachverhaltens abhängig. Die rhetorische Theorie hat entsprechende Abrufschemata unter den Kategorien "Euphonie" und "Numerus" zu systematisieren versucht. Unter *"Euphonie"* werden Lautfolgen bzw. Lautkombinationen, insbesondere Homöophonien (u. a. Alliteration, Assonanz, Reimschemata), aber auch onomatopoetische Muster, nach ihrer Wirksamkeit oder Störfunktion erfaßt. Unter die Kategorie *"Numerus"* fallen die wirksamen Abfolgen phonetischer Zeichen von der Größenordnung Periode, Teilsatz, Syntagma, Silbe. Spezielle Abrufschemata des "Numerus" im engeren Sinne (wirksame Abfolge von Silben) sind die Klauseln bzw. Cursus (Satzschlüsse) und – für bestimmte Textsorten – die metrischen Schemata. Die metrischen Schemata wären jedoch nicht nur syntaktisch (als spezielle Strukturen), sondern pragmatisch (als im jeweiligen kommunikativen Prozeß wirksam fungierende Strukturen) zu definieren.[55]

---

[54] *Reinhard, K.:* Erste Linien eines Entwurfs der Theorie und Literatur des Deutschen Styles. S. 109.
[55] Vgl. dazu *Sieveke, F. G.:* Metrik als Theorie phonomorpher Wirkmuster. In: Breuer, D., Hocks, P., Schanze, H., Schmidt, P., Sieveke F. G., Stroszeck, H.: Literaturwissenschaft. Eine Einführung für Germanisten. Frankfurt, Berlin, Wien: Ullstein 1973. S. 343–392.

In heuristischer Orientierung an der rhetorischen Wirkmittelanalyse lassen sich nun auch weitere Klassen von – nichtverbalen – kommunikativen Wirkmitteln erfassen, u. a. die *auditiven* und die *visuellen Wirkmittel*.

Die *auditiven Wirkmittel* sind beschreibbar durch Figuren (Abrufschemata) für Geräusche und Klänge (Tonfolgen), denen innerhalb der jeweiligen Verhaltensnorm Zeichenfunktion mit bestimmtem Wirkungsgrad zukommt.[56]

Als *visuelle Wirkmittel* können eingesetzt werden: Schriftart, Schriftgrad, Buchstabenabstand, Mittel der Wortabtrennung, Zeichensetzung i. e. S., Zeilenabstand, Zeilenanordnung (Zeilenblock, Strophenschemata), Seitenspiegel, farbliche Mittel, Randleisten, Vignetten, Papierart, Papierfaltung, Einbandart, Format u. ä.

Visuelles Wirkmittel im engeren Sinne ist das sogenannte "*Bild*", eine Zeichengestalt bzw. eine Zeichengestaltenreihe mit spezifischer sigmatischer Charakteristik (spezifische Objektrelation). Dieses Zeichen kann – über ein optisches System auf eine im Gedächtnis gespeicherte Menge von Zeichengestalten der gleichen Klasse abgebildet – eine relativ starke, gleichsam kurzgeschlossene Affizierung bewirken.

Eine Analyse und Systematisierung der Abrufschemata (Figuren) visueller Affizierungsmöglichkeiten, bezogen wiederum auf die jeweils geltende Verhaltensnorm, hat sich bisher als äußerst schwierig erwiesen. Erst die Operationalisierung des Herstellungsprozesses, also die Orientierung am rhetorischen Modell, führt auch hier weiter. So kann man mit Kaemmerling das Bild als ein Produkt, als "Einstellung" einer Kamera bzw. eines optischen Systems definieren, wobei unter dem Begriff "Einstellung" eine "bestimmte Haltung der Kamera zum Objekt" zu verstehen ist:

> Das Objekt wird aus einer bestimmten Perspektive in bestimmter Größe für eine bestimmte Zeit unter bestimmter Beleuchtung durch eine bestimmte Bewegung der Kamera in einer bestimmten Richtung aufgenommen, kann sich an einer bestimmten Stelle im Raum in eine bestimmte Richtung bewegen und dadurch in ein bestimmtes axiales Verhältnis zur Kamera und zu möglichen anderen Objekten gelangen.[57]

---

[56] Vgl. dazu *Koch, W. A.*: Varia Semiotica. Hildesheim, New York: Olms 1971 [= Studia Semiotica, Series practica 3]. S. 283–292.

[57] *Kaemmerling, E.*: Rhetorik der Montage. In: *Knilli, Fr.* und *Reiss, E.* [Hrsg.]: Semiotik des Films. München: Hanser 1971. S. 95 f.

Das Bild als Einstellung kann also mit Hilfe der (syntaktischen) Kategorien

"Einstellungsgröße" (Detail, Groß, Nah, Amerikanisch, Halbnah, Halbtotal, Total, Weit),
"Einstellungsperspektive" (Untersicht, Bauchsicht, Normalsicht, Aufsicht),
"Einstellungslänge" (m bzw. sec, Bildkader),
"Einstellungskonjunktion" (Schnitt, Abblende, Aufblende, Überblende, Klappblende, Jalousie-, Schiebe-, Rauch-, Zerreiß-, Unschärfe-, Fettblende, Cash),
"Belichtung" (Unter-, Normal-, Über-, Mehrfachbelichtung),
"Kamerabewegung" (Schwenk, Parallelfahrt, Aufzugsfahrt, Verfolgungsfahrt, Handkamera, statische Kamera),
"Kamerabewegungsrichtung" (oben, unten, links, rechts, Zoom),
"Objektbewegung" (Haupt-, Nebenbewegung, im Vordergrund, im Hintergrund),
"Objektbewegungsrichtung" (heraus, hinein, entlang des Bildes),
"Achsenverhältnisse" (z. B. spitzer Winkel mit Gleichläufigkeit der Achsen)

strukturell beschrieben werden.[58] In einem zweiten Schritt können nun Bildfolgen als besonders strukturierte Folgen von Einstellungen erfaßt werden. Kaemmerling hat mögliche Strukturen von Einstellungsfolgen mit Hilfe des rhetorischen Figurenkatalogs zu systematisieren versucht.[59] Diese visuellen Strukturmuster sind allerdings als Figuren (Abrufschemata) für Wirkmittel in kommunikativen Prozessen noch nicht zureichend definiert. Es bleibt zu klären, welche dieser Figuren innerhalb der jeweiligen Verhaltensnorm sanktioniert sind und welcher emotionale Wirkungsgrad ihnen zukommt. Hier wäre wiederum an Vorarbeiten der werblichen Persuasionsforschung anzuknüpfen.

3. 2. 2. 4 Aktion

Aus der Aufgabenstellung des "Redners", seine "Rede" wirksam vorzutragen, hat sich in der rhetorischen Theorie die Notwendigkeit ergeben, diesen Bereich der kommunikativen Aktion bzw. Interaktion systematisch zu erfassen. Die Ergebnisse liegen in den entsprechenden Redelehren vor. Eine Redelehre umfaßt empirisch gewonnene Anweisungen für die wirksame Aktion: wirksame Stimmführung, Mimik, Gestik, Körperhaltung und Kostümierung des Redners, wirksamer Aktionsort, wirksame Aktionszeit und Aktionsdauer,

---
[58] Ebd. S. 95.
[59] Ebd. S. 99–106.

wirksame Prädisponierung des Publikums und Beeinflussung der Zusammensetzung des Publikums.⁶⁰

Auch die rhetorische Aktionsanalyse muß im Hinblick auf pragmatische Analysekategorien in ihrer Modellfunktion gesehen werden, und zwar als Analyse der medialen Bedingungen von Textherstellung: Text als kommunikativer Prozeß ist gebunden an ein Medium, an einen Distributionsapparat. Der "öffentliche Redner" ist ein solches Medium. Während sich nun die rhetorische Theorie auf die Analyse dieses einen Mediums beschränkt, muß eine pragmatische Texttheorie auf alle medialen Möglichkeiten reflektieren, die dem jeweiligen Texthersteller in seiner kommunikativen Situation zur Verfügung stehen. Pragmatische Textanalyse schließt daher Analysen im medialen Bereich ein.

Dabei kommt es zunächst darauf an, das jeweilige Medienangebot zu erfassen. Sodann ist zu untersuchen, welche Reichweite das vom Texthersteller gewählte Medium zum Zeitpunkt der Wahl hat, welche Rezipienten(gruppen) erreicht werden können und welche nicht. Es muß also die jeweilige Verhaltensnorm in Bezug auf die Mediennutzung ermittelt werden.⁶¹ Schließlich ist zu beachten, daß der Texthersteller nicht ohne weiteres ein beliebiges Medium wählen kann, etwa das Medium mit der größten Reichweite (Streubereich). So muß im Rahmen einer pragmatischen Textanalyse hinsichtlich des Textherstellers geklärt werden, welche der vorhandenen Medien ihm zum Zeitpunkt der Interaktion tatsächlich zur Verfügung stehen und welche nicht, auf Grund welcher Privilegien er welche Medien benutzen kann bzw. welche Restriktionen einer wirksamen Medienwahl entgegenstehen.

Wie bereits oben gezeigt, sind diese Fragen Gegenstand der Kommunikations- und Medienforschung, deren Materialien und methodische Konzepte zu nutzen wären.⁶²

---

⁶⁰ Vgl. die Systematik bei *Maaß, J. G. E.:* Grundriß der Rhetorik. 3. verb. u. verm. Ausgabe. Halle und Leipzig: Ruffsche Verlagshandlung 1821. S. 89–290.

⁶¹ Zur Methode vgl. *Zoll, R.* und *Hennig, E.:* Massenmedien und Meinungsbildung. Angebot, Reichweite, Nutzung und Inhalt der Medien in der BRD. München: Juventa 1970 [= Politisches Verhalten 4], sowie die Bibliographie bei *Wersig, G.:* Inhaltsanalyse. Einführung in ihre Systematik und Literatur. Berlin: Spiess 1968 [= Schriftenreihe zur Publizistikwissenschaft 5].

⁶² S. oben S. 63–71.

3.3 Hinweise zum Analyseverfahren

3.3.1 Notwendige Korrekturen des rhetorischen Modells

Die am rhetorischen Modell gewonnenen Kategorien stellen in der oben gegebenen Reihenfolge noch kein zusammenhängendes Analyseverfahren dar. Zunächst mußte es darum gehen, die einzelnen Herstellungsphasen auf ihren heuristischen Wert für die pragmatische Kategorienbildung zu prüfen. Dabei sind wir der zeitlichen Abfolge der Herstellungsphasen gefolgt, wie sie in der traditionellen Systematik festgelegt ist. Diese Abfolge der einzelnen Arbeitsschritte des "Redners" kann jedoch nicht ohne weiteres in ein pragmatisches Analyseverfahren übernommen werden, sondern bezieht sich zunächst nur auf den rhetorischen Herstellungsprozeß. Hier liegt der Grund für viele Fehlurteile über die Brauchbarkeit rhetorischer Kategorien.[63]

Die Besonderheiten des rhetorischen Herstellungsprozesses hängen mit der Beschränkung auf ein einziges Medium zusammen, das Medium "öffentlicher Redner". Dadurch brauchte bei der Analyse der Phasenstruktur dieses Prozesses nicht eigens hervorgehoben werden, was bei der heuristischen Auswertung unbedingt beachtet werden muß: daß nämlich das zu wählende Medium den gesamten Herstellungsprozeß final bestimmt. Denn mit der Medienwahl sind bereits weitreichende Vorentscheidungen bezüglich der konkreten Möglichkeiten der Invention, Disposition und Elokution getroffen. Die Medienwahl ist also den übrigen Arbeitsschritten des Textherstellers hierarchisch übergeordnet.

Aber auch die übrigen Arbeitsschritte können in der Abfolge "Invention, Disposition, Elokution" nicht in ein pragmatisches Analyseverfahren übernommen werden. Diese Abfolge ist schon in der Geschichte der rhetorischen Theorie nicht unumstritten.[64] Und selbst

---

[63] Dies gilt einmal für die Benutzung der Lehrbücher von *H. Lausberg* (Handbuch der literar. Rhetorik; Elemente der literar. Rhetorik) und *H. F. Plett* (Einführung in die rhetorische Textanalyse. Hamburg: Buske 1971), zum anderen für die daraus abgeleitete Kritik an der rhetorischen Theoriebildung von linguistischer Seite (vgl. *Glinz, H.*: Textanalyse und Verstehenstheorie I. S. 69 f.).

[64] Vgl. dazu *Schiessl, M.*: Über die Notwendigkeit einer principiellen Neugestaltung der Stilistik. Kaiserslautern: Tascher 1879.

wenn man diese Abfolge der Arbeitsschritte als eine Idealkonstruktion akzeptiert, so läßt sich doch nicht übersehen, daß die Disposition (als Wahl des adäquaten Argumentationsmusters) die Phasen "Invention" und "Elokution" ebenfalls final bestimmt. Das gewählte Argumentationsmuster als der engere Bezugsrahmen schränkt die Auswahlmöglichkeiten der "Invention" und "Elokution" erheblich ein.

Somit ergibt sich folgende Hierarchie der Phasen im Prozeß der Textherstellung: Die Medienwahl prädisponiert den engeren Herstellungsprozeß, in diesem wiederum steuert die Wahl des Argumentationsmusters die Wahl der Argumente und die Wahl der sprachlichen Wirkmittel.

Medienwahl
↓
Wahl des Argumentationsmusters
↓
Wahl der Argumentation
↓
Wahl der sprachlichen Wirkmittel

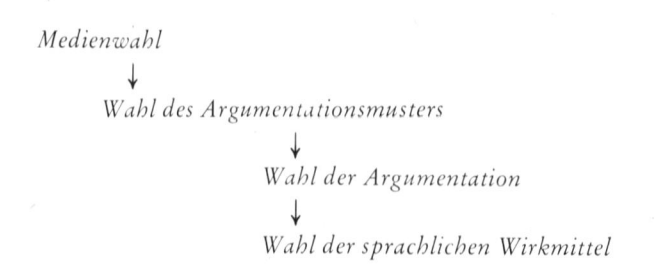

Die pragmatische Analyse einer gegebenen Zeichenreihe setzt damit in jedem Falle die Analyse des Bezugsrahmens, der jeweiligen Herstellungs- und Distributionsbedingungen, voraus. Die am Modell ermittelten pragmatischen Analysekategorien funktionieren nur in diesem historisch-sozialen Bezugsrahmen, der, wie oben angegeben, weiter formalisiert werden kann.

Gegenüber den Verfahren der Textlinguistik[65] hat das am rhetorischen Modell gewonnene pragmatische Verfahren zur Operationalisierung von kommunikativen Prozessen den entscheidenden Vorzug, daß es vom gesamten Textprozeß zu dessen konstituierenden Einheiten vorgehen kann – kleinste Einheit ist die "Figur" – und nicht den

---

[65] Vgl. außer den bei *K. Brinker* (Aufgaben und Methoden der Textlinguistik) besprochenen Arbeiten den Aufsatz von *Wunderlich, D.*: Pragmatik, Sprechsituation, Deixis. In: Lili. Zeitschrift für Literaturwissenschaft und Linguistik 1 (1971). H. 1/2. S. 153–190.

Textprozeß von den kleinsten syntaktischen Einheiten aus aufzubauen versucht, was schon logische Schwierigkeiten bereitet.[66]

Mit literaturwissenschaftlichen Methoden ist das hier angestrebte Analyseverfahren ohnehin nur dann vergleichbar, wenn jene auf die Analyse von kommunikativen Prozessen zielen.[67]

3.3.2 *Ein möglicher "Algorithmus" der Textanalyse*

Vorbemerkung

Auf der Grundlage des korrigierten rhetorischen Produktionsmodells läßt sich nun daran denken, ein Verfahren zur Analyse von Textprozessen zu entwickeln. Ein solches Verfahren zielt auf die *Rekonstruktion eines jeweiligen Textprozesses*, der – in Form einer als Übertragungskanal fungierenden Reihe von Zeichengestalten – fragmentarisch vorgefunden wird.

Für diese Rekonstruktion gilt grundsätzlich das gleiche wie für jede Art der Textherstellung:[68] Sie wird zu einem kommunikativen Zweck gemacht, der letztlich persuasiv erreicht werden soll. Der kommunikative Zweck besteht hier in der Konsensusbildung über Normen im Umgang mit bestimmten Gegenständen bzw. Problemen. Da der

---

[66] Vgl. *Brinker, K.*: Aufgaben und Methoden der Textlinguistik. S. 233: Brinker gelangt nach seinem Überblick über den Forschungsstand zu ebendieser Schlußfolgerung (benutzt jedoch bei seiner Beispielanalyse weiterhin syntaktische Kategorien). Weniger anspruchsvoll in Nomenklatur und Zielsetzung hatte dies die werkimmanent verfahrende Richtung der Literaturwissenschaft schon immer praktiziert. Vgl. die Abfolge der Analyseschritte im Standardwerk dieses Typs: *Kayser, W.*: Das sprachliche Kunstwerk. Eine Einführung in die Literaturwissenschaft. 15. Auflage. Bern u. München: Francke 1971.

[67] Dies ist selbst in der neueren Rezeptions- oder Leserforschung nur ansatzweise und meist auch nicht konsequent im Hinblick auf das zugrunde gelegte Kommunikationsmodell der Fall; de facto wird durchweg zwischen einem immer noch hypostasierten "Text", der mit "bewährten" Verfahren der werkimmanenten Richtung erforscht wird, und dessen Rezeptionsbedingungen unterschieden, für die soziologische Verfahren genutzt werden. Vgl. die bereits zit. Arbeiten von *H. R. Jauß* und *D. Homburger*. Dazu *Fügen, N.* [Hrsg.]: Wege der Literatursoziologie. Neuwied: Luchterhand 1968 [= Soziologische Texte 46].

[68] Vgl. o. S. 138 f.

angestrebte Konsensus stets auf das gesamtgesellschaftliche Normensystem bezogen ist, in dem der Forschende lebt, stellt sein Vorgehen – in dieser Vermittlung – immer auch einen Impuls in Richtung auf eine Bestätigung oder Veränderung des jeweils geltenden Normensystems dar. Der Prozeß des Rekonstruierens ist somit darauf angelegt, "innerhalb kultureller Überlieferungen ein mögliches handlungsorientierendes Selbstverständnis von Individuen und Gruppen und ein reziprokes Fremdverständnis anderer Individuen und anderer Gruppen zu garantieren".[69] Dieses Selbstverständnis ist stets ein historisches; es ist herstellbar, und es ist veränderbar, sobald es in seiner Prozeßhaftigkeit begreifbar wird. Nur wenn sich der Analysierende den kommunikativen Zweck seines Rekonstruierens innerhalb seiner historisch-sozialen Bedingtheit bewußt hält, den "praktischen Lebensbezug" seiner Textherstellung also[70], dann ist die Voraussetzung gegeben, seine Analyse eine *pragmatische* im semiotischen Sinne zu nennen.

Das Analyseverfahren selbst muß einerseits gewährleisten, daß die pragmatische Dimension in alle analytischen Kategorien eingeht; wie dies zu erreichen ist, konnte bereits am rhetorischen Modell gezeigt werden. Andererseits muß das Analyseverfahren, will es dem besonderen Anspruch wissenschaftlicher Persuasion (Evidenz durch Nachprüfbarkeit) genügen, eine möglichst stringente Abfolge von operationalen Vorschriften zur Lösung der gestellten Aufgabe darstellen, mithin annähernd *algorithmisch* strukturiert sein. Als zu lösende Aufgabe ist, wie gesagt, die Rekonstruktion bzw. Simulation eines Textprozesses anzusetzen, näherhin: die Ermittlung des kommunikativen Zwecks des betreffenden Textprozesses. Ein solcher "Algorithmus" müßte mindestens die folgenden Operationen aufweisen:

1) Festlegung des zu rekonstruierenden Textprozesses
2) Ermittlung des für den speziellen Prozeß geltenden Normensystems
3) Ermittlung der konkreten kommunikativen Situation
4) Ermittlung der medialen Bedingungen
5) Ermittlung der medienabhängigen Argumentation.

---

[69] *Habermas, J.*: Erkenntnis und Interesse. Frankfurt a. M.: Suhrkamp 1968 [= Theorie 2]. S. 221.
[70] Vgl. dazu ebd. S. 218–222.

Was unter den einzelnen Analyseschritten zu verstehen ist, ist im Grunde bereits gesagt. Die kurzen Erläuterungen können daher zugleich als eine Zusammenfassung der Ergebnisse dieser Arbeit gelesen werden.

1) Festlegung des zu untersuchenden kommunikativen Prozesses

Der Analyse vorausgehen muß die Festlegung des speziellen Kommunikationsprozesses, der Gegenstand der Analyse sein soll. Dieser erste Schritt ist nicht so selbstverständlich, wie es zunächst scheint. Jeder Text (als Zeichenreihe) kann als Übertragungskanal zu unterschiedlichen Kommunikationsprozessen benutzt werden bzw. benutzt worden sein.

Es ist ein Unterschied, ob ich als der Kommunikator im Forschungsprozeß eigenes Kommunikantenverhalten als historisch vermitteltes und historisch wirkendes zum Gegenstand der Untersuchung mache, um dieses Ziel zu erreichen, oder ob ich einen Kommunikationsprozeß rekonstruiere, in dem der Text als Informationsübertragungskanal für andere historische Kommunikanten(gruppen) fungiert hat.

Hinzu kommt, daß auch der Kommunikator in den verschiedenen kommunikativen Prozessen, die über einen Text laufen können, keineswegs identisch ist; als Texthersteller ist meist nicht der *"Autor"* anzusetzen, und wenn, dann in Abhängigkeit vom Verleger bzw. Produzenten. Meist ist es jedoch ein Herausgeber, der sich an eine zeitgenössische Zielgruppe wendet, vor allem bei den sogenannten klassischen, d. h. kanonisierten Texten.

Angesichts dieser Komplikationen ist, unbeschadet des identischen Analyseziels, die Festlegung auf einen bestimmten Kommunikationsprozeß unabweislich. Es ist unzulässig, einen einzelnen kommunikativen Prozeß, etwa den zwischen dem Interpreten und einem fiktiven "Autor" zu verabsolutieren. Das schönste Einfühlungsvermögen darf nicht darüber hinwegtäuschen, daß wir es auch im Falle des lustvollen Spekulierens mit einem speziellen historisch vermittelten kommunikativen Prozeß zu tun haben, der aber als solcher meist nicht reflektiert wird. Eine so getroffene Bedeutungsfestlegung kann schon deshalb nicht die beanspruchte Verbindlichkeit haben, weil der Bezugsrahmen, also die speziellen historischen Prozeßbedingungen, nicht angegeben werden.

Andererseits ist zu beachten, daß der Analysierende immer nur *mittelbar,* im Rahmen des jeweiligen Vorverständnisses an die zu untersuchenden kommunikativen Prozesse herankommt; der eigene kommunikative Prozeß, in dem der Forschende steht, geht ja stets allen zu untersuchenden Prozessen voraus. "Festlegung des zu untersuchenden Kommunikationsprozesses" heißt also, sich Einsicht in die pragmatische Dimension der eigenen Analyse – bzw. Verstehenstätigkeit zu verschaffen: Aufgrund welcher Interessenlage und zu welchem kommunikativem Zweck stelle ich welchen kommunikativen Prozeß in den Mittelpunkt meiner Analysearbeit? Was veranlaßt mich, einen bestimmten Kommunikationsprozeß als vordringlich zu untersuchenden Gegenstand auszuwählen? Es geht also um die Einsicht in die Historizität und Funktionalität des eigenen Tuns, um die Frage, welcher Art der praktische Lebensbezug meiner Reflexion über Textprozesse ist. Die *hermeneutische Grundfrage* aller Textwissenschaft ist demnach in einem pragmatischen Analyseverfahren nicht ausgeklammert, sondern gerade thematisierbar. Dies gilt auch für die folgenden Analyseschritte und die für sie notwendige Begrifflichkeit: gewonnen an einem heuristischen Modell, können sie nur so lange Geltung beanspruchen, wie sie im Forschungsprozeß ihren kommunikativen Zweck erfüllen.

2) Ermittlung des für den speziellen Kommunikationsprozeß geltenden Normensystems des Sprachverhaltens

Dieser Analyseschritt zielt auf die Erkenntnis des poetologischen Bezugsrahmens, in dem sich ein kommunikativer Prozeß abspielt.

Unter jeweiliger Poetologie verstehe ich die zu einem bestimmten Zeitpunkt geltenden Normen des gesellschaftlichen Zusammenlebens, das immer sprachlich vermittelt ist. Wie oben im einzelnen dargelegt, kann man hier in heuristischer Weise davon ausgehen, daß der Texthersteller sein Sprachverhalten entweder an diesen geltenden Normen ausrichtet oder aber sie bewußt durchbricht in der Absicht, den jeweiligen gesellschaftlichen Konsensus in eine progressive Richtung zu verschieben.

Zu diesen Normen gehören die geltenden (sprachvermittelten) Verhaltensmuster im allgemeinen: die geltenden sozialen Konventionen, die in den verschiedenen Sozialisationsbereichen, etwa Familie, Schule, Arbeitswelt vermittelt werden und z. B. in Lehrbüchern kodifiziert sind. Innerhalb dieses Gesamtbereichs interessieren hier insbesondere die Normen des Sprachverhaltens: die sprachlichen Ausdrucksmittel, die der herrschenden sozialen Gruppe (Geschmacksträgergruppe) als richtig und schön, d. h. situationsangemessen gelten.

Dieser Normenbestand ist u. a. ablesbar an der herrschenden Schulgrammatik oder am geltenden Kanon der sogenannten "klassischen" Muster, der sich z. B. in Schullehrplänen oder (zeitlich begrenzter) etwa in Reclams Universalbibliothek widerspiegelt.

Wie gezeigt wurde, ermöglichen gerade für diesen Bereich die entsprechenden rhetorischen Kategorien präzise Aussagen. Dies gilt insbesondere für die Kategorien der Affektenlehre bzw. der Verhaltenspsychologie (für die Analyse von Verhaltensmustern) und der Stiltheorie (für die Analyse von Sprachverhaltensmustern im engeren Sinne).

Stiltheoretisch interessieren die geltenden *Puritas-Vorschriften* (Was gilt für welche sozialen Gruppen als grammatisch korrekt?), die geltenden *Perspicuitas-Vorschriften* (Was gilt als semantisch-sigmatisch korrekt bezeichnet bzw. verständlich?) und die geltenden *Ornatus-Vorschriften* (Was entspricht auf der Seite der sprachlichen Wirkmittel den jeweils sanktionierten Verhaltensmustern? Nach welchen Maßstäben wird, im Sinne einer Stilebenentheorie, Sprachverhalten bewertet?).

Es geht also allgemein um die Rekonstruktion des jeweiligen sozialen Wohlverhaltens, genauer: der Funktion von bestimmten Sprachverhaltensweisen innerhalb der jeweils herrschenden Sozialordnung. Es geht um die Rekonstruktion des jeweils herrschenden literarischen Programms im oben definierten Sinne. Dies wäre dann die Voraussetzung für die Beobachtung von Normabweichungen und deren sozialer Funktion, was vor allem die Klasse der poetischen Textprozesse betrifft.

3) Ermittlung der konkreten Kommunikationssituation

Dieser Untersuchungsschritt ist notwendig, um Einsicht in die speziellen Kommunikationsbedingungen zu erhalten. Was die Situation des Textherstellers betrifft, so muß man davon ausgehen, daß der Texthersteller (Kommunikator) nicht frei agiert, sondern auf vorgängige Textherstellung *reagiert*. Es geht also um folgende Fragen:

Auf welche vorgängigen Textprozesse bezieht sich der Texthersteller?

Gegen wen richtet er sich? Im Sinne welcher Poetologie (Normensystem des Sprach- und Sozialverhaltens) wird er produktiv?

In welchem Status befindet er sich? Welcher Glaubwürdigkeitsgrad kommt ihm dabei zu?

In ähnlicher Weise ist der jeweilige Kommunikantenkreis und dessen Status zu ermitteln:

Welcher Kommunikantenkreis ist intendiert?

Welchen Verhaltensnormen unterliegt der intendierte Kommunikantenkreis?

In welchem Status befindet sich dieser Kommunikantenkreis während des kommunikativen Prozesses?

Nach Klärung dieser Fragen kann, wie oben ausgeführt, die *kommunikative Situation* bestimmt werden, d. h. die Abweichung der Position des Textherstellers von der Position der Zielgruppe.

4) Analyse der medialen Bedingungen

Durch die Analyse der medialen Bedingungen, denen der betreffende Kommunikationsprozeß unterliegt, ist es möglich, das Verhältnis von Kommunikator und Kommunikanten noch genauer zu fassen, vor allem den Wirkungsgrad der Kommunikation abzuschätzen.

Unter *Medium* ist hier im oben beschriebenen Sinne der Distributionsapparat für informationstragende Signale verstanden, den der Kommunikator benötigt, um seine Zielgruppe zu erreichen. Medium ist also die *technisch-organisatorische Struktur* des Übertragungskanals, z. B. die Rundfunk- und Fernsehanstalten im Verbund mit ihren Programmzeitschriften, die Buchgemeinschaften, das Briefpostamt usw.

Bei Aussagen über den medialen Bereich hat es sich als zweckmäßig erwiesen, zwischen jeweiligem *Medienangebot*, *Medienreichweite* und *Mediennutzung* zu unterscheiden. Demnach gilt es zunächst, das jeweilige Medienangebot, d. h. die zum betreffenden Zeitpunkt verfügbare Menge der Distributionsapparate, zu ermitteln und unter diesen die Medien, die der Kommunikator auf Grund seines Sozialstatus auswählen konnte. Unter dem Aspekt der Reichweite läßt sich sodann ermitteln, welche Kommunikantengruppen vom jeweils gewählten Medium maximal erreicht werden können. Eine Untersuchung zur jeweiligen Mediennutzung schließlich kann Aufschluß erbringen über das tatsächliche Verhalten der Kommunikanten gegenüber dem Medium, durch das sie erreicht werden bzw. erreicht worden sind. Hierbei muß untersucht werden, welche Aufwendungen an Zeit und Geld bzw. Gegenwert vom jeweiligen Medienbenutzer erwartet werden können bzw. konnten und wieweit er sich der medienspezifischen Rolle bzw. Erwartungshaltung anpassen will (wollte) bzw. kann (konnte).

So kann theoretisch mit Hilfe der Kategorien Medienangebot, Medienreichweite und Mediennutzung der erwartbare Wirkungsgrad des zu untersuchenden kommunikativen Prozesses ermittelt werden. In der Praxis wird dies jedoch durch die meist schwierige Materialerhebung nur ansatzweise gelingen.

Wohlgemerkt geht es in diesem Analyseschritt nur um das für den Kommunikator erwartbare Medienverhalten des Kommunikanten, um seine erwartbare Resonanz, nicht um seine tatsächliche Resonanz. Vom methodischen Ansatz des hier vorgeführten pragmatischen Analyseverfahrens her besteht keine Möglichkeit, auch noch die Wirkungen eines kommunikativen Prozesses zu erfassen. Es ging ja methodisch nur um die Erfassung eines Teilprozesses im Gesamt von historischer "Textverarbeitung".

Diese Einschränkung ist aber durchaus kein Nachteil im Hinblick auf die Verfahren der *Wirkungs- bzw. Rezeptionsforschung.* Im Gegenteil: da Textherstellung als Reaktion auf hergestellte Texte definiert worden ist, ist die Analyse von Textherstellung immer schon Wirkungsforschung. Die Reaktion des Kommunikanten ist ja nur greifbar, wenn er als Kommunikator reagiert, und ebendiese Reaktion ist Gegenstand des vorgeschlagenen Analyseverfahrens. Wenn es also gilt, innerhalb eines kommunikativen Prozesses zusätzlich zur Wirkintention des Kommunikators auch die tatsächliche Wirkung auf den Kommunikanten zu untersuchen, dann ist eine weitere Analyse nach gleicher Methode anzusetzen. Auf diese Weise ist es möglich, ein wirkungsgeschichtliches Kontinuum unter dem Aspekt der Progression in Richtung auf den Textherstellungsprozeß des Analysierenden selbst zu erforschen, folglich: die eigene Tätigkeit im wirkungsgeschichtlichen Zusammenhang zu erkennen.

5) Analyse der medienabhängigen Argumentation

Bei der weiteren Analyse muß man aus den oben genannten Gründen davon ausgehen, daß die Wahl eines bestimmten Mediums den weiteren Textherstellungsprozeß festlegt. Die daraus resultierenden Abhängigkeitsverhältnisse gilt es nun zu beachten.

Dies betrifft zunächst das *Argumentationsmuster* bzw. die literarische Gattung. Wiederum gilt es festzustellen, welche Argumentationsmuster zum jeweiligen Zeitpunkt welchen Medien durch Konvention zugeordnet werden, ob der Kommunikator sich an diese Konvention hält oder ob er sie durchbricht. Entsprechend ist auf der unteren

Ebene zu verfahren: Welche Argumentationsweisen und Wirkmittel sind innerhalb des gewählten Argumentationsmusters zugelassen? Wie verhält sich der Kommunikator gegenüber diesen Konventionen?

Um diesen Analyseschritt zu bewältigen, wurde der Rückgriff auf die rhetorischen Kategorien empfohlen: die Kategorien der Disposition (für die Analyse der Argumentationsmuster), der Invention bzw. Topik (für die Analyse der Argumentation), der Elokution (für die Analyse der sprachlichen Wirkmittel im engeren Sinne). Doch stehen dem einige Schwierigkeiten entgegen. Einmal ist vorausgesetzt, daß der Analysierende in Kenntnis der rhetorischen Kategorien diesen die im konkreten Textprozeß beobachteten Strukturen zuordnen kann. Da aber der hierzu nötige umfassende schulmäßige Lernprozeß seit nunmehr drei Generationen nicht mehr stattgefunden hat, wird die erforderliche Sicherheit im praktischen Umgang mit diesem Analyseinstrumentarium sich nur schwer erreichen lassen, zumal dem Analysierenden eine unhistorische Systematik möglicher Wirkmittel noch nicht weiterhilft; erforderlich ist die Kenntnis der in der jeweiligen historischen Poetologie sanktionierten Wirkmittel. Dies setzt aber voraus, daß zunächst einmal die seit Adelungs Tagen unterbrochene Forschungsarbeit wiederaufgenommen würde.

Angesichts dieser Schwierigkeiten wäre es verständlich, wenn sich eine pragmatische Analyse von Textprozessen vorläufig auf die Analyseschritte 1 - 4 beschränkte, zumindest so lange, bis geeignete Paradigmen zur Verfügung stehen, die Analogieschlüsse zulassen. Dies gilt hauptsächlich für die Bereiche der Topik und der Elokution, weniger für den Bereich der Argumentationsmuster. Eine Orientierung an der jeweiligen historischen Rhetoriktheorie kann, falls entsprechende Lehrbücher bereits greifbar sind, im konkreten Fall weiterführen, gleichwohl eine pragmatische Theoriebildung auf diesem Sektor nicht ersetzen. Eine einseitige Bevorzugung des Analyseschritts 5 zu Lasten der übrigen Analyseschritte, wie dies in der herkömmlichen Textinterpretation geschieht, ist also schon von der mißlichen Forschungslage her nicht zu befürchten. Eine Vernachlässigung dieses Analyseschritts wäre allerdings ebensowenig vertretbar; sie würde die Evidenz der gesamten Analyse beeinträchtigen.

3.3.3. Weitere Einschränkung

Der angegebene "Algorithmus" zur pragmatischen Textanalyse kann, wie die einzelnen Kategorien, nur heuristischen Wert haben und, angesichts der aufgezeigten praktischen Schwierigkeiten, Schwerpunkte für weitere Forschungsarbeit aufweisen. Darüber hinaus zwingt dieser "Algorithmus" aber auch dazu, sich mit einem grundsätzlichen hermeneutischen Problem auseinanderzusetzen, wie sogleich deutlich wird.

Es ist leicht einzusehen, daß für eine pragmatische Textanalyse als Arbeitsmaterial der sogenannte "Text" (die vorfindliche Zeichenreihe also) allein nicht ausreicht; er ist ja nur ein Übertragungskanal im festzulegenden kommunikativen Prozeß. Die Schwierigkeit besteht einmal in der *Beschaffung* der Materialien, die zur Rekonstruktion des betreffenden kommunikativen Prozesses benötigt werden. Das Angebot an Hilfsmitteln ist hier nicht eben groß.[71]

Schwieriger ist jedoch die *Abgrenzung* der Materialien. Denn die als Belege aufgefundenen Daten verweisen ebenfalls auf dazugehörige kommunikative Prozesse und erfordern jeweils genau genommen ebenfalls die Durchführung des angegebenen Analyseprogrammes usw. usw. Die pragmatische Analyse eines bestimmten Textprozesses würde damit an kein Ende gelangen, sondern in den Vorarbeiten steckenbleiben. Das zu erkennen, ist notwendig, gilt aber prinzipiell für jeden hermeneutischen Zugriff. Will man zu greifbaren Resultaten kommen, so darf man – im begrenzten Rahmen dessen, was die heuristischen Analysekategorien leisten können – von vornherein nur eine Näherungslösung erwarten. Die Evidenz dieser Näherungslösung bemißt sich am Erkenntnisziel: bemißt sich letztlich daran, inwieweit die Analyse dazu beiträgt, die Verständigung über die jeweils geltenden Normen des Zusammenlebens zu verbessern. Wir waren ja davon ausgegangen, daß die Analysearbeit als Reflexion auf die Historizität der eigenen (sprachlich vermittelten) Verhaltensnormen eine soziale Funktion hat, einen praktischen Lebensbezug.

---

[71] Richtungweisend ist die Bibliographie *Becker, E. D.* u. *Dehn, M.*: Literarisches Leben. Eine Bibliographie. Auswahlverzeichnis von Literatur zum deutschsprachigen literarischen Leben von der Mitte des 18. Jahrhunderts bis zur Gegenwart. Hamburg: Verlag f. Buchmarkt-Forschung 1968 [= Schriften zur Buchmarkt-Forschung 13].

4. LITERATURHINWEISE

Übersicht:

4.1 Zur Situation der Literaturwissenschaft
4.2 Zur Reflexion des Gegenstandsbereichs von Literaturwissenschaft durch Orientierung an Nachbardisziplinen
4.2.1 *Textlinguistik*
4.2.2 *Semiotik*
4.2.3 *Kommunikationstheorie*
4.2.4 *Kybernetik und Sozialwissenschaften*
4.2.5 *Hermeneutik*
4.3 Zur pragmatischen Textanalyse

4.1 Zur Situation der Literaturwissenschaft

Babilas, W.: Tradition und Interpretation. Gedanken zur philologischen Methode. München: Hueber 1961 [= Langue et parole 1].
Bertaux, P.: Hölderlin und die französische Revolution. 2. Aufl. Frankfurt: Suhrkamp 1970 [= Ed. Suhrkamp 344]. (1. Auflage 1969).
Curtius, E. R.: Europäische Literatur und Lateinisches Mittelalter. 4. Aufl. Bern u. München: Francke 1968.
Dockhorn, K.: Rhetorik und germanistische Literaturwissenschaft in Deutschland. In: Jahrbuch f. Internationale Germanistik 3 (1971). H. 1. S. 168–185.
Enders, H. [Hrsg.]: Die Werkinterpretation. Darmstadt: Wiss. Buchgesellschaft 1967 [= Wege der Forschung 26].
Escarpit, R.: Das Buch und der Leser. Entwurf einer Literatursoziologie. Köln u. Opladen: Westdeutscher Verlag 1961 [= Kunst und Kommunikation 2].
Fragen der Germanistik. Zur Begründung und Organisation des Faches. Mit Beiträgen von G. Kaiser, P. Michelsen, K. Pestalozzi, H. Steger, H. Turk. München: Fink 1971.
Fucks, W.: Über den Gesetzesbegriff einer exakten Literaturwissenschaft, erläutert an Sätzen und Satzfolgen. In: Lili. Z. f. Literaturwissenschaft u. Linguistik 1 (1971). H. 1/2. S. 113–137.
Fügen, H. N.: Die Hauptrichtungen der Literatursoziologie und ihre Methoden. Ein Beitrag zur literatursoziologischen Theorie. 2. verb. Aufl. Bonn: Bouvier 1966 [= Abh. zur Kunst-, Musik- u. Literaturwissenschaft 21].
Fügen, H. N. [Hrsg.]: Wege der Literatursoziologie. Neuwied u. Berlin: Luchterhand 1968 [= Soziologische Texte 46].
Fügen, H. N.: Dichtung in der bürgerlichen Gesellschaft. Sechs literatursoziologische Studien. Bonn: Bouvier 1972.
Gansberg, M. L. u. *Völker, P. G.:* Methodenkritik der Germanistik. Materialistische Literaturtheorie und bürgerliche Praxis. Stuttgart: Metzler 1970 [= Texte Metzler 16].
Geiger, H., Klein, A., Vogt, J.: Literatur und Literaturwissenschaft. Eine Einführung. Düsseldorf: Bertelsmann 1972 [= Grundstudium Literaturwissenschaft 1].
Germanistik – eine deutsche Wissenschaft. Beiträge von E. Lämmert, W. Killy, K. O. Conrady u. P. v. Polenz. Frankfurt: Suhrkamp 1967. [= Ed. Suhrkamp 204].
Greß, F.: Germanistik und Politik. Kritische Beiträge zur Geschichte einer nationalen Wissenschaft. Stuttgart: Fromann-Holzboog 1971 [= Problemata].
Hauff, J., Heller, A., Hüppauf, B., Köhn, L., Philippi, K. P.: Methodendiskussion – Arbeitsbuch zur Literaturwissenschaft. Bd. 1–2. Frankfurt: Athenäum u. Fischer 1972 [= Athenäum-Fischer-Taschenbuch 2003/2004].

Hermand, J.: Synthetisches Interpretieren. Zur Methodik der Literaturwissenschaft. München: Nymphenburger Verlagsanstalt 1968 [= Sammlung Dialog 27].

Homberger, D.: Textanalyse unter literatursoziologischem Aspekt. In: Der Deutschunterricht 24 (1972). H. 6. S. 5–27.

Ide, H. [Hrsg.]: Bestandsaufnahme Deutschunterricht. Ein Fach in der Krise. Stuttgart: Metzler 1970.

Jauß, H. R.: Literaturgeschichte als Provokation der Literaturwissenschaft. Konstanz: Universitätsverlag 1967. Überarbeitet in: Jauß, H. R.: Literaturgeschichte als Provokation. Frankfurt a. M.: Suhrkamp 1970 [= Ed. Suhrkamp 418]. S. 144–207.

Kaiser, G.: Überlegungen zu einem Studienplan Germanistik/Literaturwissenschaftlicher Teil. Mit einem Exkurs über Hans Robert Jauß: Literaturgeschichte als Provokation der Literaturwissenschaft. In: Fragen der Germanistik. Zur Begründung und Organisation des Faches. Mit Beiträgen von G. Kaiser, P. Michelsen, K. Pestalozzi, H. Steger, H. Turk. München: Fink 1971. S. 38–65.

Kayser, W.: Das sprachliche Kunstwerk. Eine Einführung in die Literaturwissenschaft. 15. Auflage. Bern u. München: Francke 1971.

Klein, A. u. *Vogt, J.:* Methoden der Literaturwissenschaft I: Literaturgeschichte und Interpretation. Düsseldorf: Bertelsmann 1971 [= Grundstudium Literaturwissenschaft 3].

Kolbe, J. [Hrsg.]: Ansichten einer künftigen Germanistik. 2. durchges. u. erg. Aufl. München: Hanser 1969. [= Reihe Hanser 29].

Kolbe, J. [Hrsg.]: Neue Ansichten einer künftigen Germanistik. Probleme einer Sozial- und Rezeptionsgeschichte der Literatur. Kritik der Linguistik, Literatur- und Kommunikationswissenschaft. München: Hanser 1973 [= Reihe Hanser 122].

Krauss, W.: Grundprobleme der Literaturwissenschaft. Zur Interpretation literarischer Werke. Mit einem Textanhang. Reinbek: Rowohlt 1968. [= rde 290/291].

Krauss, W.: Poetik und Strukturalismus. In: Sprache im techn. Zeitalter H. 36 (1970). S. 269–290.

Lethen, H., Rothe, F., Girnus, W.: Von der kritischen zur historisch-materialistischen Literaturwissenschaft. 2. Aufl. Berlin: Oberbaumverl. 1972.

Lotman, J. M.: Die Struktur literarischer Texte. Übers. v. R.-D. Keil. München: Fink 1972 [= UTB 103].

Lotman, J. M.: Vorlesungen zu einer strukturalen Poetik. Einführung. Theorie des Verses. Hrsg. u. mit einem Nachw. vers. v. K. Eimermacher. Übers. v. W. Jachnow. München: Fink 1972 [= Theorie u. Geschichte der Literatur und der Schönen Künste 14].

Maren-Grisebach, M.: Methoden der Literaturwissenschaft. Bern u. München: Francke 1970 [= Dalp Taschenbücher 397].

Martens, G. u. *Zeller, H.* [Hrsg.]: Texte und Varianten. Probleme ihrer Edition und Interpretation. München: Beck 1971.

Neumeister, S.: Poetizität. Wie kann ein Urteil über heutige Gedichte gefunden werden? Heidelberg: Lambert Schneider 1970.

Pollmann, L.: Literaturwissenschaft und Methode. Bd. 1–2. Frankfurt: Athenäum 1971 [= Schwerpunkte Germanistik 2–3].

Rieger, B.: Poetae Studiosi. Analysen studentischer Lyrik des 19. und 20. Jahrhunderts – ein Beitrag zur exakt-wissenschaftlichen Erforschung literarischer Massenphänomene. Frankfurt: Thesen 1970.

Salm, P.: Drei Richtungen der Literaturwissenschaft. Scherer – Walzel – Staiger. Aus dem Engl. übertragen v. M. Lohner. Tübingen: Niemeyer 1970 [= Konzepte 2].

Schanze, H.: Romantik und Aufklärung. Untersuchungen zu Friedrich Schlegel und Novalis. Nürnberg: Carl 1966 [= Erlanger Beiträge zur Sprach- und Kunstwissenschaft 27].

Schanze, H.: Fernsehserien: Ein literaturwissenschaftlicher Gegenstand? Überlegungen zu einer Theorie der medialen Möglichkeiten. In: Lili. Z. f. Literaturwissenschaft u. Linguistik 2 (1972). H. 6. S. 79–94.

Schanze, H. [Hrsg.]: Literatur und Datenverarbeitung. Bericht über die Tagung im Rahmen der 100-Jahr-Feier der RWTH Aachen. Tübingen: Niemeyer 1972.

Schenda, R.: Volk ohne Buch. Studien zur Sozialgeschichte der populären Lesestoffe 1770–1910. Frankfurt a. M.: Klostermann 1970 [= Studien zur Philosophie und Literatur des 19. Jahrhunderts 5].

Schmidt, P.: Textbegriff und Interpretation. In: Beiträge zu den Fortbildungskursen des Goethe-Instituts. München: Goethe-Institut 1971. S. 104–111.

Schmidt, P.: Statischer Textbegriff und Textprozeß. In: Breuer, D., Hocks, P., Schanze, H., Schmidt, P., Sieveke, F. G., Stroszeck, H.: Literaturwissenschaft. Eine Einführung für Germanisten. Frankfurt, Berlin, Wien: Ullstein 1973. S. 97–127.

Schmidt, S. J.: Literaturwissenschaft als Forschungsprogramm. Hypothesen zu einer wissenschaftlichen Fundierung einer kritischen Literaturwissenschaft. Teil I. In: Linguistik und Didaktik 1 (1970). S. 269–282. Teil II. In: Linguistik und Didaktik 2 (1971). S. 43–59.

Schmidt, S. J.: Ästhetizität. Philosophische Beiträge zu einer Theorie des Ästetischen. München: Bayer. Schulbuchverlag 1971 [= Grundfragen der Literaturwissenschaft].

Schulte-Sasse, J.: Literarische Wertung. Stuttgart: Metzler 1971 [= Sammlung Metzler 98].

Schultz, H.: Methoden und Aufgaben einer zukünftigen Metrik. In: Sprache im techn. Zeitalter H. 41 (1972). S. 27–51.

Schwerte, H.: Ganghofers Gesundung. Ein Versuch über sendungsbewußte Trivialliteratur. In: Burger, H. O. [Hrsg.]: Studien zur Trivialliteratur. Frankfurt a. M.: Klostermann 1968. S. 155–208.

Sengle, Fr.: Die literarische Formenlehre. Vorschläge zu ihrer Reform. Stuttgart: Metzler 1967 [= Dichtung u. Erkenntnis 1].

Strelka, J.: Die gelenkten Musen. Dichtung und Gesellschaft. Wien, Frankfurt, Zürich: Europa Verlag 1971.

Stroszeck, H.: Literaturwissenschaft und Kommunikationswissenschaft. In: Beiträge zu den Fortbildungskursen des Goethe-Instituts. München: Goethe-Institut 1971. S. 89–103.

Stroszeck, H.: Zur kunstwissenschaftlichen und kommunikationswissenschaftlichen Grundlegung der Literaturwissenschaft. In: Breuer, D., Hocks, P., Schanze, H., Schmidt, P., Sieveke, F. G., Stroszeck, H.: Literaturwissenschaft. Eine Einführung für Germanisten. Frankfurt, Berlin, Wien: Ullstein 1973. S. 127–169.

Unseld, S. [Hrsg.]: Wie, warum und zu welchem Ende wurde ich Literaturhistoriker? Eine Sammlung von Aufsätzen aus Anlaß des 70. Geburtstages von Robert Minder. Frankfurt: Suhrkamp 1972 [= Suhrkamp Taschenbuch 60].

Vaßen, F.: Methoden der Literaturwissenschaft II: Literatursoziologie und marxistische Literaturtheorie. Düsseldorf: Bertelsmann 1972 [= Grundstudium Literaturwissenschaft 4].

Weinrich, H.: Literatur für Leser. Essays und Aufsätze zur Literaturwissenschaft. Stuttgart, Berlin, Köln, Mainz: Kohlhammer 1971.

Wellek, R. u. *Warren, A.:* Theorie der Literatur. Frankfurt, Berlin: Ullstein 1963 [= Ullstein Buch 420/421].

Wickmann, D.: Eine mathematisch-statistische Methode zur Untersuchung der Verfasserfrage literarischer Texte. Durchgeführt am Beispiel der 'Nachtwachen. Von Bonaventura' mit Hilfe der Wortartübergänge. Köln, Opladen: Westd. Verlag 1969 [= Forschungsberichte des Landes NRW 2019].

Wilkending. G. [Hrsg.]: Literaturunterricht. Texte zur Didaktik. München: Piper 1972. [Erziehung in Wissenschaft und Praxis 15].

Žmegač, V. [Hrsg.]: Methoden der deutschen Literaturwissenschaft. Eine Dokumentation. Frankfurt: Athenäum 1971 [= Schwerpunkte Germanistik 1].

4.2. Zur Reflexion des Gegenstandsbereichs von Literaturwissenschaft durch Orientierung an Nachbardisziplinen.

4.2.1 *Textlinguistik*

Althaus, H. P. u. *Henne, H.:* Sozialkompetenz und Sozialperformanz. Thesen zur Sozialkommunikation. In: Z. f. Dialektologie u. Linguistik 38 (1971). S. 1–15.

Baumgärtner, K.: Der methodische Stand einer linguistischen Poetik. In: Jahrbuch für Internationale Germanistik 1 (1969). H. 1. S. 15–43.

Beneš, E. u. *Vachek, J.* [Hrsg.]: Stilistik und Soziolinguistik. Beiträge der Prager Schule zur strukturellen Sprachbetrachtung und Spracherziehung. 2. Auflage. Berlin, München: List 1971 [= Berichte u. Untersuchungen der Arbeitsgemeinschaft für Linguistik und für Didaktik der deutschen Sprache u. Literatur. Hrsg. v. D. C. Kochan. Serie A. Berichte. Nr. 1].

Berger, A.: Poesie zwischen Linguistik und Literaturwissenschaft. In: Linguistische Berichte H. 17 (1972). S. 1–11.

Bierwisch, M.: Strukturalismus. Geschichte, Probleme und Methoden. In: Kursbuch 5 (1966). S. 77–152. Erneut in: Ihwe, J. [Hrsg.]: Literaturwissenschaft und Linguistik. Ergebnisse und Perspektiven. Bd. 1. Frankfurt a. M.: Athenäum 1971. S. 17–90.

Brinker, K.: Aufgaben und Methoden der Textlinguistik. Kritischer Überblick über den Forschungsstand einer neuen linguistischen Teildisziplin. In: Wirkendes Wort 21 (1971). S. 217–237.

Brinker, K.: Konstituentenstrukturgrammatik und operationale Satzgliedanalyse. Methodenkritische Untersuchungen zur Syntax des einfachen Satzes im Deutschen. Frankfurt a. M.: Athenäum 1972.

Carstensen, B.: Stil und Norm. Zur Situation der linguistischen Stilistik. In: Z. f. Dialektologie und Linguistik 37 (1970). S. 257–279.

Dijk, T. A. van: Beiträge zur generativen Poetik. München: Bayer. Schulbuchverl. 1972 [= Grundfragen d. Literaturwissenschaft 6]

Dressler, W.: Einführung in die Textlinguistik. Tübingen: Niemeyer 1972. [= Konzepte 13].

Eggers, H. [Hrsg.]: Elektronische Syntaxanalyse der deutschen Gegenwartssprache. Ein Bericht. Tübingen: Niemeyer 1969.

Fucks, W.: Nach allen Regeln der Kunst. Diagnosen über Literatur, Musik, bildende Kunst – die Werke, ihre Autoren und Schöpfer. Stuttgart: DVA 1968.

Glinz, H.: Linguistische Grundbegriffe und Methodenüberblick. Bad Homburg: Athenäum 1970 [= Studienbücher zur Linguistik und Literaturwissenschaft 1].

Glinz, H.: Deutsche Grammatik I. Satz – Verb – Modus – Tempus. Bad Homburg: Athenäum 1970 [= Studienbücher zur Linguistik und Literaturwissenschaft 2].

Glinz, H.: Textanalye und Verstehenstheorie I. Methodenbegründung – soziale Dimension – Wahrheitsfrage – acht ausgeführte Beispiele. Frankfurt a. M.: Athenäum 1973 [= Studienbücher zur Linguistik und Literaturwissenschaft 5].

Güttgemanns, E.: Thesen zu einer "Generativen Poetik des NT". In: Linguistica Biblica. H. 1. (1970. 2. Aufl. Jan. 1972). S. 2–8.

Habermas, J.: Vorbereitende Bemerkungen zu einer Theorie der kommunikativen Kompetenz. (Vorlage für Zwecke einer Seminardiskussion). In: Habermas, J. u. Luhmann, N.: Theorie der Gesellschaft oder Sozialtechnologie – Was leistet die Systemforschung? Frankfurt a. M.: Suhrkamp 1971. S. 101–141.

Hartmann, P.: Texte als linguistisches Objekt. In: Stempel, W. D. [Hrsg.]: Beiträge zur Textlinguistik. München: Fink 1971. S. 9–29.

Horalek, K.: Sprachfunktion und funktionelle Stilistik. In: Linguistics H. 14 (1965). S. 14–22.

Ihwe, J. [Hrsg.]: Literaturwissenschaft und Linguistik. Ergebnisse und Perspektiven. Bd. 1–2. Frankfurt: Athenäum 1971. [= Ars poetica 8].

Ihwe, J.: Linguistik in der Literaturwissenschaft. Zur Entwicklung einer modernen Theorie der Literaturwissenschaft. München: Bayer. Schulbuchverlag 1972 [= Grundfragen der Literaturwissenschaft 4].

Isenberg, H.: Überlegungen zur Texttheorie. In: Ihwe, J. [Hrsg.]: Literaturwissenschaft und Linguistik. Bd. 1. Frankfurt a. M.: Athenäum 1971. S. 150–172.

Kaemmerling, E.: Die Irregularität der Regularität der Irregularität. Kritik der Linguistischen Poetik. In: Linguistische Berichte H. 19 (1972). S. 74–77.

Kaemmerling, E.: Rekonstruktion der poetischen Bedeutung. In: Sprache i. techn. Zeitalter H. 41 (1972). S. 21–27.

Klein, W.: Parsing. Studien zur maschinellen Satzanalyse mit Abhängigkeitsgrammatiken und Transformationsgrammatiken. Frankfurt a. M.: Athenäum 1971. [= Linguistische Forschungen 2].

Klein, W. u. Wunderlich, D.: Aspekte der Soziolinguistik. Frankfurt a. M.: Athenäum 1971 [= Schwerpunkte Linguistik und Kommunikationswissenschaft 1].

Kloepfer, R. u. Oomen, U.: "Poetische Sprache" oder "poetischer Text"? In: Jahrbuch f. Internationale Germanistik 2 (1970). H. 1. S. 133–143.

Kreuzer, H. u. Gunzenhäuser, R. [Hrsg.]: Mathematik und Dichtung. Versuche zur Frage einer exakten Literaturwissenschaft. 3. durchges. Aufl. München: Nymphenburger 1969. [1. Aufl. 1965].

Kummer, W.: Referenz, Pragmatik und zwei mögliche Textmodelle. In: Wunderlich. D. [Hrsg.]: Probleme und Fortschritte der Transformationsgrammatik. Referate des 4. linguistischen Kolloquiums. Berlin 6.–10. 10. 1969. München: Hueber 1971 [= Linguistische Reihe 8].

Maas, U.: Sprechen und Handeln. Zum Stand der gegenwärtigen Sprachtheorie. In: Sprache im techn. Zeitalter H. 41 (1972). S. 1–20.

Meier, G. F.: Wirksamkeit der Sprache. Einige theoretische und methodisch-praktische Grundfragen zur Wirksamkeit der Sprache im Kommunikationsprozeß. In: Z. f. Phonetik, Sprachwissenschaft u. Kommunikationsforschung 22 (1969). S. 474–492.

Meier, H.: Deutsche Sprachstatistik. Bd. 1–2. Hildesheim: Olms 1964.

Mittelberg, E.: Wortschatz und Syntax der Bildzeitung. Marburg: Elwert 1967 [= Marburger Beiträge zur Germanistik 19].

Polenz, P. v.: Sprachnorm, Sprachnormung, Sprachnormenkritik. In: Linguist. Berichte H. 17 (1972). S. 76–84.

Posner, R.: Theorie des Kommentierens. Eine Grundlagenstudie zur Semantik und Pragmatik. Frankfurt a. M.: Athenäum 1972 [= Linguistische Forschungen 9].

Römer, R.: Pragmatische Dimension und sprachliche Wirkungen. In: Linguist. Berichte H. 18 (1972). S. 19–26.

Saussure, F. de: Grundfragen der allgemeinen Sprachwissenschaft. Hrsg. v. Ch. Bally u. A. Sechehaye. Unter Mitwirkung v. A. Riedlinger übers. v. H. Lommel. 2. Aufl. mit neuem Reg. u. einem Nachwort v. P. v. Polenz. Berlin: de Gruyter 1967.

Schmidt, S. J.: "Text" und "Geschichte" als Fundierungskategorien. Sprachphilosophische Grundlagen einer transphrastischen Analyse. In: Stempel, W. D. [Hrsg.]: Beiträge zur Textlinguistik. München: Fink 1971. S. 31–52.

Schmidt, S. J.: Text als Forschungsobjekt der Texttheorie. In: Der Deutschunterricht 24 (1972). H. 4. S. 7–28.

Schneewolf, R.: Linguistische Poetik – poetische Linguistik. Anmerkungen zu R. Kloepfer/U. Oomen: Sprachliche Konstituenten moderner Dichtung. Entwurf einer deskriptiven Poetik. Rimbaud. [Bad Homburg 1970]. In: Sprache im techn. Zeitalter H. 41 (1972). S. 74–79.

Searle, J. R.: Sprechakte. Ein sprachphilosophischer Essay. Frankfurt: Suhrkamp 1971 [= Theorie].

Ullmann, St.: Sprache und Stil. Übersetzt von S. Koopmann. Tübingen: Niemeyer 1971 [= Konzepte 12].

Wiegand, H. E.: Synchronische Onomasiologie und Semasiologie. In: Germanistische Linguistik 1 (1970). S. 243–384.

Wunderlich, D.: Die Rolle der Pragmatik in der Linguistik. In: Der Deutschunterricht 22 (1970). H. 4. S. 5–41.

Wunderlich, D.: Althaus und Henne über Semiotik und Sozialkommunikation. In: Z. f. Dialektologie u. Linguistik 38 (1971). S. 313–318.

Wunderlich, D.: Pragmatik, Sprechsituation, Deixis: In: Lili. Z. f. Literaturwissenschaft und Linguistik 1 (1971). H. 1/2. S. 153–190.

Wunderlich, D. [Hrsg.]: Linguistische Pragmatik. Frankfurt a. M.: Athenäum 1972 [= Schwerpunkte Linguistik u. Kommunikationswissenschaft 12].

4.2.2 *Semiotik*

Bense, M.: Semiotik. Allgemeine Theorie der Zeichen. Baden-Baden: Agis 1967.

Bense, M.: Einführung in die informationstheoretische Ästhetik. Grundlegung und Anwendung in der Texttheorie. Reinbek: Rowohlt 1969 [= rde 320].

Carnap, R.: Introduction to Semantics and Formalization of Logic. Cambridge/Mass.: Harvard Univ. Press 1959 [erstm. 1942].

Carnap. R.: Meaning and Necessity. A Study in Semantics and Modal Logic. Chicago: Univers. of Chicago Pr. 1967.

Carnap, R.: Logische Syntax der Sprache. 2. unveränd. Aufl. Wien, New York: Springer 1968.

Frege, G.: Über Sinn und Bedeutung [1892]. In: Frege, G.: Funktion, Begriff, Bedeutung. Fünf logische Studien. Hrsg. u. eingel. v. G. Patzig. 3. durchges. Aufl. Göttingen: Vandenhoeck & Ruprecht 1969.

Hermes, H.: Semiotik. Eine Theorie der Zeichengestalten als Grundlage für Untersuchungen von formalisierten Sprachen. Leipzig: 1938. Repr. Nachdruck Hildesheim: Gerstenberg 1970.

Klaus, G.: Die Macht des Wortes. Ein erkenntnistheoretisch-pragmatisches Traktat. 5. überarb. u. erw. Aufl. Berlin: Deutscher Verlag d. Wissenschaften 1969.

Klaus, G.: Semiotik und Erkenntnistheorie. 2. neubearb. Aufl. Berlin: Deutscher Verlag d. Wissenschaften 1969.

Klaus, G.: Moderne Logik. Abriß der formalen Logik. 5. berichtigte Aufl. Berlin: Deutscher Verlag d. Wissenschaften 1970.

Klaus, G. u. *Buhr, M.* [Hrsg.]: Philosophisches Wörterbuch. 8. Aufl. Bd. 1–2. Berlin: Europäisches Buch 1971 [Art. "Gestalt", "Gestalterkennung", "Zeichen"].

Koch, W. A.: Varia Semiotica. Hildesheim, New York: Olms 1971 [= Studia Semiotica. Series practica 3].

Morris, Ch. W.: Foundations of the Theory of Signs. Chicago: University of Chicago Pr. 1938. [= International Encyclopedia of Unified Science 1,2].

Morris, Ch. W.: Signs, Language, and Behavior. 2. Aufl. New York: Braziller 1955.

Morris, Ch. W.: Signification and Significance. Cambridge/Mass.: M.I.T. Pr. 1964.

Morris, Ch. W.: Grundlagen der Zeichentheorie. Ästhetik und Zeichentheorie. Übers. v. R. Posner unter Mitarbeit v. J. Rehbein. Nachwort v. F. Knilli. München: Hanser 1972 [= Reihe Hanser 106].

Peirce, Ch. S.: Die Festigung der Überzeugung und andere Schriften. Hrsg. u. eingel. v. E. Walther. Baden-Baden: Agis 1967.

Peirce, Ch. S.: Schriften. Hrsg. v. K. O. Apel. Bd. 1–2. Frankfurt a.M.: Suhrkamp 1967–1970.

Resnikow, L. O.: Erkenntnistheoretische Fragen der Semiotik. Aus dem Russ. übers. v. W. Winkler u. M. Feder. Berlin: Deutscher Verlag d. Wissenschaften 1968.

Schaff, A.: Sprache und Erkenntnis. Wien, Frankfurt a. M., Zürich: Europäische Verlagsanstalt 1964.

Schaff, A.: Einführung in die Semantik. Wien, Frankfurt a. M., Zürich: Europäische Verlagsanstalt 1969.

Steinbuch, K.: Nachrichtenverarbeitung. In: Elektronische Rechenanlagen 1 (Wien 1959). H. 1. S. 14–19.

Tarski, A.: Der Wahrheitsbegriff in den formalisierten Sprachen. Lwów 1935 [= Studia philosophica 1].

4.2.3 Kommunikationstheorie

Bessler, H.: Aussagenanalyse. Die Messung von Einstellungen im Text der Aussagen von Massenmedien. Gütersloh: Bertelsmann Universitätsverlag 1970 [= Gesellschaft und Kommunikation 4].

Dröge, F., Weißenborn, R., Haft, H.: Wirkungen der Massenkommunikation. Münster: Regensberg 1969 [= Dialog der Gesellschaft 5].

Elbracht, D.: Erkennbarkeit und Lesbarkeit von Zeitungsschriften. In: Archiv f. Drucktechnik 104 (1967). S. 24–28.

Festinger, L.: A Theory of Cognitive Dissonance. 3. Aufl. Stanford/Calif.: University Press 1965.

Festinger, L.: Die Lehre von der"Kognitiven Dissonanz". In: Schramm, W. [Hrsg.]: Grundfragen der Kommunikationsforschung. 3. Aufl. München: Juventa 1970. S. 27–38.

Flechtner, H. J.: Grundbegriffe der Kybernetik. Eine Einführung. 5. Aufl. Stuttgart: Wiss. Verlagsges. 1970.

Haseloff, O. W.: Über Wirkungsbedingungen politischer und werblicher Kommunikation. In: Haseloff, O. W. [Hrsg.]: Kommunikation. Berlin: Colloquium 1969 [= Forschung und Information 3].

Knilli, Fr.: Deutsche Lautsprecher. Versuche zu einer Semiotik des Radios. Stuttgart: Metzler 1970.

Knilli, Fr.: Die Unterhaltung der deutschen Fernsehfamilie. München Hanser 1971 [= Reihe Hanser 64].

Knilli, Fr. u. Reiss, E. [Hrsg.]: Semiotik des Films. Mit Analysen kommerzieller Pornos und revolutionärer Agitationsfilme. München: Hanser 1971.

Koszyk, K. u. Pruys, K. H.: Wörterbuch zur Publizistik. 2. verb. Aufl. München: Dt. Taschenbuch Verlag 1970 [= dtv 3032].

Janis, I. L.: Kommunikation und Meinungswechsel. In: Haseloff, O. W. [Hrsg.]: Kommunikation. Berlin: Colloquium 1969 [= Forschung und Information 3].

Maletzke, G.: Psychologie der Massenkommunikation. Hamburg: Hans Bredow Institut 1963.

Maser, S.: Grundlagen der allgemeinen Kommunikationstheorie. Eine Einführung in ihre Grundbegriffe und Methoden (mit Übungen). Stuttgart, Berlin, Köln, Mainz: Berliner Union u. Kohlhammer 1971.

Meyer-Eppler, W.: Grundlagen und Anwendungen der Informationstheorie. 2. Aufl. neubearb. u. erw. v. G. Heike u. K. Löhn. Berlin, Heidelberg, New York: Springer 1969.

Meyn, H.: Massenmedien in der BRD. Ergänzte Neuaufl. Berlin: Colloquium 1971.

Miller, G. R.: Probleme der auswählenden Kommunikation. In: Haseloff, O. W. [Hrsg.]: Kommunikation. Berlin: Colloquium 1969 [= Forschung und Information 3].

Noelle-Neumann, E. u. *Schulz, W.* [Hrsg.]: Publizistik. Frankfurt a. M.: Fischer 1971 [= Das Fischer-Lexikon 9]. Darin Schulz, W.: Artikel "Kommunikationsprozeß". S. 89–109; derselbe: Artikel "Massenmedien". S. 109–156.

Reimann, H.: Kommunikations-Systeme. Umrisse einer Soziologie der Vermittlungs- und Mitteilungsprozesse. Tübingen: Mohr 1968 [= Heidelberger Sociologica 7].

Schnabl, H.: Sprache und Gehirn. Elemente der Kommunikation. Zu einem kybernetischen Modell der menschlichen Nachrichtenverarbeitung. München: Goldmann 1972 [= Geisteswissenschaften 10].

Schulz, W.: Medienwirkung und Medienselektion. Methoden und Ergebnisse der Forschung zum Inter-Media-Vergleich von Fernsehen, Radio, Zeitung, Zeitschrift. Hamburg: Gruner + Jahr 1971. [= Gruner + Jahr-Schriftenreihe].

Seiffert, R.: Die Beurteilung der Werbeträger auf ihre Werbeeignung. Wiesbaden: Gabler 1960.

Shannon, C. E., Weaver, W.: The Mathematical Theory of Communication. 11. Aufl. Urbana/Ill.: Univ. of Illinois Pr. 1967.

Siegrist, J.: Das Consensus-Modell. Studien zur Interaktionstheorie und zur kognitiven Sozialisation. Stuttgart: Enke 1970 [= Soziologische Gegenwartsfragen. N. F. Nr. 32].

Steinmann, M. F.: Das Werbefernsehen im Konkurrenzkampf der Werbemittel und Werbeträger. Zürich: Polygraph. Verlag 1967.

Steinmann, M. F.: Massenmedien und Werbung. Freiburg: Rombach 1971 [= Beiträge zur Wirtschaftspolitik 14].

Teigeler, P.: Verständlichkeit und Wirksamkeit von Sprache und Text. Stuttgart: Nadolski 1968 [= Effektive Werbung 1].

Wersig, G.: Inhaltsanalyse. Einführung in die Systematik und Literatur. Berlin: Spiess 1968 [= Schriftenreihe zur Publizistikwissenschaft 5].

Zoll, R. u. *Hennig, E.:* Massenmedien und Meinungsbildung. Angebot, Reichweite, Nutzung und Inhalt der Medien in der BRD. München: Juventa 1970 [= Politisches Verhalten 4].

4.2.4 *Kybernetik und Sozialwissenschaften*

Anger, H.: Entstehung und Wandel sozialer Einstellung. In: Haseloff, O. W. [Hrsg.]: Struktur und Dynamik des menschlichen Verhaltens. Zum Stand der modernen Psychologie. Stuttgart, Berlin, Köln, Mainz: Kohlhammer 1970. S. 126–138.

Gäng, P.: Pragmatische Information. In: Grundlagenstudien aus Kybernetik und Geisteswissenschaft 8 (1967). S. 77–90.

Gunzenhäuser, R. [Hrsg.]: Nicht-numerische Informationsverarbeitung. Beiträge zur Behandlung nicht-numerischer Probleme mit Hilfe von Digitalrechenanlagen. Wien, New York: Springer 1968.

Habermas, J. u. *Luhmann, N.:* Theorie der Gesellschaft oder Sozialtechnologie. – Was leistet die Systemforschung? Frankfurt a. M.: Suhrkamp 1971 [= Theorie – Diskussion].
Haseloff, O. W. [Hrsg.]: Grundfragen der Kybernetik. Berlin: Colloquium 1967 [= Forschung und Information 1].
Känel, S. v.: Einführung in die Kybernetik für Ökonomen. Berlin: Verlag Die Wirtschaft 1971.
Klaus, G.: Kybernetik in philosophischer Sicht. Berlin: Dietz 1963.
Klaus, G.: Kybernetik und Gesellschaft. Berlin: Deutscher Verlag der Wissenschaften 1964.
Klaus, G. [Hrsg.]: Wörterbuch der Kybernetik. 2. Aufl. Berlin: Dietz 1968.
Klaus, G.: Kybernetik und Erkenntnistheorie. 4. Aufl. Berlin: Deutscher Verlag d. Wissenschaften 1972.
Luhmann, N.: Normen in soziologischer Perspektive. In: Soziale Welt 20 (1969). S. 28–48.
Müller, J.: Grundlagen der Systematischen Heuristik. Berlin: Dietz 1970 [= Schriften zur sozialistischen Wirtschaftsführung].
Steinbuch, K.: Automat und Mensch. 3. Aufl. Berlin, Heidelberg, New York: Springer 1965.
Steinbuch, K.: Über lernende Automaten. In: Haseloff, O. W. [Hrsg.]: Grundfragen der Kybernetik. Berlin: Colloquium 1967. S. 144–152.
Zapf, W. [Hrsg.]: Theorien des sozialen Wandels. 3. Aufl. Köln u. Berlin: Kiepenheuer & Witsch 1971 [= Neue wiss. Bibliothek 31].

4.2.5 *Hermeneutik*

Gadamer, H.-G.: Wahrheit und Methode. Grundzüge einer philosophischen Hermeneutik. 2. durch einen Nachtrag erw. Aufl. Tübingen: Mohr 1965.
Gadamer, H.-G.: Rhetorik, Hermeneutik und Ideologiekritik. Metakritische Erörterungen zu "Wahrheit und Methode". In: Gadamer, H.-G.: Kleine Schriften I. Philosophie. Hermeneutik. Tübingen: Mohr 1967. S. 113–130.
Gadamer, H.-G.: Die Universalität des hermeneutischen Problems. In: Gadamer, H.-G.: Kleine Schriften I. Philosophie. Hermeneutik. Tübingen: Mohr 1967. S. 101–112.
Habermas, J.: Erkenntnis und Interesse. Frankfurt a. M.: Suhrkamp 1968 [= Theorie 2].
Habermas, J.: Zur Logik der Sozialwissenschaften. Materialien. Frankfurt a. M.: Suhrkamp 1970 [= Ed. Suhrkamp 481].
Harth, D.: Begriffsbildung in der Literaturwissenschaft. Beobachtungen zum Wandel der "semantischen Orientierung". In: DVjS 45 (1971). S. 397–433.
Hermeneutik und Ideologiekritik. Mit Beiträgen von K.-O. Apel, C. v. Bormann, R. Bubner, H.-G. Gadamer, H. J. Giegel, J. Habermas. Frankfurt a. M.: Suhrkamp 1971 [= Theorie-Diskussion].

4.3 Zur pragmatischen Textanalyse

Adam, K.: Docere – delectare – movere. Zur poetischen und rhetorischen Theorie über Aufgaben und Wirkung der Literatur. Phil. Diss. Kiel 1971.

Adelung, J. Chr.: Über den Deutschen Styl. Bd. 1–2. 4. verm. u. verb. Auflage. Berlin: Vossische Buchhandlung 1800.

Baird, A.: Rhetoric. A Philosophical Inquiry. New York: Ronald Pr. 1965.

Barthes, R.: L'analyse rhétorique. In: Littérature et Société. Hrsg. v. Institut de Sociologie de l'Université Libre de Bruxelles. Brüssel 1967. S. 31–45.

Barthes, R.: Rhétorique de l'image. In: Communications H. 4 (1964). S. 40–51. – Die deutsche Übers. um den Mittelteil gekürzt in: Alternative 10 (1967). S. 107–114.

Becker, E. D. u. *Dehn, M.:* Literarisches Leben. Eine Bibliographie. Auswahlverzeichnis von Literatur zum deutschsprachigen literarischen Leben von der Mitte des 18. Jahrhunderts bis zur Gegenwart. Hamburg: Verlag f. Buchmarkt-Forschung 1968 [= Schriften zur Buchmarkt-Forschung 13].

Bonsiepe, G.: Visuell / verbale Rhetorik – Analyse einiger Techniken der persuasiven Kommunikation. In: Format. Zeitschrift für verbale und visuelle Kommunikation 4 (1968). H. 5. S. 11–18.

Bremond, C.: Le rôle d'influenceur. In: Communications 16 (1970). S. 60–70.

Breuer, D.: Vorüberlegungen zu einer pragmatischen Textanalyse. In: Wirkendes Wort 22 (1972). H. 1. S. 1–23.

Breuer, D.: Schulrhetorik im 19. Jahrhundert. In: Schanze, H. [Hrsg.]: Rhetorik. Beiträge zu ihrer Geschichte und Wirkung in Deutschland vom 16. bis zum 20. Jahrhundert. Frankfurt a. M.: Athenäum [erscheint voraussichtlich 1974].

Breuer, D. u. *Kopsch, G.:* Auswahlbibliographie zur Rhetorik. Lehrbücher des 16.–20. Jahrhunderts und Forschungen zur rhetorischen Texttheorie. In: Schanze, H. [Hrsg.]: Rhetorik. Beiträge zu ihrer Geschichte und Wirkung in Deutschland vom 16. bis zum 20. Jahrhundert. Frankfurt: Athenäum [erscheint 1974].

Breymayer, R.: Zur Bedeutung Klaus Dockhorns für die Rhetorikforschung. In: Linguistica Biblica H. 17/18 (1972). S. 76–77.

Breymayer, R.: Zur Pragmatik des Bildes. Semiotische Beobachtungen zum Streitgespräch Mk 12, 13–17. ("Der Zinsgroschen"). Unter Berücksichtigung der Spieltheorie. In: Linguistica Biblica H. 13/14 (1972). S. 19–51. [Mit umfangreicher Bibliographie. S. 52–57].

Burke, K.: A rhetoric of motives. In: Burke, K.: A Grammar of motives and a rhetoric of motives. Cleveland u. New York: Prentice Hall 1962.

Christensen, F.: A Generative Rhetoric of the Sentence. In: College Composition and Communication 14 (1963). S. 155–161.

Christensen, F.: A Generative Rhetoric of the Paragraph. In: College Composition and Communication 16 (1965). S. 144–156.

Cohen, J.: Théorie de la figure. In: Communications H. 16 (1970). S. 3–26.

Dieckmann, W.: Sprache in der Politik. Einführung in die Pragmatik und Semantik der politischen Sprache. Heidelberg: Winter 1969. [= Sprachwiss. Studienbücher. 2. Abt. 4].

Dockhorn, K.: Macht und Wirkung der Rhetorik. Vier Aufsätze zur Ideengeschichte der Vormoderne. Bad Homburg, Berlin, Zürich: Gehlen 1968. [= Respublica literaria 2]. [Aufsätze ab 1944].

Dockhorn, K.: Rez. zu Gadamer: Wahrheit und Methode. In: Göttingische Gelehrte Anzeigen 218 (1966). H. 3/4. S. 169–206.

Dockhorn, K.: Rhetorik und germanistische Literaturwissenschaft in Deutschland. In: Jahrbuch f. Internationale Germanistik 3 (1971). H. 1. S. 168–185.

Dockhorn, K.: Luthers Glaubensbegriff und die Rhetorik. Zu Gerhard Ebelings Buch "Einführung in theologische Sprachlehre". In: Linguistica Biblica H. 21/22 (1973). S. 19–39.

Durand, J.: Rhétorique et image publicitaire. In: Communications H. 15 (1970). S. 70–96.

Dyck, J.: Ticht-Kunst. Deutsche Barockpoetik und rhetorische Tradition. 2. verb. Auflage. Bad Homburg: Gehlen 1969 [= Ars poetica 1].

Emrich, B.: Topik und Topoi. In: Der Deutschunterricht 18 (1966). H. 6. S. 15–46.

Eschenburg, J. J.: Entwurf einer Theorie und Literatur der schönen Redekünste. Zur Grundlage bei Vorlesungen. 3. abgeänd. u. verm. Aufl. Berlin u. Stettin: Nicolai 1805.

Fischer, L.: Alte und neue Rhetorik. Überlegungen zur rhetorischen Analyse von Werbetexten. In: Format. Zeitschrift für verbale und visuelle Kommunikation 4 (1968). H. 5. S. 2–10.

Geißner, H. [Hrsg.]: Rhetorik. München: Bayer. Schulbuchverlag 1973 [= BSV-Studienmaterial].

Genette, G.: Figures I. Paris: Seuil 1966.

Genette, G.: Figures II. Paris: Seuil 1969.

Genette, G.: La rhétorique restreinte. In: Communications 16 (1970). S. 158–172.

Gössmann, W.: Glaubwürdigkeit im Sprachgebrauch. Stilkritische und sprachdidaktische Untersuchungen. München: Hueber 1970.

Grassi, E.: Macht des Bildes: Ohnmacht der rationalen Sprache. Zur Rettung des Rhetorischen. Köln: Du Mont Schauberg 1970.

Groupe μ [= Dubois, J., Edeline, F., Klinkenberg, J.-M., Mingnet, Ph., Pire, F., Trinon, H.]: Rhétorique générale. Paris: Larousse 1970.

Groupe μ [= Dubois, J., Edeline, F., Klinkenberg, J.-M., Mingnet, Ph., Pire, F., Trinon, H.]: Rhétoriques particulières. In: Communications H. 16 (1970). S. 70–125.

Hantsch, I., Pfister, M., Regn, G.: Elemente einer kommunikativen Poetik. Frankfurt a. M.: Athenäum 1973.

Jens, W.: Artikel "Rhetorik". In: Reallexikon der deutschen Literaturgeschichte. 2. Aufl. Bd. 3. Berlin, New York: de Gruyter 1971. S. 432–456.

Kaemmerling, E.: Rhetorik der Montage. In: Knilli, Fr. u. Reiss, E. [Hrsg.]: Semiotik des Films. München: Hanser 1971. S. 94–109.

Klaus, G.: Sprache der Politik. Berlin: Deutscher Verlag der Wissenschaften 1971.

Kopperschmidt, J.: Rhetorik. Einführung in die persuasive Kommunikation. Ulm: Institut f. Umweltplanung 1971. Neufassung: Stuttgart: Kohlhammer 1973.

Kuentz, P.: Le "rhétorique" ou la mise à l'écart. In: Communications H. 16 (1970). S. 143–158.

Lausberg, H.: Handbuch der literarischen Rhetorik. Eine Grundlegung der Literaturwissenschaft. Bd. 1–2. München: Hueber 1960.

Lausberg, H.: Elemente der literarischen Rhetorik. Eine Einführung für Studierende der klassischen, romanischen, englischen und deutschen Philologie. 2. wesentl. erw. Auflage. München: Hueber 1963.

Lausberg, H.: Rhetorik und Dichtung. In: Der Deutschunterricht 18 (1966). H. 6. S. 47–93.

Lefèbre, M. J.: Rhétorique du récit. In: Poetics 1 (1971). S. 119–134.

Leist, A.: Pragmalinguistik ohne Pragmatik. Zu Althaus/Hennes Vorstellungen über Kommunikation. In: Z. f. Dialektologie und Linguistik 39 (1972). S. 206–215.

Lonzi, L.: Anaphora et récit. In: Communications H. 16 (1970). S. 133–143.

Maccoby, N.: Die neue wissenschaftliche Rhetorik. In: Schramm, W. [Hrsg.]: Grundfragen der Kommunikationsforschung. 3. Aufl. München 1970. S. 55–83.

Pelster, Th.: Rede und Rhetorik im Sprachunterricht. In: Wirkendes Wort 21 (1971). S. 373–389.

Pelster, Th.: Rede und Rhetorik. Düsseldorf: Schwann 1973.

Perelman, Ch. u. Olbrechts-Tyteca, L.: La nouvelle rhétorique. Traité de l'argumentation. Bd. 1–2. Paris: Presses Universitaires de France 1958. [2. Aufl. 1969].

Plett, H. F.: Einführung in die rhetorische Textanalyse. Hamburg: Buske 1971.

Prakke, H.: Die Lasswell-Formel und ihre rhetorischen Ahnen. In: Publizistik 10 (1965). S. 285–291.

Reinhard, K.: Erste Linien eines Entwurfs der Theorie und Literatur des Deutschen Styles. Göttingen: Vandenhök u. Ruprecht 1796.

Richards, I. A.: The Philosophy of Rhetoric. New York u. London: Oxford Univ. Pr. 1965.

Roth, C. L.: Von alter und neuer Rhetorik. Ein Beitrag zur Charakteristik unserer Zeit. Stuttgart: Liesching 1867.

Scherer, W.: Poetik. [Aus dem Nachlaß hrsg. v. R. M. Meyer]. Berlin: Weidmann 1888.

Schiessl, M.: Über die Notwendigkeit einer principiellen Neugestaltung der Stilistik. Kaiserslautern: Tascher 1879.

Sieveke, F. G.: Metrik als Theorie phonomorpher Wirkmuster. In: Breuer, D., Hocks, P., Schanze, H., Schmidt, P., Sieveke, F. G., Stroszeck, H.: Literaturwissenschaft. Eine Einführung für Germanisten. Frankfurt, Berlin, Wien: Ullstein 1973. S. 341–390.

Snell, Chr. W.: Lehrbuch der Deutschen Schreibart für die obern Klassen der Gymnasien. Frankfurt a. M.: Verlag der Hermannischen Buchhandlung 1788.

Thompson, W. N.: Communication, Communication Theory, and Rhetoric. In: Janua Linguarum. Series Maior 41. Den Haag, Paris: Mouton 1970. S. 78–94.

Todorov, T.: Synecdoques. In: Communications 16 (1970). S. 26–36.

Wienold, G.: Formulierungstheorie, Poetik, Strukturelle Literaturgeschichte. Am Beispiel der altenglischen Dichtung. Frankfurt a. M.: Athenäum 1971.

Wienold, G.: Textverarbeitung. Überlegungen zur Kategorienbildung in einer strukturellen Literaturgeschichte. In: Lili. Z. f. Literaturwissenschaft und Linguistik 1 (1971). H. 1/2. S. 59–89.

Wienold, G.: Semiotik der Literatur. Frankfurt a. M.: Athenäum 1972.

REGISTER

Namenregister

Aarne, A. 163
Adelung, J. Chr. 132 f., 145 ff., 157, 176 f., 219
Alciatus, A. 204
Althaus, H. P. 25, 30, 33
Alverdes, P. 111
Andersch, A. 110 f.
Anger, H. 51
Aristoteles 132, 144, 160
Arnoldt, J. 79
Ashby, R. 118

Baldensperger, F. 162
Baumeister, F. Chr. 143
Baumgarten, G. A. 12, 132
Baumgärtner, K. 22, 201
Beck, Fr. 178, 201
Becker, E. D. 220
Benn, G. 133
Bense, M. 32 f.
Berelson, B. 164
Bergengruen, W. 104, 106
Berger, A. 22
Berl, H. 105, 106
Berliner Literarischer Sonntagsverein 77
Bertaux, P. 7
Bessler, H. 164
Bierwisch, M. 25
Bodenstedt, F. 77, 84, 89 f., 92
Böll H. 111, 114
Bohr, N. 115
Bolte, J. 163
Braun, J. 89
Braune, W. 203
Brenner, H. G. 111
Brentano, C. v. 104
Breuer, D. 11, 136, 140
Brinker, K. 23, 66, 141, 211 f.

Brockhaus (Verlag) 87
Buckle, H. Th. 17, 19
Büchner-Preis 107, 111
Buhr, M. 44, 121
Busse, C. 92

Carnap, R. 32 f., 36
Carrière, M. 77, 89
Chomsky, N. 147
Comte, A. 19
Cotta (Verlag) 87, 88
Couffignal, L. 116
Curtius, E. R. 162
Cwodrak, G. 103
Cysarz, H. 17 f.

"Daheim" 90
Dahn, F. 77, 88, 90, 92
Darwin, Ch. R. 17 ff.
Dehn, M. 220
Delagarde, P. 77
De Saussure, F. 25, 31
Descartes, R. 139
Deutrich, K. H. 175
"Deutsche Wehrzeitung" 80
Dilthey, W. 16, 19
Dockhorn, K. 11, 142, 162, 177
Dreyer, A. 81
Droste-Hülshoff, A. v. 104
Dunker (Verlag) 87
Dünninger, J. 15
Dyck, J. 11, 162

Echtermeyer, Th. 92
Eggers, H. 29
Eich, G. 99 ff., 106 f., 109 ff.
Eichendorf, J. v. 104
Ellbracht, D. 64
Ellinger, G. 14

Engelsing, R. 96
Escarpit, R. 98
Eschbach, A. 39

Falkenstein-Trütschler, Freih. v. 79
Fechner, G. Th. 12, 18
Festinger, L. 60 ff.
"Finnische Schule" 163
Flechtner, H. J. 46, 53, 117
Fontane, Th. 77, 91 f.
Frank, H. 121
"Frankfurter Hefte" 110
Frege, G. 35
Frenzel, E. 163
Friedrich, W. P. 162
Fucks, W. 24, 66
Fügen, H. N. 81, 84, 212
Fülberth, G. 96

Gadamer, H. G. 142 f.
Gäng, Ph. 31
"Gartenlaube" 90
Gaudy, F. 92
Geibel, E. 77, 79, 81 ff., 90 f., 95 ff.
George, S. 111
Gervinus, G. G. 19
Gimbel, J. 103
Glinz, H. 23, 25, 141, 158, 210
Goethe, J. W. 83 f., 103 f., 205
Goldfriedrich, J. 85 f.
Gottsched, J. Chr. 168 f., 171, 176 ff., 201
Grandaur, F. 89
Grass, G. 114
Grassi, E. 139
Greß, F. 20 f.
Grosse, J. 77, 84, 88 f.
"Gruppe 47" 110 f., 114
Gunzenhäuser, R. 24

Habermas, J. 213
Hart, J. 96 f.
Harth, D. 9
Hartmann, P. 23

Haseloff, O. W. 51, 54, 58 f., 117
Hauptmann, G. 104
Haushofer, A. 89
Hegel, G. F. W. 12, 15, 74, 83
Heine, H. 81, 83 f., 104
Heinisch, G. F. 149, 173
Heinzel, R. 15
Helmholtz, H. v. 17
Henkel, A. 205
Henne, H. 25, 30, 33
Hennig, E. 70 f., 101, 209
Hermes, H. 32 f.
Hertz, W. 87
Hesekiel, J. G. L. 91
Hesse, H. 104
Heyse, P. 76 f., 81, 84 ff., 92, 111
Hildesheimer, W. 111
Hoffmann, E. T. A. 104
Hölderlin, F. 7
Homburger, D. 8, 212
Hovland, C. J. 54, 56
Huber, H. 111
Huch, R. 104
Hugo, V. 99

Isenberg, H. 147
Ivo, H. 49
Janis, H. L. 58, 60, 68 f., 167
Jauß, H. R. 7, 54, 136, 212
Jens, W. 11
Jonas, W. 79
"Jungdeutsche Poeten" 76, 79

Kaemmerling, E. 22, 33, 207 f.
Känel, S. v. 44, 117, 119 ff.
Kaiser, G. 7, 22
Kaiser, J. 111
Kant, I. 12, 73 ff., 131 f.
Kayser, W. 212
Keiter, H. 92
Keller, G. 104
Klaus, G. 26 ff., 32 ff., 44, 49, 52, 115 ff., 124 ff., 129 ff., 133 ff., 139

Klein, W. 29
Kleist, H. v. 104
Klempt, H. 113
Knilli, F. 21
Koch, W. A. 26, 207
Koebner, Th. 103
König, R. 91
Köppen, F. v. 79 f.
Koeppen, W. 111
Kopperschmidt, J. 64
Kopsch, G. 39, 140
Kreuzer, H. 24
Krohn, K. 163
Kürnberger, F. 77
Kugler, C. 82
Kugler, F. 77, 82, 85, 91 f.

Langenbucher, W. R. 92 f., 95
Laplace, P. S. 115
Lasswell, H. D. 35
Lausberg, H. 141, 158, 160, 176, 203, 210
Lehmann, W. 104
Leineweber, H. 82
Lenz, S. 111
Lesser, J. 79
Lessing, G. E. 12, 168, 172
Lettau, R. 110 f.
Leury, E. 17
Lichtenstein, A. 84
Lingg, H. 84, 89, 91 f.
Löffler, M. 85
Löwe, C. 79
Lotman, J. M. 132
Ludwig II. 82, 85, 89
Ludwig, J. L. 149, 173
Lyon, O. 92

Maas, U. 9, 209
Macaulay, R. K. 18
Maletzke, G. 51
Mann, Th. 104
Mannzen, W. 110 f.
Martens, G. 23

Maximilian II. 81
McCulloch, W. 28
Meier, H. 66
Mendelsohn, M. 172
Merckel, W. von 85, 88
Meyer, C. F. 104
Meyr, M. 83, 88
Michaelis, J. B. 112
Michelet, K. L. 18
Miller, G. R. 60, 62
Minssen, F. 110
Mittelberg, E. 66
Mönnich, H. 111
Mörike, E. 83, 104
Mommsen, Th. 18
"Morgenblatt der Bayrischen Zeitung" 89
Morris, Ch. 32 f., 38 ff.
"Münchner Dichterkreis" 77
Müller, A. 43

"Neue Münchner Zeitung" 89
"Neue Preußische (= Kreuz-) Zeitung" 88
Nierlich, E. 141

Ohly, F. 203
Oldenbourg (Verlag) 87
Oliass, G. 113
Opitz, M. 168

Paulsen, F. 93
Peirce, Ch. S. 32
Petersen, J. 17
"Physiologus" 203
Platon, 115
Plett, H. F. 210
Polivka, G. 163
Prutz, R. 90, 95 f.

Quintilian 146, 160, 177, 202

Ranke, F. 18 f.
"Reclams Universalbibliothek" 216
Reder, H. 84, 89

Reigersberg, Graf 89
Reimann, H. 44, 46 ff., 57, 60 ff.
Reinhard, K. 132, 176, 206
Resnikow, L. O. 32 f.
Richter, H. W. 110 f.
Rieger, B. 24, 164
Rilke, R. M. 111
Römer, R. 51
Roquette, O. 77, 89, 92
Roscher, W. 19
Rothacker, E. 129
"Der Ruf" 110

Salm, P. 18 f.
Saphir, M. G. 77, 79
Schack, A. v. 77, 84, 88, 91
Schaff, A. 32 f.
Schanze, H. 11, 24, 29
Scheffel, J. V. v. 77, 89, 91 f.
Schelling, F. W. J. 83
Schenda, R. 92 ff., 97
Scherenberg, Chr. F. 77, 79, 89, 91 f.
Scherer, W. 11 ff.
Scherpe, K. R. 172
Schiessl, M. 210
Schiller, F. 75 f., 79, 104, 123
Schmid, H. 77, 89 f.
Schmid, E. 13 f.
Schmidt, P. 22 f., 72
Schmidt, S. J. 10, 73
Schnabel, E. 111
Schnabl, H. 49, 58
Schneewolf, R. 22
Schneider, L. 79 f., 85, 88
"Schnellpost" 77
Schöne, A. 205
Schroers, R. 114
Schwerte, H. 97
Schwitzke, H. 106 f., 111
Seckel, D. 16
Seidel, I. 104
Seiffert, R. 69, 175
Shakespeare, W. 104
Shannon, C. E. 45, 52

Siegrist, J. 62 f., 158
Sieveke, F. G. 206
Snell, Chr. W. 144 f., 202
Solger, K. W. 74
Spencer, H. 18
Staiger, E. 19
Steinbuch, K. 28, 117
Steinmann, M. F. 69, 175
Stieler, K. 92
Stifter, A. 103 f.
Storm, Th. 77, 89, 91 f., 103 f.
Storz, G. 112
Strachwitz, M. v. 77, 91 f.
Stroszeck, H. 7, 50, 52, 72
Süskind, W. E. 112

Taine, H. 18
Tarski, A. 32 f.
Teigeler, P. 54, 56 ff., 64 ff., 147, 167
Thompson, S. 163
Tolstoi, L. 104
Trommler, F. 103
"Tunnel über der Spree" 77
Turk, H. 75 f.

Virchow, R. 17
Vischer, F. Th. 12
Vormweg, H. 103

Wagner, R. 82, 90
Walzel, O. 14 ff.
Warren, A. 72
Weaver, W. 44
Weber, F. W. 104
Weinrich, H. 49, 54
Weiss, W. 54, 56
Wellek, R. 18, 72
Werner, R. M. 14
Wersig, G. 209
Weyrauch, W. 111
Wickmann, D. 24
Wiegand, H. E. 25
Wiener, N. 28

Wienold, G. 23, 137
Wilde, O. 104
Worringer, W. 16
Wunderlich, D. 9, 30, 211

Yngve, V. H. 67

Zapf, W. 121
Zeller, H. 23
Zola, E. 13
Zoll, R. 70 f., 101, 209
Zuckmeyer, C. 104

Sachregister

Abbild 34 f.
Abgrenzung 220
Abhandlungsart (type of discourse) 41, 43
– poetische A. 42
Abrufschema 160, 176, 206 f.
Abstraktionsklasse 36
Adel im 19. Jh. 78, 96
Adressat 45
Äquilibrium-Modell 62
Ästhetik, philosophische 14 ff., 83, 145 f., 163, 175
Affektenlehre 143 f., 216
Affizierung 166, 207
Aktion 159, 208 f.
Akzeptabilität 147
Algorithmus 121 f., 124, 126 f., 212, 219 f.
– Algorithmenbildung 121, 126, 133, 136
– Algorithmenvorrat 122
– algorithmisches Verfahren 123, 213
– Teilalgorithmen 124 f.
Allegorese 203
Allegorie 202 f., 205
amplificatio 165
Analogie 203
Analysekategorien 137, 141
Analyseverfahren 10, 164
angemessener Gebrauch 147
Antiklimax 68
Antiprogramm 134

Appraisor 40
Aptum 144, 146
Argument 60, 67 f., 160, 165, 211
argumentatio 166
Argumentation 157, 160, 165, 213, 218 f.
– Gegenargumentation 68 f.
Argumentationsmuster 69, 86, 101, 107, 165, 167 ff., 171 f., 175 f., 204 f., 211, 218
Argumentationsstruktur 63, 166 f.
Argumentationstyp 69
Askriptor 40 f.
Aussage 28, 34, 65, 128
Aussagenanalyse (Content Analysis) 163 f.
Autor 50, 214

Bedeutung 30, 33 ff., 36
Bedeutungsfestlegung 7, 10, 114, 134, 136, 214
Begriff 28, 33 ff.
Beeinflussungsabsicht 56
Beobachter 36, 43, 136
Bezeichnung 34, 36, 39
Bild 207 f.
Buchdruck 204
Buchproduktion 103
Bürger, Bürgertum 78, 94 ff., 104
– bürgerliche Gegenaufklärung 76, 106
– bürgerliche Restauration 75
Bumerang-Effekt 58

Code 46, 50
comparatio 165
concept 31
congeries 166
copia rerum 160
copia verborum 176
Cursus (Klausel) 206

Datenverarbeitung 28
Dekodierbarkeit 47
Denken, chaotisches 122
– schematisches (= algorithmisches) D. 122
– schöpferisches D. 122, 125
Deutschunterricht 10, 106, 114
Designator 40
Dichtung, Dichtkunst 21, 74, 81, 109, 113
– Dichtungsarten 12
Dimension, historische 51, 98, 135
– pragmatische D. 11, 21, 37 f., 213, 215
– semantisch-sigmatische D. 38
– syntaktische D. 38
dispositio 12
Disposition 159, 165, 210 f., 219
Dissonanz, kognitive 60 ff., 95
Distributionsapparat 69, 71, 86, 90, 209, 217
Dokumentation 29

Editionsproblematik 22
eidetische Vorstellungen 133
Eigengesetzlichkeit, relative 129, 134
"Einheitlichkeit" (Stilkategorie) 147
Einregulierung 134
Einstellung 158, 164
elocutio 12
Elokution 159, 175, 210 f., 219
Emblem 203 ff.
emotional 58, 139
Empfänger 45
Entpolitisierung 105 f.

Erfolgsphänomene 98
Ersatzmechanismus 202
Euphonie 206
Evidenz 139, 213, 219 f.
exaktwissenschaftlich 24
Exegese 10, 14
Exempelsammlungen 161
exercitationes 160
Exordium 166
extension 34

Figuren 176 f., 203, 206 f., 211
– Figurenkataloge 178, 201
Fiktion 128
Form 167 f.
– dichterische F. 84
– literarische F. 86
Formalismus 86
Formator 40
Französische Revolution 75
fungibel, Fungibilität 163, 176
Funktionalität 36 f., 75, 99, 165, 205, 215
Funktionsstörung 117

Gattung (Argumentationsmuster) 69, 86, 159, 165, 167 f., 218
– Gattungslehre 168 f., 173
Gedächtnis 29, 160
Gedanken (res) 159
Germanistik 11, 16 f., 19 f.
Geschichte der Literaturwissenschaft 10, 21
Geschmack 79, 84, 86, 92, 144 f., 146, 148
– Geschmacksträgergruppe 215
Gestalterkennung 28 f.
Glaubwürdigkeit 143, 216
Gleichgewicht, dynamisches 62
– Gleichgewichtszustand 117
Grammatik 33
Grammatikalität 140, 147
Gruppennormen 22
Gruppenzugehörigkeit 57

Häufigkeitsverteilung 164, 205
Herausgeber 214
Hermeneutik, hermeneutisch 24, 29, 141, 215, 220
heuristisch 43, 72, 77, 97, 115 f., 122, 135 f., 157, 167, 202, 210, 219
– heuristisches Modell 116, 142, 215
– heuristische Orientierung 141, 207
– heuristisches Sprechen/Denken 133
Hierarchie, hierarchisch 21, 28, 36, 118, 210 f.
historisch 24, 99, 130, 202
Historizität 9, 23, 51, 72, 144, 202, 215, 220
Homöophonie 206
Hörfunk 111
Hörspiel 99, 101, 106 f., 112

Identifikator 40
image acoustique 31
Immunisierung 59
incrementum 165
Information 46
– informationelle Kopplungen 44, 52, 54, 64, 128
– Prognostizierung von Informationsabläufen 54
– Informationsaufnahme, selektive 58
– Informationskanal 67
– Informationsquelle 45
– Informationsübermittlung 55, 63, 65, 69 f., 88
inhaltsanalytisch 71 (s. Aussagenanalyse)
innere Emigration 95, 104
input 117
inscriptio 204
intentional 139
Interaktion 47 f., 50, 127, 208 f.
Interpret 40
Interpretation, Kunst der 21, 112
intension 34

Invariante 26, 28 f.
inventio 12
Invention 159 f., 210 f., 219

Kanal 45 ff., 50
Kanon 91, 113 f., 216
Klassiker 82 f., 103, 106
– klassisch 114, 145, 214
Klausel 206
Konsistenz, kognitive 63
Kommunikant 45, 50, 54, 217
Kommunikation 44
– Kommunikationsforschung 23, 44, 51, 55, 71 f.
– Kommunikationskette 45
– Kommunikationsmodell 51, 212
– Kommunikationsprestige 84
– Kommunikationsstruktur 35
– kommunikative Funktion 177
– kommunikativer Prozeß 44, 50, 71, 98, 144, 157, 159, 167, 205, 215
– kommunikative Situation 30, 107, 158, 213, 216 f.
– kommunikativer Zweck 35, 138, 212 f., 215
– Gegenkommunikation 59
Kommunikator 45, 50, 55, 58, 214
– Glaubwürdigkeit des K. 56
– Prestige des K. 56, 68
Komplexität 118
Konsensus 215
– Konsensusbildung 212
Konstituentenstrukturgrammatik 66
Kritik (literarische) 145
kritische Ausgabe 23
Kunst 22, 81
– Kunstbegriff 22
– Kunstwerk 21 f., 37, 74, 112, 114
– Kunstwissenschaft 163
kybernetisch 20, 115 ff.

Lebensbezug, praktischer 213, 215, 220

"Lebhaftigkeit" (Stilkategorie) 132 f., 147
Lernen durch Belehrung 129
- L. durch Nachahmung 119, 122 125, 129
- L. durch Optimierung 120
Lesbarkeit 64
Lesegeschwindigkeit 65
Leser 50
- Lesefähigkeit 93
- Lesepublikum 92 f.
Lesestoff 94
Linguistik, linguistisch 22, 24, 30, 32
Literalsinn 203
literarische Formen 86
- l. Gattungen 172
- l. Formenlehre 175
- l. Kreise 77
- l. Kritik 134
- l. Kunstwerk 21
- l. Programm 216
Literaturbegriff 19
Literaturgeschichte 99
Literaturgeschichtsschreibung 136
Literaturkanon 104
Literaturkritik 112
Literaturrezeption 121
Literatursoziologie 8
Literaturtheorie, philosophisch-ästhetische 12
Literaturunterricht 8, 23, 49, 91, 134
Literaturwissenschaft 7, 16 f., 21, 23, 37, 72, 97, 134, 136 f., 163
- kommunikationswissenschaftl. Grundlegung der L. 19, 25
- mathematisch-statistisch orientierte L. 24
- mittelalterliche L. 203
- semiotische Fundierung von L. 25
- werkimmanente Richtung der L. 212
Lizenzierung 86, 103
Logik 33

Mannigfaltigkeit 147

meaning 34
Medias-in-res-Beginn 167
Massenmedien 69
Medium 69, 70 f., 140, 209, 217
- Medium Buch 87, 93
- Medium Rundfunk 101
- Medienangebot 70, 111, 209, 217 f.
- Mediengewohnheiten 70
- Medieninhalt 70
- Mediennutzung 70, 207, 217 f.
- Medienreichweite 70, 88, 209, 217 f.
- Medienwahl 63, 86, 209 ff.
Meinungswechsel 61
Memoria-Lehre 159
Metapher 133, 201 f.
Metasprache 25
Methodenpluralismus 18
Metrum 12
- metrische Schemata 206
Milieutheorie 16
Modell 115 f.
- Modellbegriff 132, 202
- Modellcharakter von Begrifflichkeit 43
- Modellierung 118
- Modellmethode 115 f.
- fiktives M. 133
- inneres M. der Umgebung 118 ff., 123, 127, 130 f., 133
- kybernetisches M. 49, 123
- M. des Redners 141
- philosophisch-ästhetisches M. 142
modus per incrementa 166
- m. per tempora 166
multistabil 118

Nachricht 46 f., 50
- Nachrichtenübertragung 46
narratio 166
"Neuheit" (Stilkategorie) 147
Nihilismus, nihilistisch 108, 110
Norm 127

- Normabweichung 166, 216
- Normensystem 139, 205, 213
- Normenwandel 115
- syntaktische, semantische und pragmatische Normierung 128
Numerus 206

Objekt 30, 34
- Objektbezug des Zeichens 31, 34
ökonomisch 13, 19
Operationalisierung 137 f., 211
ordo 165
- ordo artificialis 166 f.
- ordo naturalis 166
ornatus 146 f., 216
- Ornatusvorschriften 216
Output 117

partes (Parteslehre) 159
- partes orationis 166
peroratio 166
perspicuitas 146 f., 216
Persuabilität 58
persuasive Textherstellung 141
- wissenschaftliche Persuasion 213
- Persuasionsforschung 23, 72, 147, 167, 208
phonomorph 206
pictura 204
Poesiebegriff 131 f., 135
- kybernetische Modellierung des P. 135
poetisch 42
- p. Antithese 136
- p. Gattungen 171, 173
- p. Sprache 108
- p. Tätigkeit 131 ff.
- p. Text 22, 168
Poetik 12, 134, 144 ff.
- argute (manieristische) P. 201
Poetologie 105, 114, 134, 144, 146, 157, 215 f., 219
politisch 79, 120
Pragmalinguistik 9

pragmatics 36
Pragmatik, pragmatisch 23, 32, 35 f., 75, 164
praktisch 213, 215, 220
Preskriptor 40
Pressegesetzgebung 79
- Pressefreiheit 86
- Preßvergehen 78
Prestige 68
Primacy-Effekt 68
Produzent 45
Prognose 63
Programm 121 f., 124, 129
- Unterprogramm 124 f., 127, 129
- U. des Denkens/Sprechens 128
- U. des Sprachverhaltens 127, 131 ff.
- Programmforschung 23
Proletariat 96
puritas 146, 216

ratiocinatio 165
Reaktion (response) 38
Reaktionsdisposition (disposition to respond, interpretant) 38 f.
Redelehre 208
Redesituation 158
Redundanz 47
reference 34
refutatio 166
Regelkreis 117
Reichsgründung (1871) 96
Reiz (stimulus) 38
- vorbereitender Reiz (preparatory-stimulus) 39
- Reizobjekt (stimulus-object) 39
Relation 30, 32 ff.
Resonanz 218
Restauration 105
- Restaurationsstaat 96, 110
Rezeption 58, 99
- Rezeptionserwartungen 101, 103
- Rezeptionsgeschichte 136
- Rezeptionsnormen 101, 106, 115

- Rezeptions- oder Leserforschung 212
Rezipient 45, 50
Rhetorik 13, 139, 140 f., 145 f., 219
- rhetorische Figurenlehre 176
- rhetorischer Herstellungsprozeß 210
- rhetorische Kategorien 142
- rhetorisches Modell 165, 168, 207, 210, 212
- Ubiquität der Rhetorik 143
Rundfunk 101

Satz 28, 65
- Satzbaum 66 f.
- Satzfiguren 177
- Satzlänge 65
- Satzschlüsse 206
- Satztiefe 65 f.
Schönheitsvorstellungen 147
- Das Schöne 76
Schreib- und Leseunterricht 28
Schrift 64
Schulgrammatik 216
sedes argumentorum 160
Selbstdarstellung 57
Selbstregulation 117 f.
Selektionsregel 59
- selektive Sensitivierung 59
Selbstwertgefühl 58
semantics 37
Semantik 32 f., 36, 137, 164
Semiotik 9, 24 ff.
Sender 45
Sigmatik 32, 34, 36
Signal 26, 28, 30, 35
signifiant – signifié 31
Simulation 213
Sinn 35
Situation 39, 157
- Situationsabstraktheit 73
- Situationsbezogenheit 158
Sleeper-Effekt 56
Sollwert 117
Sozialstatus 149, 217

soziolinguistisch 157
Soziologie 22
Sprache 35, 108
- Spracherwerb 28
- Sprachkonventionen 111
- sprachliches Handeln 128
- Sprachrichtigkeit 147
- Sprachunterricht 8, 134
- Sprachwissenschaft 134
- metaphorisches (tropisches) Sprechen 128, 133
Sprachverhalten 126, 128, 144, 215
- Algorithmen des S. 130
- relative Eigengesetzlichkeit des S. 130
- Norm des S. 128, 134 f., 145 f., 149, 157, 167, 175 f., 201, 206, 215
Stabilität 117, 120
Statuslehre 157 f., 216
Stil 144
- Stilebene 90, 205
- Stilebenentheorie 149, 157, 216
- Stilhöhe 147, 157, 168
- Stiltheorie 140, 144, 146, 216
Störung 46, 48, 117 ff., 121 f.
Strategie 120
Struktur 176, 203, 208
subscriptio 204
Symbol 203, 205
Synchronieprinzip 8 f.
Syntaktik 32 f., 36
syntax 37
Syntaxanalyse 29
System 20
- informationsverarbeitendes S. 27
- lernendes S. 119
- kybernetisches S. 27, 29, 116 f., 127
- soziales S. 62 f.
- ultrastabiles S. 118
- Systemkritik 21
- Systemtheorie, kybernetische 44
Systematik 168, 171

Textbegriff 8, 22 f., 44, 49 f., 52, 54, 72
- Textabschnitt 67
- Textanalyse 10, 23, 137
- Textaussage 164
- Texthersteller 50, 214, 216
- Textherstellung 137 ff., 141, 157, 165, 218
- Textproduktionsmodell 141
- Textprozeß 211 ff.
- poetischer Textprozeß 42, 128, 131, 137, 216
- Textrealisat 54
- Textsorten 41 f., 142
- Texttheorie 10 f., 23, 37, 139
- Texttypologie 175
- Textverarbeitung 137 f., 218
- Textwissenschaft 54
Textlinguistik 22 f., 141, 211
Theoriebildung 10, 13, 21
Topik 160 f., 165 f., 176
Transformator 46
Trial-and-error-Verfahren 119, 123 f., 131 f.
Trivialliteratur 97
Tropen 177, 201 f.
Typographie 64 f.

Übergangszeit 135
Übersetzung 29
Übertragungskanal bzw. -medium 45, 47, 50, 63 ff., 67, 212, 214, 217, 220
Umgebung 117 ff., 125

Verhalten 38
- Verhaltensanweisungen 121
- Verhaltensmuster 36
- Verhaltensnorm 143
- Verhaltenspsychologie 144, 172, 177, 216
- Verhaltensstereotyp 127
Verständlichkeit 63, 65 ff., 85, 101, 128, 147

- Verständlichkeitsanalyse 65, 147
Verstehen 141
- Verstehensproblem 30; s. auch hermeneutisch
Volkserzählforschung 163
Vorverständnis 214
Vorwarnung 59

Wahrscheinlichkeitsprinzip 143
Wandel literarischer Rezeptionsnormen 122, 135 f.
- sozialer W. 121
Werbemittel 69
Werbeträger 69
Wirkung 13, 35, 59, 164
- emotionale W. 139, 168
- Wirkungsgrad einer Figur 177
- Wirkungs- bzw. Rezeptionsforschung 218
- wirkungsgeschichtlicher Zusammenhang 218
- persuasorische Wirkabsicht 139
- Wirkmittel 140, 176, 203, 207, 211, 219
- rhetorische Wirkmittelanalyse 13
Wohlgeformtheit 147
Wohlklang (Euphonie) 147, 206
Wohlredenheit 145
Wort 28, 65
- Wortfiguren 177
- Wortindex 29
- Wortkörperlexikon 176
- Wortkunstwerk 15
- Wortlänge 65
- Worttyp 65
"Würde" (Stilkategorie) 147 f., 157

Zeichenbegriff 25, 30, 32
- Zeichenbenutzer 40
- Zeichenerkennung 27
- Zeichenexemplar 26 f., 35
- Zeichengestalt 26 f., 30, 34 f., 44
- Zeichengestalterkennung 27, 29
- Zeichenhaftigkeit 131

- Zeichenmodell 32, 38, 43
- Zeichenreihe 71, 128, 138 f., 144, 158, 163, 165, 202, 214, 220
- Zeichenrelation 9, 35, 140
- Zeichensystem 34
- Zeichenträger 26, 34, 69
- Zeichenverhalten 39, 43
- Zeichenverwendung 44

Zeitlosigkeit 158
Zensur 77, 79, 85 f., 103, 110
zielstrebig 17, 130
Zufall 124
Zuverlässigkeit 43
Zweck 40, 165, 138 f.
- Zweckfreiheit, zweckfrei 72, 74 ff., 79, 82 ff., 88, 92, 96 f., 139

UTB

Uni-Taschenbücher GmbH
Stuttgart

103. Jurij M. Lotman: Die Struktur literarischer Texte
Übersetzt von Rolf-Dietrich Keil. 430 S. DM 12,80
ISBN 3-7705-0631-6 (Fink)

104. E. D. Hirsch, Jr.: Prinzipien der Interpretation
Übersetzt von Adelaide Anne Späth. 333 S. kart. DM 16,80
ISBN 3-7705-0632-4 (Fink)

105. Umberto Eco: Einführung in die Semiotik
Autorisierte deutsche Ausgabe von Jürgen Trabant. 474 S. und 4 Kunstdrucktafeln DM 19,80
ISBN 3-7705-0633-2 (Fink)

128. Jacques Dubois u. a.: Allgemeine Rhetorik
Autorisierte deutsche Ausgabe von Armin Schütz. 344 S. mit 38 Tabellen DM 19,80
ISBN 3-7705-0643-X (Fink)

131. Annamaria Rucktäschel, Hrsg.: Sprache und Gesellschaft
405 S. DM 19,80
ISBN 3-7705-0639-1 (Fink)

159. Aristoteles: Rhetorik
Übersetzt von Franz Günther Sieveke. Ca. 320 S. ca. DM 16,80
ISBN 3-7705-0788-6 (Fink)

202. Siegfried J. Schmidt: Texttheorie
Probleme einer Linguistik der sprachlichen Kommunikation. 184 S. DM 9,80
ISBN 3-7705-0937-4 (Fink)

302. Helmut Schanze: Medienkunde für Literaturwissenschaftler
Einführung und Bibliographie. Ca. 180 S. ca. DM 9,80
ISBN 3-7705-1059-3 (Fink)

305. Jürgen Link: Literaturwissenschaftliche Grundbegriffe
Eine programmierte Einführung auf strukturalistischer Basis. Ca. 240 S. ca. DM 9,80
ISBN 3-7705-1045-3

Historizität in Sprach- und Literaturwissenschaft

Hrsg. von Walter Müller-Seidel in Verbindung mit Hans Fromm und Karl Richter. Tagungsprogramm der deutschen Hochschulgermanisten Stuttgart 1972 (Vorträge und Diskussionen). Gr. 8°. 685 S. Ln. DM 78,—; kart. DM 48,—

Die Themen der Vorträge: Die Krise des historischen Bewußtseins und die Funktionskrise in den geschichtlichen Wissenschaften – Die Problematik des geschichtlichen Denkens in der Gegenwart. Von Dilthey zum französischen Strukturalismus – Probleme der Hochschuldidaktik – Einleitung zur Diskussion über die Fachgeschichte bzw. die Reformprobleme der Germanistik – Das Interesse am Leser – Zur Eröffnung einer Arbeitsstelle für Geschichte der Germanistik – Wissenschaftsgeschichte und Forschungsplanung – Diachronie des Ablauts. Möglichkeiten und Grenzen einer generativen Phonologie – Historische und systematische Erklärungen in der Transformationsgrammatik – Zum sprachgeschichtlichen Erkenntniswert moderner Lauttheorie – Hemmungen in einem kybernetischen Modell der literarischen Rezeption. Das Problem der Diskontinuität in der Literaturgeschichte – Thesen zur Rezeptionsgeschichtsschreibung. Die Rezeption des Nibelungenlieds im 19. Jh. – Überlieferung und Rezeption der mhd. Lyriker im Spätmittelalter und in der frühen Neuzeit – Zur Kritik der Rezeptionsästhetik – Literaturgeschichte jenseits der antihistorischen Experimente – Epoche als Arbeitsbegriff der Literaturgeschichte – Die Vergangenheit der Gegenwartsliteratur – Literatur als Teil des Klassenkampfes – Dialektische Literaturwissenschaft – Aspekte einer Literaturgeschichte als Sozialgeschichte – Literarische Struktur und politisch-sozialer Kontext – Lyrik des 18. Jh. vor der Schwelle zur Autonomie-Ästhetik – Romantische Lyrik am Übergang von der Autonomie- zur Zweckästhetik – Autonomes Gedicht und politische Verkündigung im Spätwerk Stefan Georges – Das Verhältnis von Soziolinguistik und Systemlinguistik – Die soziale Verteilung von Dialekt und Einheitssprache – Kriterien zur Erarbeitung soziosemantischer Hypothesen – Sprachwandel, Individuum und Gesellschaft – Ahistorischer Strukturalismus: Ein Mißverständnis – Probleme der Wirkungsgeschichte unter besonderer Berücksichtigung marxistischer Literaturtheorien – Goethes "Werther": Ein rezeptionsästhetisches Modell – Aspekte der Rezeption des "Werther" im Frankreich des 18. Jh. – Rezeption: empirisch – Literatur im politischen Kontext – Zu Heinrich Manns Romanen der 20er Jahre – Apropos Neue Sachlichkeit – Über das geschichtliche Selbstverständnis des deutschen Humanismus – Barocker Stoizismus und Theorie der Tragödie – Lessing und die heroische Tradition – Zur Historizität des Autonomiebegriffs – Ideologiekritische Aspekte zum Autonomiebegriff am Beispiel Schillers – Die relative Autonomie der Literatur.

Mit seinen 40 Beiträgen leistet der Band eine umfassende Dokumentation der Situation, Reformpläne und Zukunftsaussichten des Faches Germanistik. Die Themen der zehn Sektionen lauteten: Lautstruktur und Geschichte – Rezeption und Geschichte I u. II – Literaturgeschichte als Problem – Literaturgeschichte und Sozialwissenschaft – Lyrik, Gesellschaft und Geschichte – Soziolinguistik und Systemlinguistik – Literarische Epochen: Die Weimarer Republik – Tradition und Rezeption der Antike – Zur Autonomie der Literatur.

● WILHELM FINK VERLAG · MÜNCHEN

Veröffentlichungen zur Rhetorik

Joachim Adamietz, Hrsg.: M. F. Quintiliani institutionis oratoriae liber III
Mit einem Kommentar. *Studia et Testimonia Antiqua*, Bd. 2. 236 S. Ln. DM 32,—

Nicolas Boileau: L'Art Poétique
Mit einer Bibliographie und einer Zeittafel hrsg., eingeleitet und kommentiert von August Buck. *Studientexte*, Bd. 6. 140 S. kart. DM 12,80

Dieter Borchmeyer: Tragödie und Öffentlichkeit
Schillers Dramaturgie im Zusammenhang seiner ästhetisch-politischen Theorie und die rhetorische Tradition. 328 S. kart. DM 58,—

Christoph Cobet: Der Wortschatz des Antisemitismus in der Bismarckzeit
Münchner Germanistische Beiträge, Bd. 11. 269 S. kart. DM 36,—

Hanna-Barbara Gerl: Rhetorik als Philosophie
Lorenzo Valla. *Humanistische Bibliothek*. Reihe I (Abhandlungen), Bd. 13. 296 S. kart. DM 58,—

Georg Klaus: Semiotik und Erkenntnistheorie
4. Aufl. 182 S. kart. DM 12,80

Siegfried J. Schmidt, Hrsg.: Pragmatik I
Interdisziplinäre Beiträge zur Erforschung der sprachlichen Kommunikation. Mit einer Einführung des Herausgebers und separaten Einleitungen sowie Anmerkungen zu den einzelnen Beiträgen. *Kritische Information*, Bd. 11. 216 S. mit zahlreichen Abb. und Tabellen, kart. DM 19,80

Matthias Wesseler: Die Einheit von Wort und Sache
Der Entwurf einer rhetorischen Philosophie bei Marius Nizolius. *Humanistische Bibliothek*. Reihe I (Abhandlungen), Bd. 15. 202 S. kart. DM 38,—

WILHELM FINK VERLAG · MÜNCHEN

Poetik und Hermeneutik

"Von einem Gremium von Gelehrten, zu denen einige der besten Köpfe gehören, die man in der Philologie aufzuweisen hat." FAZ

1. Hans Robert Jauß, Hrsg.: Nachahmung und Illusion
2. Aufl. 1969. Gr. 8°. 252 S. Ln. mit Schutzumschlag DM 28,—; Paperback DM 19,80

2. Wolfgang Iser, Hrsg.: Immanente Ästhetik – Ästhetische Reflexion
Lyrik als Paradigma der Moderne. 1966. Gr. 8°. 543 S. und 6 Kunstdrucktafeln (davon 1 farbig), Ln. mit Schutzumschlag DM 48,—; Paperback DM 25,—

3. Hans Robert Jauß, Hrsg.: Die nicht mehr schönen Künste
Grenzphänomene des Ästhetischen. 1968. Gr. 8°. 735 S. und 13 Abb. auf Kunstdruck. Ln. mit Schutzumschlag DM 58,—; Paperback DM 36,—

4. Manfred Fuhrmann, Hrsg.: Terror und Spiel
Probleme der Mythenrezeption. 1971. Gr. 8°. 732 S. und 3 Abb. auf Kunstdruck. Ln. mit Schutzumschlag DM 58,—; Paperback DM 36,—

5. Reinhart Koselleck und Wolf-Dieter Stempel, Hrsg.: Geschichte – Ereignis und Erzählung
1973. 600 S. und 9 Abb. auf Kunstdruck, Ln. mit Schutzumschlag DM 58,—; Paperback DM 36,—

6. Harald Weinrich, Hrsg.: Positionen der Negativität
1974. Ca. 576 S. mit 16 Abb. Ln. mit Schutzumschlag ca. DM 58,—; kart. ca. DM 36,—

WILHELM FINK VERLAG · MÜNCHEN